Léon Poliakov
St. Petersburg – Berlin – Paris

Léon Poliakov, 1910 in St. Petersburg geboren und 1997 in Orsay gestorben, war französischer Historiker. Schwerpunkte seiner Forschung waren Rassismus, Antisemitismus, jüdische Geschichte und der Holocaust. Bis zu seiner Emeritierung war er Doktor der Philosophie an der Sorbonne sowie Forschungsleiter am Centre national de la recherche scientifique in Paris. Zahlreiche Veröffentlichungen u.a. das achtbändige Standardwerk »Geschichte des Antisemitismus«. Außerdem: »Vom Antizionismus zum Antisemitismus«, ça ira, Freiburg 1992.

Titel der Originalausgabe: »Mémoires«, Paris 1999.

Die Übersetzung wurde unterstützt von:
Fondation pour la Mémoire de la Shoah, Paris

Edition
TIAMAT
Deutsche Erstveröffentlichung
2. Auflage: Berlin 2019

www.edition-tiamat.de
Druck: cpi books
Lektorat: Janina Reichmann
Buchumschlag: Felder Kölnberlin Grafikdesign
Unter Verwendung eines Fotos von Léon Poliakov
ISBN: 978-3-89320-243-0

Léon Poliakov

St. Petersburg – Berlin – Paris

Memoiren eines Davongekommenen

Mit einem Vorwort von
Annette Wieviorka

Aus dem Französischen von
Jonas Empen, Jasper Stabenow und
Alexander Carstiuc

Herausgegeben und mit einem Nachwort von
Alexander Carstiuc

Critica
Diabolis
266

Edition
TIAMAT

INHALT

Vorwort
von *Annette Wieviorka*
– 7 –

Vorbemerkung – 15

Erster Teil
Kindheit und Jugend

Erinnerungen ans Geburtsland – 19
Der Zauber Deutschlands – 38
Entwicklung zum Halbintellektuellen – 44
Die *Pariser Tageblatt*-Affäre – 57
Sulamith – 70

Zweiter Teil
Die Musikantenwirtschaft

Prolog – 79
Die Abenteuer eines unbescholtenen Juden – 89
Die Abenteuer eines untergetauchten Juden – 112
Die Abenteuer eines Juden, der Juden versteckt – 131

Dritter Teil

Neue Lehrzeit und Reife

Erste Schritte eines Forschers – 181

Psychoanalyse – 196

Das Brevier des Hasses – 203

Von Tolstoi zu Dostojewski – 208

Geschichte des Antisemitismus – 213

1967 und 1968 – 234

Menschen und Tiere – 243

Schlussbemerkung – 250

Den Holocaust persönlich nehmen...

Nachwort von *Alexander Carstiuc*

– 261 –

Vorwort

von Annette Wieviorka

1981 veröffentlichte Léon Poliakov seine Memoiren, »L'auberge des musiciens«. Er war zu diesem Zeitpunkt 70 Jahre alt und konnte nicht wissen, dass er noch 17 Jahre leben und ein knappes Dutzend weiterer Bücher schreiben würde. Das Herzstück dieses autobiographischen Berichtes bilden die Schilderungen seiner Abenteuer aus den Jahren 1940 bis 1944, die sich während des Wahnsinns des nationalsozialistischen Krieges abspielen und die auch aus dieser Zeit datieren. Der erste und dritte Teil entstanden erst auf Anfrage seiner Verleger und Freunde, und Poliakov berichtet hier von seinem Werdegang vor und nach dem Krieg.

Die Kriegsjahre stehen nicht nur im Zentrum der Erzählung, sie waren es auch, die aus Poliakov einen Historiker machten. Im Sommer 1942, nach der sogenannten Razzia des Vélodrom d'Hiver und den vom Vichy-Regime vorgenommenen Verhaftungen von 13.000 Juden, die nach Drancy und in andere Lager gebracht wurden, begann für Léon Poliakov ein Lebensabschnitt, den er in seinen Memoiren als »großes Leid« bezeichnet und der von ständiger Verfolgung und Gefahr geprägt war. In Marseille traf Poliakov auf den russischen Staatsbürger Joseph Bass, genannt André. Dieser bemühte sich mit anderen jüdischen Untergrundkämpfern wie etwa Théo Klein darum, Juden in verzweifelter Lage in Sicherheit zu bringen. Man versteckte sie vor allem in den Dörfern des »protestantischen Plateaus« bei Le Chambon-sur-Lignon, welches Poliakov als »Anachronismus« beschrieb. Folgendermaßen charakterisierte er dessen Bewohner: »sie sind fromm, schwermütig und asketisch, misstrauisch gegen jede Autorität, und sie gehorchen ausschließlich ihrem Gewissen – und ihren Pastoren. Auf diese Art und Weise haben sie fast unverändert die einfachen Sitten und Tugenden vergangener Jahrhunderte bewahrt.« Auch er selbst half als »untergetauchter Jude« von da an anderen Juden dabei, unterzutauchen.

Léon Poliakov wurde 1910 in Sankt Petersburg geboren, kurz nach dem Tod Leo Tolstois, dessen Vornamen er erhielt und in dessen Zeichen sich seine Erziehung vollzog. Seine Verbundenheit mit seinem Geburtsland war stets erkennbar. Er bewahrte seinen Akzent und wandte sich in seinen späten Arbeiten ab 1983 der russischen Geschichte zu. 1920 gelang es seiner Familie, das bolschewistische Russland zu verlassen, und nach einiger Zeit in Berlin ließen sich die Poliakovs 1924 in Paris nieder. Léon Poliakov erwarb an der Sorbonne ein Juradiplom und arbeitete für die diversen Unternehmungen seines Vaters. Er selbst sah sich als Angehörigen dreier Kulturen: der französischen, der deutschen und der russischen. Er hatte keinerlei jüdische Erziehung erhalten und sagte, erst durch den Krieg und die antisemitischen Verfolgungen habe er sich mit dem Judentum identifiziert.

Bald nach seiner Einberufung geriet er in Kriegsgefangenschaft, entkam jedoch und kehrte zurück nach Paris. Anschließend floh er nach Marseille, wo er als Sekretär des Rabbis Schneerson tätig war, welcher der Vereinigung praktizierender Israeliten vorstand. Diese Rolle, aber insbesondere die spätere Begegnung mit Jacob Gordin, der ihn in jüdischer Philosophie unterrichtete, beeinflussten Poliakov maßgeblich. Poliakov erlebte durch Gordin eine Art intellektueller Bekehrung zum Judentum.

Die Zeit der Besatzung erwies sich als wegweisend für sein anschließendes Leben. Nach der Befreiung beauftragte wiederum Issac Schneersohn, der unter der italienischen Besatzung ein Dokumentationszentrum für jüdische Zeitgeschichte begründet hatte, Léon Poliakov mit einer grundlegenden Materialsichtung der nun in Paris ansässigen Institution. Binnen kurzem bekleidete er dort die Stelle des Forschungsleiters.

Poliakov vermutete, dass die Deutschen bei ihrem fluchtartigen Abzug aus Paris Papiere zurückgelassen hatten, die sich nun im Besitz der Polizei befinden könnten. Ein Empfehlungsschreiben des sozialistischen Politikers und Resistanceunterstützers Justin Godart ermöglichte ihm die Vorsprache bei einem Kommissar vom Inlandsgeheimdienst, der ihm eine hölzerne Truhe anvertraute. Die darin enthaltenen Registerdokumente erschlossen ihm das gesamte beschlagnahmte Archivmaterial der SS in Frankreich.

Poliakov gab zahlreiche Unterlagen sodann an Edgar Faure weiter, der als assistierender Staatsanwalt bei den Nürnberger Prozessen fungierte. Die Aufgabe der Anklageerhebung wegen Kriegsverbrechen und Verbrechen gegen die Menschheit, die die Nationalsozialisten in Westeuropa (Frankreich, Belgien, Niederlande, Luxemburg, Dänemark und Norwegen) verübt hatten, war der französischen Staatsanwaltschaft zugefallen, der es jedoch an dokumentarischem Material erheblich mangelte.

Das »Manna der neuen Dokumente«, wie Edgar Faure es beschrieb, machte es ihm erst möglich, seine Anklageschrift detailliert zu unterfüttern. »Ich sondierte das mikrofilmaufbereitete Archivmaterial ganze Nachmittage lang. Die Mechanik der staatlichen Kriminalität fand sich hier auf einer gewissen Anzahl entscheidender Dokumente abgelichtet. Dies erlaubte es, die Mittäterschaft auf allen Ebenen der Hierarchie und in sämtlichen Verästelungen dieser Baumstruktur zu begreifen.« (Edgar Faure)

In seiner Funktion als Experte der französischen Delegation bei den Nürnberger Prozessen (1946-48) konsultierte Léon Poliakov ausgiebig die Archive, und zwar sowohl der Prozesse gegen die Hauptschuldigen als auch der zwölf anschließenden Prozesse. Diese intime Kenntnis der Archive unmittelbar nach den Geschehnissen erlaubte es ihm, ein erstes historisches Werk über die Vernichtung der europäischen Juden – »Bréviaire de la Haine. Le IIIe Reich et les Juifs« (Brevier des Hasses. Das Dritte Reich und die Juden) – schon 1951 zu veröffentlichen.

Seit seiner Erstveröffentlichung ist das Werk auf französisch kontinuierlich neu aufgelegt worden; die letzte Neuauflage ist 2017 bei Belles Lettres erschienen.

Es handelt sich um ein um eine vollständige Synthesis, die sich zudem durch ihre Lesbarkeit auszeichnet und sich deshalb auch an ein großes Publikum richtet. Chronologisch, beginnend schon bei ihren Vorboten, wird die Politik der Nazis gegenüber den Juden nachgezeichnet und sämtliche Formen und Aspekte des hitlerschen Antisemitismus untersucht. Bei der Lektüre des Werks heute, da viele Forschungsbemühungen zu jedem der Aspekte angestellt worden sind, die bei Poliakov Erwähnung finden, kann den Leser die Stichhaltigkeit der Analysen Poliakovs nur beeindrucken (beispielsweise das Erkennen des konzeptuellen und technischen Zusammenhangs zwischen der Ermordung psychisch Kranker und der massenhaften Vergasung von Juden; oder die Bedeutung, die Poliakov den Raub- und Plünderungspraktiken beimisst). Der Leser muss auch davon beeindruckt sein, wie Poliakovs Darstellung die gesamte Geschichte umspannt; unbekannt sind ihm weder die Reaktionen der Juden (ein ganzes Kapitel ist den Formen von Gemeinschaft in der abgeschotteten Welt des Ghettos gewidmet, ein anderes befasst sich mit dem jüdischen Widerstand), noch diejenigen der Kirche oder der europäischen Völker. Einige haben, unter reichlicher Zuhilfenahme der Medien, »aufgedeckt«, was sie dann mit einem diskussionswürdigen Ausdruck als »Shoah durch Kugeln« bezeichnet haben; Poliakov aber hatte dieser bereits ein ganzes Kapitel gewidmet und sie als »chaotische Vernichtungen« charakterisiert. An gleicher Stelle hat er auch dargestellt, wie die Gruppen, die diese Verbrechen begingen, ausgebildet worden waren und worin ihre Aufgabe bestand. Poliakov befasste sich mit der Vorgehensweise und der Psychologie der Henker, mit der Haltung der Wehrmacht. Auch die Vernichtung der Spuren hat er nicht übergangen.

Sicherlich haben auch andere große Historiker, Raul Hilberg oder Saul Friedländer, Werke veröffentlicht, deren Ziel es ist, die Vernichtungsmaschinerie in ihrer Gesamtheit zu begreifen. Und insbesondere seit dem Fall des Eisernen Vorhangs, in dessen Folgezeit viele Archive der ehemaligen Volksrepubliken sowie der früher zur Sowjetunion gehörigen Länder öffentlich zugänglich gemacht wurden, konnten bei der Erforschung des Genozids an den Juden bemerkenswerte Fortschritte erzielt werden, z.B. hat sich die Zahl regionaler und thematischer Studien vervielfacht. Keine dieser Studien hat jedoch den »Bréviaire de la Haine« obsolet werden lassen.

Dass die Arbeiten Léon Poliakovs gleichzeitig Pionierleistungen und von bleibendem Wert sind, ist der Art geschuldet, auf die er sein Metier erlernt hat; an Ort und Stelle, in größtmöglicher Nähe zu den Quellen, die er entdeckt, gesammelt und zu Werken zusammengefügt hat, welche die Facetten dessen zeigen, was bis dato noch keinen Namen hatte, weder Holocaust noch Shoah hieß.

1946 erschien »La condition des juifs en France sous l'occupation italienne« (Die Lage der Juden im italienisch besetzten Frankreich); 1949 »L'Étoile jaune« (Der gelbe Stern), beide herausgebracht vom hauseigenen Verlag des Dokumentationszentrums für jüdische Zeitgeschichte (Centre de documentation juive contemporaine); 1955 veröffentlichte er zusammen mit Joseph Wulf »Das dritte Reich und die Juden«; 1963 »Le Procès de Jérusalem. Jugement – Documents« (»Der Prozess von Jerusalem. Urteil – Dokumente«) bei Calmann-Lévy, der schon den »Bréviaire« publiziert hatte. Diese Werke machten schließlich zwei Bände in einer Buchreihe aus, die selber auch bahnbrechend gewesen ist. »Archives« wendete sich im Taschenbuchformat an ein breites Publikum, insbesondere Studenten, und machte ihnen von Historikern zusammengetragenes dokumentarisches Material zugänglich. »Auschwitz« war 1964 der vierte Band der Reihe, und Léon Poliakov steuerte dieser 1973 noch »Le Procès de Nuremberg« (Die Nürnberger Prozesse) bei.

Der »Bréviaire« war dem Hass gewidmet. Dem antisemitischen Hass. Er antworte auf die Frage, die sich Léon Poliakov unaufhörlich stellte: warum wollten die Nazis ihn töten? Er war zwar Historiker geworden, hatte sich aber auch sein Interesse für die anderen Disziplinen bewahrt und dieses im Laufe der Jahre noch vertieft. In die Philosophie war er von seinem Freund Alexandre Kojève eingeführt worden, aber auch in Biologie, Anthropologie und Psychoanalyse war er bewandert. Dieser Eklektizismus und eine Vorliebe für umfangreiche Projekte bewegten ihn dazu, sich in eine Unternehmung enormen Ausmaßes zu stürzen: »Die Geschichte des Antisemitismus« (vier Bände verfasste er zwischen 1955 und 1977, 1994 wirkte er an einem fünften Band als Mitautor und Herausgeber mit). Die Geschichte des Abendlandes wird durch das Prisma des mal mehr, mal weniger friedfertigen Umgangs mit den Juden betrachtet. Das Problem des Antisemitismus (Poliakov gebraucht diesen Begriff, kritisiert ihn aber auch) wird dergestalt auf strukturelle Weise angegangen. Der Antisemitismus wird zum geschichtlichen Gegenstand. Antisemitismus grenzt Poliakov hierbei von Antijudaismus ab, wobei er die Epoche der Aufklärung als maßgeblich erachtet: in dieser erscheint zum ersten Mal ein pseudo-rassisches Motiv, das ihm zufolge die Entscheidung, die Juden Europas zu vernichten, begründen wird. Die obsessive Frage nach dem »Warum«, die den Ausgangspunkt für den »Bréviare« bildete, wird somit in der »Geschichte des Antisemitismus« zumindest teilweise beantwortet.

Die Werke, die auf die Geschichte des Antisemitismus folgen, sind wesentlich auch für die Gegenwart, und eine erneute Lektüre dürfte sich als fruchtbar erweisen. Zunächst wäre da »La Causalité diabolique« zu nennen (Band 1 1980: »Essai sur l'origine des persécutions«; Band 2 1985: »Du joug mongol à la victoire de Lénine«). In diesem Werk untersucht Poliakov jene Gruppen (von den Jesuiten über die Juden bis zum Bourgeois), die im Laufe der Geschichte Europas als Sündenböcke herhalten mussten und die beschuldigt wurden, Epidemien, Kriege, Revolutionen etc. herbeigeführt zu haben. Es handelt sich hierbei um eine Analyse dessen, was man heute als Verschwörungstheorien bezeichnen würde, die also keineswegs eine Erfindung des 21. Jahrhunderts sind, sondern ein Phänomen, das im Laufe der Geschichte immer wieder auftaucht.

Zwei weitere Essays, zu konkreten Anlässen geschrieben, die aber über diese hinausweisen und insbesondere für die Gegenwart von Relevanz sind, sollten noch Erwähnung finden: »De l'antisionisme à l'antisémitisme«

(1969; »Vom Antizionismus zum Antisemitismus«) und »De Moscou à Beyrouth: Essai sur la désinformation« (1984; »Von Moskau nach Beirut. Über Falschinformation.«) Beim ersten Essay handelt es sich um eine Analyse der Tatsache, dass in der Sowjetunion und den Volksrepubliken die Juden plötzlich »Zionisten« genannt wurden; dies geschah vor allem anlässlich der Prager Prozesse gegen Rudolf Slansky, Artur London und andere, aber auch im darauffolgenden Jahr während der Affäre um die sogenannte »Ärzteverschwörung«, als in Moskau eine Gruppe Mediziner fast sämtlich jüdischer Herkunft angeklagt wurde, Stalin vergiften zu wollen – sie wurden nur deshalb begnadigt, weil Stalin im März 1953 starb.

Léon Poliakov hat ein monumentales Werk geschaffen, doch weder wurde er hierbei reich noch machte er Karriere. Institutionen haben selten diejenigen gern, die ihrem eigenen Weg folgen. Als Poliakov ins Centre national de la recherche scientifique (C.N.R.S.) aufgenommen wurde, war er schon über 60 Jahre alt und bis dahin stets auf der Suche nach kleinen Aufträgen gewesen. Heute würde man ihn einen prekären Intellektuellen nennen. Er war ein akribischer Arbeiter, ein zurückhaltender, bescheidener Mann, auch wenn er sich des Werts seiner Arbeit bewusst gewesen ist, zudem voller Humor, und dieser Humor zieht sich auch durch die ganze Erzählung seiner Memoiren. Er war ein Pionier, der ging, wohin ihn seine Neugier führte, ohne sich groß um Ehrungen oder seine Karriere zu scheren. In der intellektuellen Landschaft Frankreichs nimmt Poliakov einen besonderen Platz ein. Heutzutage, wo der Antisemitismus in all den schon von ihm untersuchten Ausprägungen aufflammt, wäre es angemessen, Léon Poliakov aufs Neue unsere Aufmerksamkeit zu schenken.

Vorbemerkung

Dieses Buch ist auf Betreiben meiner Freunde Laure Adler, François Furet und Laurent Theis entstanden.

Im Jahr 1946 verspürte ich den Drang, von meinen Erlebnissen zwischen 1940 und 1944 zu berichten, die mir selbst vor dem Hintergrund des nationalsozialistischen Irrsinns außergewöhnlich schienen. Der Bericht, den ich damals unter dem Titel »L'auberge des musiciens« verfasst habe, bildet nun den zweiten Teil dieses Buches. Aus jener tragischen Zeit hervorgehend war er, wie wir sehen werden, bar jeder pathetischen oder melodramatischen Nuance. In dieser Form fand er in Jean Vigneau einen Verleger, der, das bleibt mir unvergesslich, mir einen ersten Vertrag gab und einen Vorschuss zahlte. Es gelang ihm jedoch nicht, einen Verlag nach seinen Vorstellungen auf die Füße zu stellen, und so verschwand das Manuskript wieder in der Schublade.

Dreißig Jahre später erzählte ich anlässlich einer Sendung von France-Culture Laure Adler von dem Manuskript, die mich darum bat, es einsehen zu dürfen. Sie zeigte es Laurent Theis, der es wiederum François Furet zu lesen gab. Sie waren es, die mir dazu rieten, den Text durch ein »Davor« und ein »Danach« zu ergänzen. Was den ursprünglichen Kerntext angeht, hätte es mich zu viel Überwindung gekostet, Änderungen vorzunehmen. Ich habe ihn daher gelassen wie er war und mich darauf beschränkt, einige Anmerkungen hinzuzufügen.

Massy und Hauteville-sur-Mer, Sommer 1980

Zum Andenken an meinen Freund Oswaldo Bardone, einen herzensguten und freigeistigen Menschen, einem unheilbaren Leiden erlegen im Alter von 65 Jahren am 31. Oktober 1980

Erster Teil

Kindheit und Jugend

Die Kindheit und Jugend, die in diesem ersten Teil geschildert werden, sind denkbar gewöhnlich angesichts von Hunderttausenden im Zarenreich geborenen und in der ganzen Welt verstreuten Kindern, die sie erlebt haben. Die tolstoische Erziehung, die der Autor erfuhr, blieb auch einem Großteil von ihnen nicht erspart. Ungleich gewöhnlicher noch waren und bleiben die Herzen, die gebrochen werden wollten.

Hingegen ist die »Pariser Tageblatt«-Affäre, mit der der Autor ins Berufsleben, in die ***vita activa***, eintrat und die für immer seine Affinitäten und Abneigungen prägen sollte, ein Emigrantendrama singulärer Art.

Erinnerungen ans Geburtsland

In Kindheit und Jugend stellte ich mir oft die Frage nach meiner ersten Erinnerung. Möglicherweise war dieses Interesse durch die Lektüre von Leo Tolstois Kindheit angeregt, in der den Erzähler dieselbe Frage umtreibt. Dass Tolstoi mir viel bedeutete, lag daran, dass ich von frühester Kindheit an weiß, ich heiße Léon, weil ich 1910 am Tag nach dem Tod des berühmten Alten geboren wurde. Was meine erste als solche kultivierte Erinnerung angeht (d.h. eine Erinnerung zweiten Grades, die Erinnerung einer Erinnerung), so ist das die Vision rings um einen lichtergeschmückten Weihnachtsbaum versammelter Kinder, die, wenn ich nicht irre auf Deutsch, »Oh Tannenbaum« singen.

Damit ist bereits das Milieu meiner Kindheit beschrieben: Es ist jenes der noch nicht lange, aber vollkommen an die kulturelle Umgebung assimilierten Juden. Die Familientradition verlangte, dass meine Eltern einmal jährlich an Jom Kippur in die Synagoge gingen; nach meiner Geburt brachen sie auch diese letzte Verbindung ab. Das heißt allerdings nicht, dass sie sich dem orthodoxen Staatsglauben annäherten: Um die Jahrhundertwende galt Religion, in Russland mehr als anderswo, den meisten Intellektuellen als mittelalterliches Überbleibsel. In Russland deshalb mehr als anderswo, weil sich alle gesellschaftlichen Missstände auf eine überkommene Autokratie zurückführen ließen. Wenn nur der Zar verschwände, so dachte die Mehrheit der Intelligenzia und der Juden, dämmere die Morgenröte schon ganz von allein. Die verspätete russische Aufklärung war in dieser Hinsicht besonders strikt und kategorisch, und die Vehemenz dieser Überzeugung lässt besser verstehen, was später geschehen sollte.

Das zaristische Russland war überdies zu jener Zeit »das Land der unbegrenzten Möglichkeiten«, ein zweites Amerika, wo zielstrebige Männer in immer größerer Zahl aus eigener Kraft ihr Glück machten. Dies galt auch für meinen Vater, der in eine arme jüdische Familie auf der Krim hineingeboren wurde. Es ist an dieser Stelle, insofern es einer Autobiographie ansteht, notwendig zu berichten, was ich von der Familiengeschichte behalten habe. Nicht viel, um ehrlich zu sein: Wenn es auch illustre Dynastien von Poliakovs gab, christliche wie jüdische – Bankiers, Zigeunersänger* und in Frankreich Kinostars – meine Vorfahren väterlicherseits haben sich nicht derartig hervorgetan. Von der mütterlichen Linie, den Friedmanns, weiß ich noch weniger.

Meine Großeltern, die ich nie kennengelernt habe, zogen bald nach der Geburt meines Vaters nach Odessa, eine Hafenstadt mit südlichem Flair und vielen einfallsreichen Unternehmern meist jüdischer und griechischer Herkunft und ebenso vielen Trickbetrügern (»Odessit«

* Der pejorative Begriff »Zigeuner« leitet sich vom griechischen Athinganoi ab, der Bezeichnung für eine häretische Sekte im Mittelalter. In diskriminierender Absicht werden unter ihm Sinti und Roma, Kalderash und andere subsumiert. Die Geschichte des Antiziganismus, der Diskriminierung und Verfolgung von als »Zigeunern« stigmatisierten Menschen, die im 15. Jh begann, kulminierte im NS in dem systematischen Genozid an einer halben Million Sinti und Roma. Der Zentralrat der deutschen Sinti und Roma lehnt den Begriff »Zigeuner« seit Jahrzehnten als diskriminierende Fremdbezeichnung ab. Vgl. Wolfgang Wippermann: Wie die Zigeuner. Antisemitismus und Antiziganismus im Vergleich. Berlin 1997.

hat in der russischen Alltagssprache ein wenig diese Bedeutung). Der kleine Handel, den mein Großvater führte, ging allerdings in Konkurs, und er starb kurz darauf und ließ meine Großmutter mit fünf Kindern in tiefem Elend zurück. Ich weiß nicht so recht, wie die Familie über die Runden kam; mein Vater zumindest verdiente seit seiner Kindheit einige Kopeken als Laufbursche. Die Bildung, die er schließlich erlangen sollte, viel eher russisch als jüdisch, hat er ausschließlich sich selbst zu verdanken.

Eine Anekdote illustriert sein Wesen recht gut: Im Alter von zehn, zwölf Jahren schaute er einer Bande von Zigeunerjungen beim Steigenlassen eines großen Drachens zu, durfte aber nicht selbst mitmachen. Um sich zu rächen, durchtrennte er die Leine; äußerst knapp nur entkam er ihrer Lynchjustiz. Nach einem Streit mit seiner Mutter verließ er mit kaum 14 Jahren sein Elternhaus, um auf der heimatlichen Krim sein Glück zu suchen. Seine erste Anstellung fand er als Hilfskraft in einer Apotheke. Die Tochter des Apothekers hatte ein Auge auf ihn geworfen und drängte ihn, die Prüfung zum Apothekergehilfen abzulegen. Dies sollte fortan als Beruf in seinen Papieren stehen, auch als er sich später ins Geschäftsleben stürzte und sogar Eigentümer mehrerer Tageszeitungen wurde; denn das Apothekerdiplom erlaubte ihm wie jeder andere Universitätsabschluss, sich überall im Zarenreich niederzulassen. Aufgrund einer ins mittelalterliche Moskau zurückreichenden Tradition hatten Juden nämlich nicht das Recht, im eigentlichen Russland zu leben; sie mussten mit den Regionen vorliebnehmen, die im 18. Jahrhundert erobert und annektiert worden waren (etwa Polen, dem Baltikum, etc.).

Unter den beiden letzten Zaren verschärfte sich diese »Judengesetzgebung«: Juden hatten nicht mehr das Recht, auf dem Land zu leben; an Gymnasien und Universitäten wurden ihnen nur drei bis fünf Prozent der Plätze zugestanden, und es versteht sich von selbst, dass ihnen die militärische und die Beamtenlaufbahn untersagt waren. Von diesen Gesetzen waren nur Universitätsabsolventen und sehr reiche Kaufleute (die der sogenannten »ersten Gilde«) ausgenommen. Daher rührte die beinahe einhellige Ablehnung, die die Juden der zaristischen Herrschaft entgegenbrachten und auch die Rolle, die sie in der Revolution spielen sollten. Und daher rührt auch der Teufelskreis aus verstärkter Verfolgung, vor allem in Form von Pogromen, und der wiederum unausweichlichen Intensivierung des revolutionären Gärungsprozesses und anderer Formen von Protest und Ungehorsam.

Dabei muss erwähnt werden, dass die zaristische Verfolgung in keiner Weise rassistisch war, da die Taufe einen Juden von sämtlichen rechtlichen Beschränkungen befreite und die Käuflichkeit von Polizei und Verwaltung noch andere Arrangements gestattete. (Die Gendarmen, die von Zeit zu Zeit vorbeikamen, um die »Aufenthaltspapiere« meines Vaters zu überprüfen, mussten im Vorzimmer auf ihre Schmiergelder warten, und er weigerte sich, sie persönlich zu empfangen!) Davon abgesehen war, ganz anders als später in der Sowjetunion, die Auswanderung von Juden ausdrücklich erwünscht, denn seit Alexander III. galt die Regierungsleitlinie: »Ein Drittel wird konvertieren, ein Drittel emigrieren, ein Drittel vergehen.« Aber wenden wir uns wieder dem Aufstieg meines Vaters zu.

Im Alter von zweiundzwanzig Jahren eröffnete er, nach Odessa zurückgekehrt, seine eigene Apotheke und heiratete kurz darauf seine junge Förderin, in die er sich vom ersten Tag an heimlich verliebt hatte. Wenn diese Trauung von einem Rabbi vorgenommen wurde, so lag das daran, dass es anders nicht sein konnte, denn die Ehe im

Zarenreich oblag dem Klerus; ich bin allerdings überzeugt, dass mein Vater schon zu dieser Zeit alles andere als eine tragende Säule der Synagogengemeinde war. Odessa war am Ende des 19. Jahrhunderts eine blühende Hafenstadt und eine Hochburg sowohl der jüdischen »Russifizierung« wie auch des Zionismus – was keineswegs widersprüchlich ist, handelt es sich doch bei beidem um einen Bruch mit der Tradition und den Lebensformen der Vorfahren.

Die Lebensphilosophie meines Vaters war simpel: Die Nichtexistenz Gottes war durch die Omnipräsenz des Schlechten in der Welt bewiesen, und es verstand sich von selbst, dass die Zerschlagung des Zarismus die Welt weit weniger schlecht machen würde. Besonders gerne zitierte er ein Zigeunersprichwort: »Die Wahrheit kennt nur der liebe Gott, doch auch er kennt nur einen kleinen Teil davon.«

War er eher Agnostiker als Atheist? Metaphysisches trieb meinen Vater, der vor allem ein Mann der Tat war, jedenfalls nicht um. Seine Achtung für Literatur und geistige Arbeit jedoch waren klassisch jüdisch. Er blieb der Tradition außerdem in seiner Rolle als ausgezeichneter Ehemann und Vater treu. Seine Frau gebar ihm fünf Kinder, bei der Geburt des letzten starb sie.

Die russische Revolution und die nazistische Verfolgung haben diese kleine Welt in alle Himmelsrichtungen zerstreut. Im Moment habe ich sieben Nichten und Neffen, von denen nur drei Franzosen sind, der Rest verteilt sich auf die Vereinigten Staaten, Argentinien und Israel; unter ihnen zwei Wissenschaftler, ein protestantischer Pfarrer und die Ehefrau eines französischen Botschafters. In Russland hingegen habe ich nur Cousins und Cousinen, während meine engere Familie im Jahr 1920 in Gänze emigriert ist.

Meine Mutter war also die zweite Frau meines Vaters. Es handelte sich eher um eine Vernunftehe: Sie kannten sich bereits seit längerer Zeit, und sie imponierte ihm vor allem in ihrer Funktion als Gymnasiallehrerin. Wie gesagt bin ich über ihre Familie weitaus schlechter informiert als über meine Vorfahren väterlicherseits. Gleichfalls aus Odessa stammend, war sie schon seit mindestens zwei Generationen »russifiziert«. Mein Großvater mütterlicherseits war Lehrer in einer russischen Grundschule; seine Tochter konnte eine höhere Sprosse erklimmen und Geschichte sowie Geographie an Gymnasien unterrichten, da sie ihr Studium mit besonderer Auszeichnung abgeschlossen hatte. Sie war eine sanfte Frau mit strengen Prinzipien: Idealistisch zollte sie mit großer Selbstverständlichkeit den tolstoischen Tugenden der Nächstenliebe, Bescheidenheit und Einfachheit Tribut. Sie verbot sogar ihrem umtriebigen Ehemann während der zwei oder drei ersten Ehejahre, ihr auch nur ein einziges Kleid oder Schmuckstück zu schenken und nahm stattdessen mit ihrer alten Garderobe vorlieb. Überdies versuchte sie, vorsichtig und in ihrer intellektuellen Art, uns mit dem »Jüdischen« vertraut zu machen; aber *Die Ähren*, eine russischsprachige Zeitschrift für jüdische Kinder, interessierte mich nur mäßig. Statt mich in eine Chronik des Leidens zu versenken, wie ich es letzten Endes zu tun gezwungen war, wollte ich damals lieber Astronom werden.

Ich glaube, die fünf Stieftöchter, deren Älteste schon fünfzehn Jahre alt war und sich eine Karriere als Sängerin in den Kopf gesetzt hatte, waren meiner Mutter eine schwere Bürde. Ihr erstes Kind erhöhte die Zahl der Töchter auf sechs. Kann es da verwundern, dass die anlässlich meiner Geburt eintreffenden Glückwunschtelegramme sinngemäß verkündeten: »Wir freuen uns, aber wir können es nicht glauben!«? Ist es außerdem verwunderlich, dass ich ein bemuttertes, übermäßig behütetes Kind war; mit dem erschwerenden Umstand, einem Geflecht an spezifisch russischen Tabus ausgesetzt zu sein, von denen die Erhebung der Lüge zur Todsünde nicht einmal am schwersten auszuhalten war?

Waren es eigentlich russische oder jüdisch-russische Tabus? Wer weiß; wenn jedenfalls die russische Vorstellung von Sünde und das jüdische Schuldgefühl sich vereinigen, kann das weit führen. (So zum Beispiel in der Kibbuz-Bewegung, die durchaus zum Teil von Tolstoi inspiriert ist; für weitere Beispiele wende man sich der Geschichte der revolutionären Bewegung in Russland zu.) Wie dem auch sei, was mich angeht, so rächte ich mich nach Kräften mit den klassischen Methoden: indem ich mich anflehen ließ, doch ja ordentlich zu essen und vor allem, indem ich Krankheiten am laufenden Band produzierte. In gewissem Sinne habe ich die Scharmützel eröffnet, kam ich doch von einem Ekzem bedeckt zur Welt. Da Antihistaminika damals noch unbekannt waren, verband man mir angeblich die Hände, um mich am Kratzen zu hindern. Das lässt an eine wohlbekannte Interpretation des »russischen Nationalcharakters« denken, die auf die Praxis zurückgeht, Säuglinge fest einzuwickeln; an jene mag man glauben oder nicht, wenn ich sie erwähne, dann nur, weil ich mich in dieser Hinsicht eher russisch als jüdisch fühle. Das Gleiche gilt für jenen leicht ins Verlogene kippenden Idealismus, der – um gleich das erste Beispiel zu nehmen, das mir in den Sinn kommt – lehrt, dass Geld etwas »Schmutziges« sei. Ich erinnere mich, dass Ärzten ihr Honorar nie sichtbar, sondern immer in einem Umschlag zugesteckt wurde. Mir verkomplizierte diese Haltung lebenslänglich das Dasein (mit einer gewissen Ambivalenz in der Strenge, wohlverstanden). Russisch war der Familienlegende zufolge auch die Kur, der das gelang, woran die Fachmedizin gescheitert war: Meine Niania (mein Kindermädchen) heilte mein Ekzem, indem sie mir das Gesicht mit Crème fraîche einrieb.

Dieselbe Niania, die Mascha (Marie) hieß, wollte, nachdem sie mich so wundersam geheilt hatte, offenbar auch meine Seele retten. Jedenfalls schleppte sie meine Schwester und mich in zahlreiche Kirchen und erzählte uns die Passionsgeschichte in ihren Worten. Wohlgemerkt nahm sie uns bei all dem unter Androhung ewiger Verdammnis das Versprechen ab, nichts davon unseren Eltern zu erzählen. Wir nahmen diese Drohungen ernst. Die Beziehungen zwischen jüdischen Kindern und christlichen Hausmädchen waren häufig ein heikles Kapitel, reich an Komplikationen und Geheimnissen mit mehr oder weniger Hautgout. Niania Mascha, die uns sicherlich abgöttisch liebte, erzählte uns auch, wie in ihrem Dorf in Weißrussland die Christenkinder die jüdischen Kinder mit Brennnesseln auspeitschten...

An all das erinnere ich mich nur vage und indem ich mich vor allem auf das Gedächtnis meiner älteren Schwester verlasse. Aber tatsächlich wurde ich infolge des Ekzems, das gelegentlich wieder auftauchte, von der Medizin zu einem empfindlichen Kind erklärt, das wie im Glashaus großgezogen und unter allen Umständen geschont werden müsse. Man verschärfte die Vorsichtsmaßnahmen noch, nachdem etwa um 1915 eine schlimme Diphterie ausgebrochen war, als meine Eltern gerade auf Reisen waren. Vielleicht schrie ich deswegen zum Zeichen des Protests: »Böse Leute (und nicht *gute Leute*), rettet mich!« Danach folgten die klassischen Nachwirkungen, nämlich eine mehrere Wochen andauernde Lähmung der Beine. Ich kann nicht sagen, ob ich in diesem

Fall somatisierte, wie man heute sagen würde, aber Tatsache ist, dass man mir damals verbot, das Lesen zu lernen. Ich reagierte damit, dass ich mir auf eigenen Wegen das Alphabet erschloss und ein fanatischer Leser wurde, der sich für das winzigste Stück bedruckten Papiers interessierte. Später spitzte ich all das noch zu, indem ich heimlich französische Autoren las, insbesondere Maupassant und Zola, die in Russland viel beliebter waren als in Frankreich, wahrscheinlich weil die Russen in diesen Klassikern einen Hauch Erotik fanden.

Zu dieser Zeit – wir befinden uns inzwischen in den Jahren 1916-1917 – war mein Vater sehr reich geworden. Seine Geschäfte waren vielfältig: eine internationale Handelsgesellschaft, eine Werbeagentur, vor allem aber eine Reihe an Zeitungen, die sein Eigentum waren und von so liberaler Ausrichtung, wie es vernünftigerweise noch möglich war: vier Tageszeitungen in St. Petersburg, wo er seit 1906 wohnte (darunter der *Sovremennoïe Slovo*), eine in Vilnius und eine in Odessa, die *Odesskie Novosti*. Er beteiligte sich außerdem an der Veröffentlichung von *Retsch*, dem wichtigsten Nichtregierungsorgan in Russland, das vom Staatsmann Pawel Miljukow geleitet wurde. Wir bewohnten eine großzügige Wohnung auf der Wassiljewski-Insel, am Ufer der Newa; der Hauptflügel war den Erwachsenen vorbehalten, wohingegen mein Zimmer Teil des Nebenflügels war, in dem sich die Küche und die Wäschekammer befanden. Meine Eltern verzichteten darauf, ihren Reichtum zur Schau zu stellen, denn in diesem Punkt war meine Mutter unnachgiebig: lediglich zwei Hausangestellte und weder Pferdekutsche noch Auto (ein erwachsener Cousin, der meinen Vater bei seinen Geschäften zur Hand ging, besaß bereits eins). Ebenso war die obligatorische westliche Gouvernante nur eine Deutschbaltin und befand sich somit auf der niedrigsten Stufe jener Hierarchie, deren ersten Rang die Engländerinnen einnahmen, gefolgt von den Französinnen und den Deutschen. Die brave Frau, Wally Spirgue, die uns später in die Emigration folgte und ihr Leben als Kindermädchen meines Urgroßneffen Simon Andrieux in Paris beschloss, hatte meine Schwester schnell für unausstehlich und »jungenhaft« erklärt und gab mir daher den Vorzug. Dennoch mied ich ganz und gar nicht die turbulenten Kinderspiele, das Fangen und Verstecken, wobei uns jeder Kontakt mit den sagenhaften »Jungen von der Straße« strikt verboten worden war. Uns blieb somit in erster Linie ein halbes Dutzend Cousins und Cousinen.

Die Politik, der Weltkrieg? Davon wurden wir ziemlich hermetisch abgeschottet. Die einzige Erinnerung, die ich etwa an den Sommer 1914 habe, ist das Gezeter einer Tante über den Anstieg der Preise von Obst und Gemüse. Sicherlich hegte man in der Familie patriotische Gefühle – zwei meiner älteren Schwestern besuchten Krankenschwesternkurse –, doch ich glaube, die Nachrichten von den russischen Niederlagen und erst recht die Debatten über die Unfähigkeit der Regierung oder die Gerüchte über den Verrat der Zarin sind nie zu uns Kindern durchgedrungen.

Was die Revolution betrifft, so kann ich mich gerade noch an die Stromausfälle erinnern, von denen mich einer in Rage brachte, weil die einzige verfügbare Kerze in unserem Flügel der Wohnung zum Beleuchten der Küche und nicht unseres Zimmers diente: »Wir haben ein Recht auf die Kerze«, schrie ich, »denn wir sind nobler Abstammung!« Ist es ein Wunder, dass ein Kind männlichen Geschlechts, das auf sechs Mädchen folgt und schon deshalb für etwas Besonderes gehalten wird, völlig von sich selbst eingenommen ist?

Da kommt mir noch eine weitere Erinnerung an mein feudalherrenartiges Betragen: In einem Gespräch erklärte mir unsere Gouvernante, dass St. Petersburg (damals Petrograd) von Peter dem Großen gegründet worden war – wohingegen ich darauf bestand, dass es sich um eine ... jüdische Gründung handelte. Und das, obwohl uns unsere Eltern fast völlig im Unwissen über unser Judentum gelassen hatten: ganz selten nur, wenn sie von uns nicht verstanden werden wollten, bedienten sie sich des Jiddischen, das sie ansonsten abfällig als »Jargon« abtaten. Woher kam also meine Verehrung alles Jüdischen? Heute kann ich sagen, dass ich mit einer wirklich jüdischen Erziehung niemals Anspruch auf die Lorbeeren für die Erbauung des Russischen Reiches erhoben hätte: Die Assimilation, und nur sie, befördert diese Art der Umnachtung. Es ist allerdings möglich, dass ich zuhause Äußerungen über die Intelligenz und den Tatendrang der Juden gehört und daraus größenwahnsinnige Schlüsse gezogen hatte.

Von den ersten acht Jahren meines Lebens behalte ich die Erinnerung an Schlitten, die über Schnee gleiten, an gestrickte schwarze Unterwäsche und Wohnungen mit Doppelfenstern; oder aber an die Ostseestrände in Finnland, wo wir unsere Sommerferien verbrachten. So auch im Sommer 1917; wir verbrachten sie in Terijoki, etwa zwanzig Kilometer von der Hauptstadt entfernt, und mein Vater begab sich wie üblich jeden Tag ins Büro (auf Russisch Kontora). Eines Abends berichtete er von den neuesten politischen Entwicklungen, die ich so verstand, dass ich ausrief, Petrograd sei das »Kontor der Revolution« (es ging dabei höchstwahrscheinlich um die versuchte Konterrevolution des Generals Kornilow im August). Das einzige, woran ich mich vom Staatsstreich im Oktober erinnere, ist die Bildung eines Frauenbataillons, das gelobte, die Bolschewiki niederzuschlagen. Offenkundig waren die Sympathien der Familie auf Seiten dieser Damen. Auch erinnere ich mich an die Hungersnot im Winter 1917-1918, denn an manchen Abenden aßen wir Frikadellen aus Kartoffelschalen; und an die Verhaftung eines Onkels durch die eben gegründete Tscheka, die allerdings zu diesem Zeitpunkt noch als Behörde wie jede andere angesehen wurde, weshalb mein Vater nichts dabei fand, sofort hinzugehen, um gegen einen derart willkürlichen Akt zu protestieren und es tatsächlich schaffte, seinen Schwager zu befreien.

Der Bürgerkrieg wie der eigentliche Terror hatten also noch nicht begonnen. Aber die Hungersnot wurde schlimmer, und sie war es, die meinen Vater dazu bewegte, Zeitungen, die ohnehin nicht mehr erscheinen konnten, und Handelsgesellschaften, die ihre Aktivität eingestellt hatten, zurückzulassen, um mit der Familie in den heimatlichen Süden zu ziehen, nach Odessa. Mit unserer Gouvernante und zwei der Töchter aus erster Ehe waren wir zu siebt.

Odessa befand sich zu dieser Zeit unter deutscher Militärherrschaft, und die Reise dorthin, meine erste große Reise, konnte nur abenteuerlich werden. Die ersten 500 Kilometer bis nach Wizebsk legten wir in einem luxuriösen Eisenbahnabteil der ersten Klasse zurück, dann mussten wir die nächsten etwa 300 Kilometer nach Gomel in einen Güterwagon umsteigen. In Gomel, dem Tor zur Ukraine, wo ich die ersten deutschen Uniformen sah, waren die Gleise unterbrochen. Wir bestiegen also, nach langem Hin und Her, ein Schiff auf dem Dnjepr. Das war, bis nach Kiew, der längste und unterhaltsamste Teil einer Reise, die mir endlos vorkam. Wiederum mit der Eisenbahn bewältigten wir den letzten Teil der Expedition, die insgesamt drei Tage und drei Nächte dauerte.

In Odessa bezogen wir eine große Wohnung im Erdgeschoss der Deribasywska-Straße (die Prachtstraße der Stadt trug den Namen Richelieu, zu Ehren der französischen Emigranten, die um 1800 eine entscheidende Rolle bei der Errichtung der Stadt und des Hafens gespielt hatten). Unter den Deutschen verlief das Leben ruhig, zumindest für uns friedfertige Bourgeois, und das änderte sich auch nicht, als eine französisch-englische Kontrollkommission nach dem Waffenstillstand im November 1918 die deutsche Herrschaft ersetzte. Im April gewannen jedoch die Bolschewiken, die bereits einmal Ende 1917 in Odessa an der Macht gewesen waren, die Stadt zurück (in der lokalen Terminologie waren sie die »zweiten« Bolschewiken). Ich erinnere mich noch an die Wut, mit der ich, selbstverständlich im Verborgenen, die ersten Zeitungen der Bolschewiken las, in denen alle Register gezogen wurden, um die »Weißen Garden« und die Kapitalisten zu verunglimpfen. Ich hatte allerdings auch wenig Grund, die Bolschewiken in mein Herz zu schließen, da mein Vater kurz nach ihrer Ankunft die Familie verlassen und sich in einer Klinik in Sicherheit bringen musste, denn als Herausgeber der *Odesskie Novosti* [Nachrichten aus Odessa] fühlte er sich besonders bedroht. Die zweiten Bolschewiken zauderten noch, die Kliniken zu durchsuchen…

Ich war mir nur vage über die Situation bewusst, und meine bürgerliche Einstellung konnte sich umso freier entfalten, als ich nichts wusste von den Pogromen und Massakern an den Juden, die zu der Zeit sowohl von der Weißen Armee als auch von den Einheiten Petljuras und anderer nationalistischer oder anarchistischer ukrainischer Banden verübt wurden. Unsere Eltern, in diesem Fall ganz besonders unsere Mutter, versuchten wie schon zuvor, uns die prekäre Lage der Juden und andere traurige Tatsachen zu verbergen, von denen man später in den Geschichtsbüchern erfuhr. Auch dank der Abwesenheit des Vaters errangen wir jedoch einige Freiheiten, insbesondere das Recht, mit den »Jungs von der Straße« zu spielen, die sich als überaus friedliche Kinder entpuppten. Der Sohn des Hauswarts etwa vermittelte mir die Leidenschaft für das Briefmarkensammeln, die mich bis in meine Jugendjahre nicht verlassen sollte. Ebenfalls in diesem Umfeld lernte ich aber ein antisemitisches Diktum kennen, das damals überall verbreitet war: »Der Tee gehört Wissotzky, der Zucker gehört Brodsky,* und Russland gehört Trotzki«, ohne zu ahnen, dass es sich genau auf mich bezog. Dabei war ich, wie wir gesehen haben, ein eifriger Zeitungsleser; die Zeitungen aber – zumindest diejenigen, die wir zuhause hatten – verloren kein Wort zum Thema Juden.

Im August 1919 überließen die zweiten Bolschewiken der Weißen Armee von Denikin kampflos die Stadt; zugleich landeten französische und griechische Truppen in Odessa. Ich glaube, meine älteren Schwestern flirteten ein wenig mit den französischen Offizieren, und die ganze Stadt trällerte »La Violetera«. Die Weißen setzten ihren Vormarsch in atemberaubender Geschwindigkeit fort. Anfang Oktober 1919 hatten sie Tula erreicht, das weniger als zweihundert Kilometer von Moskau entfernt liegt. Ich folgte diesem Vormarsch mit der gleichen Erregung wie ein Vierteljahrhundert später dem der Russen und Amerikaner in Richtung Berlin. Wenn ich so darüber nachdenke, dann kann ich die Charakterisierung des kleinen Faschisten nicht zurückweisen, der ich damals ganz von selbst gewesen bin, weil ich in eine Familie reicher

* Wissotzky war eine große Tee-Handelsgesellschaft, Brodsky eine Zuckerdynastie.

Juden hineingeboren worden war (die Zukunft sollte allerdings zeigen, wie fragil und vergänglich diese Einteilung war).

Der Rückzug der Weißen verlief allerdings genauso rasch wie ihr Vorstoß. Mitte Dezember 1919 hatte die Rote Armee Charkiw und Kiew zurückerobert und näherte sich zügig dem Schwarzen Meer. Durch unsere Fenster im Erdgeschoss sah man Gruppen von zerlumpten Soldaten auf dem Rückzug... Dieses Mal verstand ich, was das bedeutete, da die Gerüchte um die baldige Evakuierung Odessas bis zu uns Kindern gedrungen waren. Die endgültige Ära der »dritten« Bolschewiken stand kurz bevor. Panik ergriff die Bourgeoisie, und nicht nur sie. Ich erinnere mich an einen entfernten Cousin, der sich für die französische Fremdenlegion verpflichtete, da er keine andere Fluchtmöglichkeit sah; er schickte uns später verzweifelte Briefe aus Sidi bel Abbès nach Paris.

Wir aber bestiegen, immer noch zu siebt, in sehr bourgeoiser Art ein italienisches Schiff, die »Leopolis«. Als ich den russischen Boden verließ, rief ich pathetisch: »Oh Vaterland, wann sehe ich dich wieder?«, wobei ich mit dem Absatz auf den Kai stampfte. Wie sich herausstellte, traf ich damit den Nagel auf den Kopf, denn ich bin nie mehr nach Russland zurückgekehrt. Mein kindisches Pathos spiegelte im Übrigen keineswegs den Gemütszustand der Familie wider, schließlich waren meine Eltern derselben Meinung wie die allermeisten Emigranten: Ein derart absurdes und empörendes Regime wie das der Bolschewiken würde sich höchstens einige Monate halten können, denn das Volk würde bald kurzen Prozess damit machen. Das ist überhaupt die gängige Ansicht unter politischen Emigranten jeglicher Couleur, die dazu neigen, »auf ihrem Gepäck zu leben«, wie man im Russischen sagt, und währenddessen oft versuchen, ihre Rückkehr mit Hilfe von politischen Projekten und Intrigen zu beschleunigen, die das Weltgeschehen noch zusätzlich verkomplizieren (meine Eltern gehörten allerdings nicht zu dieser Kategorie).

Die »Leopolis« hatte Brindisi zum Ziel. Von da aus gelangten wir nach Neapel, wo wir mehrere Wochen blieben, wobei ich nicht mehr weiß, warum. Vielleicht warteten wir auf unseren Vater, der nach London weiter gereist war, um finanzielle Probleme zu regeln.

Der Großteil der russischen Emigranten, insbesondere die Soldaten der Weißen Armee, kamen gänzlich mittellos in Europa an: Dem Land und der Konjunkturlage entsprechend spezialisierten sie sich auf eine Dienstleistung – Taxifahrer in Paris, Gastwirt und Kellner in Berlin. Einige wenige jedoch verfügten über Ressourcen im Ausland, und unser Vater gehörte dazu. Er hatte, als er 1917 in London war, 20.000 Pfund Sterling auf seinen Namen und eine noch größere Summe auf den Namen seiner Import-Export-Firma transferieren lassen. Der erste Betrag wurde ihm unverzüglich ausgehändigt, den zweiten aber hielt die Bank unter dem (im Übrigen logischen) Vorwand zurück, dass alle russischen Handelsgesellschaften verstaatlicht worden seien und daher nur noch auf dem Papier existierten. Daraus ergab sich ein schier endloser Prozess, den er erst 1932 endgültig verlor und mit dem auch die Hoffnung auf den Fall der Bolschewiken zugrunde ging.

(Mannigfaltig sind die Illusionen der Emigranten; ich kenne mindestens einen, der, obgleich in Frankreich geboren, im Moment, in dem ich dies schreibe, eine umfassende kollektive Rückkehr plant, um nach dem bald eintretenden und endgültigen Sturz der UdSSR ein freies demokratisches Russland zu errichten. Seinen Berechnungen zufolge geht die Zahl der Russen in den Vereinigten Staaten und der Ukrainer in Kanada, die sich für diese Unternehmung gewinnen ließen, in die Millionen.)

Von Italien aus gingen wir bald nach Frankreich, das im Jahr 1920 freundlich zu Immigranten jeglicher Herkunft war und wo der Kurs des Pfunds günstig stand. Es ist typisch, dass wir uns trotz des anspruchslosen Geschmacks meiner Eltern in einem luxuriösen Appartement im 16. Arrondissement niederließen, in der Nähe der Avenue Foch (damals noch Avenue du Bois de Boulogne). Zu Beginn des Schuljahres wurde ich für das Lycée Janson-de-Sailly angemeldet. Aufgrund der chaotischen Zeitläufte hatte ich in Russland nicht die Gelegenheit gehabt, eine Schule zu besuchen; es war also mein erstes Schuljahr. Ich lebte mich recht schnell ein, doch habe ich von diesem ersten Jahr nur trübe und verschwommene Erinnerungen.

Ich war ein fleißiger und ängstlicher Schüler, wie die Vierzeiler zu bestätigen scheinen, die ich damals verfasste und die bis heute mein einziger Ausflug in die Dichtkunst geblieben sind:

Je suis un petit garçon
Du petit lycée Janson
Je me lève de grand matin
Et j'avale mon petit pain

Et j'y vais, et j'y cours,
Quand j'arrive bat le tambour
Nous allons enfin en classe
Là un professeur passe.*

* Ich bin ein kleiner Junge / vom kleinen Gymnasium Janson / Ich stehe frühmorgens auf / Und schlinge mein kleines Brötchen hinunter // Und ich gehe, und ich laufe hin / Wenn ich ankomme trommelt der Tambour / Dann gehen wir ins Klassenzimmer / Dort kommt ein Lehrer vorbei.

Die Trommel (»tambour«) zeugt davon, dass die französischen Gymnasien kurz nach dem Ende des Ersten Weltkriegs noch einige Relikte vom napoleonischen Militarismus bewahrt hatten. Das fällt mir heute auf; damals schien mir dieser Brauch in der Natur der Sache zu liegen. Mein erster Kontakt mit einer französischen Schule und französischen Kindern hat mich ansonsten wenig begeistert.

Ich glaube, das war zum Teil dem Wesen der Sekundarschule zu Beginn dieses Jahrhunderts geschuldet: Als Privileg der Bourgeoisie brachten die Gymnasien Schüler mit reserviertem Auftreten hervor, die überdies Distanz wahrten gegenüber kleinen Ausländern oder »Kanaken«. Letztere waren am Lycée Janson zahlreich und stammten aus Lateinamerika, aus der Levante und aus Indochina (das maghrebinische und subsaharische Afrika schickte seine Söhne dagegen nicht ans Lycée Janson). Ich war ein schüchterner und wenig geselliger Schüler, recht gut in allen Schulfächern außer im Zeichnen. Doch auch in diesem Bereich hatten die Drohungen des Lehrers, der mir auf die beiden ersten Klassenarbeiten einen halben und einen von 20 Punkten gegeben hatte, zum Ergebnis, dass ich es in der letzten Arbeit auf 12 schaffte; das ließ mich zum ersten Mal über die Frage erzieherischer Methoden nachdenken.

Was gibt es über diesen ersten Aufenthalt in Paris noch zu berichten? Die Zahl der Frauen in Trauer, denen man 1920 auf den Straßen begegnete, verleitete meine Schwester und mich zu dem Schluss, dass Schwarz die französische Nationaltracht sei. Die Entdeckung der Metro (mit ihren großen Werbeplakaten wie etwa für den Aperitif »Dubo... Dubon... Dubonnet«), welche ich viel lieber mochte als das Taxi, ist wohl meine einprägsamste Erinnerung aus dieser Zeit. Von all den Reklamen fand ich die Werbekampagne von Michelin am bestechendsten, mit der das Unternehmen versuchte, seine Reifen an die Pariser Autobusse zu bekommen: »Schweine fahren jetzt auf Druckluftreifen! Und Sie auf Metallrädern?«

Der Aufenthalt endete im Sommer 1921, als die Weltwirtschaft für die Besitzer von britischem Pfund die Ansiedlung in Deutschland günstiger machte als in Frankreich. Unsere Gruppe von sieben Familienmitgliedern zog also nach Berlin um, und da die trügerische Hoffnung auf ein baldiges Ende der Bolschewiken noch nicht all ihre Wirkung verloren hatte, richteten wir uns an der nächsten noblen Hauptstraße, dem Kurfürstendamm, in einer prächtigen Familienpension ein. Ich sah dort auf den Fluren schöne junge Frauen im Bademantel an mir vorbeigehen und begann – noch ohne zu ahnen, dass es sich um Edelhuren handelte – mich brennend für sie zu interessieren, wie es eben normal war in meinem Alter.

Der Zauber Deutschlands

Den Aufenthalt in Berlin von 1921-1924 sehe ich noch immer als eine der prägenden Phasen meines Lebens. Er fiel mit der monströsen Inflation in Deutschland zusammen, an deren Ende im Herbst 1923 ein Pfund Butter morgens mehrere Millionen Mark kosten konnte, um bis zum Abend doppelt so teuer zu werden, und Geldscheine mit Millionen-Nominalwert Überdrucke bekamen, die sie für Milliarden auswiesen. Sie bedeutete den völligen Ruin der Mittelschichten, für die Inhaber von Devisen allerdings eine – wenn auch geringe – Konjunktur. Um 1920-1921 hatte sich in Berlin ganz wie in Paris eine überaus große russische Kolonie mit ihren eigenen Zeitungen, Schulen, Restaurants und Clubs gebildet. Unsere Mutter war die Gründungsinitiatorin eines Zentrums zur Wahrung der russischen Kultur, »der russischen Ecke« (russkiy ugolok), in der etwa zwanzig Jungen und Mädchen zusammenkamen. (Ich traf später in Paris einige von ihnen wieder; bestimmte Freundschaften bestehen bis heute, wie die mit den Brüdern Serge und Victor Gachkel, dem Anwalt und dem Psychiater).

Bestimmt waren dreiviertel dieser Kinder jüdischer Herkunft. Eine noch auffälligere Verteilung fand ich an der Goetheschule vor, dem Gymnasium, an dem ich angemeldet wurde. Von den vier Parallelklassen waren drei den Lutheranern vorbehalten, während alle Juden plus etwa ein Dutzend Katholiken in der vierten versammelt waren; tatsächlich ließ sich dieses Ghetto durch den

Lehrplan begründen, in dem Religion ein Pflichtfach war. Übrigens auch ein Fach, das zumindest bei uns Juden Anlass zu lärmendem Aufruhr gab, der manchmal in richtige Raufereien ausartete. Wir Kinder, egal ob einheimischer, polnischer oder russischer Herkunft, fühlten uns bis auf ein oder zwei Ausnahmen fast gar nicht zum mosaischen Gesetz hingezogen, interessierten uns dafür aber lebhaft für die alten germanischen Traditionen und Heldengestalten.

Deutschland war das einzige westliche Land, in dem die einheimische vorchristliche Mythologie in der Schule unterrichtet wurde. Die Weimarer Republik hielt an dieser Gepflogenheit fest, und im damaligen Zeitgeist übertrieben es die Lehrer meist noch damit. So war es auch bei unserem Klassenlehrer, Oberstudienrat Hoffmann, wenn er uns von den Heldentaten der Wikinger und der anderen barbarischen Eroberer erzählte. Ich erinnere mich an die Begeisterung meines Mitschülers und besten Freundes Eugène Grunberg (wie ich jüdischer Russe), am Tag nachdem er die Ehre gehabt hatte, Oberstudienrat Hoffmann zuhause zu besuchen: »Du hättest seine Frau sehen sollen! Die ist eine richtige Germanin, groß und blond!«

Ich erinnere mich noch an meine Lieblingslektüre damals, die Werke des Romanciers Felix Dahn, ein Alexandre Dumas in klein, der sich aufs Heraufbeschwören der Kämpfe zwischen Germanen und Römern, zwischen den Goten und Byzanz spezialisiert hatte; oder auch an den Film »Fridericus Rex«, dessen Titelmusik ich immer noch singen kann. In meiner noch frischen Deutschlandbegeisterung schockierte mich der Gebrauch der Prügelstrafe an der Goetheschule ganz und gar nicht, und die Entrüstung meiner Mutter darüber (»Das ist schlimmer als mit der Knute!«) blieb mir unverständlich.

Dass ich zum Entsetzen meiner Eltern innerhalb weniger Wochen dieser Geisteshaltung verfiel, lag daran, dass sie von unserer jüdischen Klasse genauso einhellig geteilt wurde wie von den Klassen der Christen; und dass sie mit einer Kameradschaft und einem Gemeinschaftssinn einherging, die mir eine Welt voll neuer Freuden erschlossen. Am Lycée Janson-de-Sailly hatte ich nichts Vergleichbares erlebt. Am ersten Tag wurde ich, der Neue, umringt und feierlich begrüßt; wohl deshalb kann ich noch heute alle Namen meiner Mitschüler aus den Jahren 1922-1923 aufsagen. All diese Kinder an der Goetheschule waren, egal ob jüdisch oder nicht, große Kämpfer- und Sportlernaturen, und ich, der bis dahin noch nicht mal auf ein Fahrrad steigen wollte, stürzte mich in all diese Vergnügungen und Raufereien hinein. Ich wurde sogar zu einem ziemlich wackeren Raufbold, und besonders angesehen war ich als »Ritter zu Pferde«, das heißt auf den Schultern eines Kameraden sitzend, wobei es in dem Spiel darum ging, den anderen Reiter zu Fall zu bringen.

In jener deutschen Schule wurden die Freundschaften und der Sportsgeist gepflegt durch die zwei oder drei wöchentlichen Schulstunden, die dem Turnen und Mannschaftssport gewidmet waren, vor allem aber durch die Sonntagsausflüge unter der Aufsicht von Herrn Hoffmann, der uns neben der Liebe zur Natur zugleich die Liebe zum schikanierten deutschen Vaterland einschärfte. Ich ließ mich so sehr indoktrinieren, dass ich am Tag nach der Ruhrbesetzung durch Frankreich im Januar 1923 – einem Ereignis, das einen Trauertag und eine patriotische Ansprache des Direktors der Goetheschule zur Folge hatte – davon träumte, Kampfflieger zu werden, um mit einer gut gezielten Bombe den Élysée-Palast zu zerstören. An eine vergleichbare Staatstrauer nach dem Mord an dem jüdischen Minister Walther Rathenau im Juni 1922 kann ich mich nicht erinnern.

Weder die Anstrengungen meiner Mutter, mich zu »russifizieren«, noch der zweimal in der Woche stattfindende Religionsunterricht bei unserem armen Rabbi Salomo vermochten die Fluten des germanischen Patriotismus aufzuhalten, die mich wie all meine Mitschüler überspülten. Ich glaube nicht, dass es irgendwelche Ausnahmen von diesem jugendlichen Eifer gab, oder zumindest gab es keine erklärten. Erhellt nicht der Kontrast zwischen der Stimmung am Lycée Janson und jener an der Goetheschule während der 1920er-Jahre die Verwerfungen und das Unheil Europas in den darauffolgenden Jahrzehnten?

Aber es ist mir wichtig, noch einen anderen Punkt hervorzuheben: Zumindest im Rahmen des Berliner Gymnasiums mit vielleicht eintausend Schülern beobachtete ich trotz des übersteigerten Deutschlandeifers kein einziges Mal auch nur das kleinste antisemitische Ereignis. Ich war schon aufgeweckt genug, um mich für diese Frage zu interessieren; im Übrigen kam es auf der Straße bereits häufig zu solchen Vorfällen, in der Form von an Mauern oder auf den Bürgersteigen gemalten Hakenkreuzen oder Rempeleien unter Jugendlichen. Es gab welche, die einen mit drohendem Ton in der Stimme fragten: »Dicker, bist du Jude?« Worauf ich es für geschickt hielt, zu antworten: »Das geht dich nichts an!«

Schließlich lief es im Herbst 1923 auf den Hitler-Putsch im November hinaus, und die Partei der Nazis sollte bald vierzehn Abgeordnete im Reichstag stellen. Die Gefahr begann unübersehbar zu werden: Doch wie die Spezialisten von heute wissen, ging der deutsche Nationalismus nicht zwangsläufig mit Antisemitismus einher: selbst die Mitglieder der NSDAP waren häufig nur der Form halber Antisemiten, aus Ehrerbietung vor dem Führer, wenn man so will.

Heutzutage wird sporadisch die alte Kontroverse über das Verhältnis von Deutschen und Juden vor dem Hitler-Regime fortgeführt. Höchst respektable Autoren wie Hermann Cohen im 19. Jahrhundert oder Nahum Goldman im 20. Jahrhundert glaubten, eine besondere Affinität zwischen beiden entdecken zu können; dagegen behauptet der berühmte israelische Denker Gershom Scholem, dass es zwischen ihnen nie eine Beziehung oder ein Verständnis gegeben habe, das den Namen verdient. Schon Heinrich Heine persiflierte die germanische Toleranz: »Du, du duldest, daß ich atme; Daß du rasest, dulde ich.« Mit der Wiedergabe meiner ersten Erinnerungen als Heranwachsender kann ich mich natürlich nicht in solche Höhen aufschwingen. Ich kann nur feststellen, dass für mich als Schüler und in dem Sonderfall Berlin in den Jahren 1921-1923 der Antisemitismus nur wenig wahrnehmbar war. Und so trug diese noch relativ wenig durch die Hirngespinste der Rassisten verpestete Atmosphäre dazu bei, dass mir jene Jahre als die glücklichste Zeit meiner Jugend in Erinnerung bleiben, jene, in der ich mich meines unangenehmen Daseins als kränkliches und empfindliches Kind entledigte. Gleichwohl sollte diese Zeit nicht andauern.

Ich habe keinen Grund zu der Annahme, dass es das sich verschlechternde politische Klima in Deutschland war, weswegen wir uns Anfang 1924 wieder auf den Weg nach Frankreich machten. Aber um ehrlich zu sein, kannte ich die Gründe der väterlichen Entscheidung kaum. Tatsache ist, dass wir zum Schulbeginn des Jahres 1923 eine deutlich bescheidenere Wohnung im Norden Berlins mieteten und ich nicht wieder an der Goetheschule eingeschrieben wurde. Zweifellos handelte es sich dabei um ein Zusammenspiel von mehreren Faktoren. Mein Vater hatte etwas Geld in die Publikation einer Kunstzeitschrift (*Jar-Ptitza*) investiert, die ein Misserfolg wurde; vielleicht sah er in Frankreich bessere Perspektiven; vor allem jedoch verwandelte die Sanierung der deutschen Finanzen, die mit der Einführung der Rentenmark im Oktober 1923 begonnen hatte, Deutschland von einem Schlaraffenland für Ausländer in ein reichlich unvorteilhaftes. So kam es, dass unsere Familie, nunmehr reduziert auf fünf Personen (eine meiner Halbschwestern hatte in Berlin geheiratet und unser Kindermädchen Wally war die Gouvernante einer kleinen Nichte geworden), sich erneut auf den Weg machte.

Entwicklung zum Halbintellektuellen

In Paris, wo unsere Familie diesmal eine vernünftige bürgerliche Wohnung im Stadtteil Auteuil bezog, wurde ich erst im Herbst 1925 wieder für das Lycée Janson angemeldet, für die Seconde (ohne es zu bemerken, hatte ich durch das Zwischenspiel in Deutschland eine Klassenstufe übersprungen). Zuvor waren zwei russische Pädagogen damit beauftragt, meiner Schwester und mir Privatunterricht zu erteilen. Ohne Zweifel handelte es sich in den Augen meiner Eltern dabei um eine vorbereitende kulturelle Anpassung an Frankreich; darüber hinaus kam es unserer Kenntnis der russischen Kultur zugute. Seit meiner Jugend profitierte ich somit von der Erfahrung dreier großer Kulturen – nur die jüdische ließ noch auf sich warten. Ich machte allerdings zu dieser Zeit eine judeophobe Phase durch, die zweifellos mit jugendlicher Rebellion zu tun hatte, wie es bei »entjüdisierten« Kindern meiner Generation eben gängig war. Meinen Protest trieb ich so weit, dass ich dem Mittagessen schmollend fernblieb, wenn die berühmten Zionisten Jabotinsky* oder Sliosberg, beides alte Freunde der Familie, bei uns zu-

* Wladimir Zeev Jabotinsky (1880-1940) war der prominente Vertreter eines bürgerlich-revisionistisch ausgerichteten Zionismus, für den die Gründung eines Judenstaates angesichts des Antisemitismus in Europa oberste Priorität hatte.

hause eingeladen waren. Ich erinnere mich sogar daran, dass ich eines Tages meinen Schwager Boris Mirkin-Getzewitsch, den Akademiker in der Familie, fragte, ob die »Protokolle der Weisen von Zion«, diese berühmte antisemitische Fiktion, echt seien, und dass nur die ironische Art seiner Zustimmung mich vom Gegenteil überzeugte. Es kam für mich also gar nicht in Frage, meine Bar-Mitzwa zu begehen, und auch meine Eltern dachten erst gar nicht daran, mir das vorzuschlagen. Ich fühlte mich zu der Zeit, nachdem der deutsche Lack schnell abgeplatzt war, in erster Linie als Russe und verachtete als solcher die anderen Kulturen, inklusive der französischen. In der Schule Corneille oder Pascal zu lesen kam mir deshalb wie ein merkwürdiger Anachronismus vor, weil die wirkliche Kultur, so wie die Russen sie in Bezug auf ihr Land verstanden, ja erst im 19. Jahrhundert begonnen hatte. (Unsere Privatlehrer teilten diese Auffassung.)

Eine Rückkehr in ihre Heimat jedoch mussten meine Eltern, wie alle russischen Emigranten, nunmehr auf die unbestimmte Zukunft verschieben, da die französische Regierung unter Édouard Herriot die Sowjetunion zu unserer großen Empörung gerade offiziell anerkannt hatte. Ich fand also einen Weg, den Kontakt mit meinem Heimatland aufrechtzuerhalten, indem ich (wozu mich heute wenige meiner Freunde für fähig halten würden) ein grandioses Funkgerät bastelte – mit Hilfe einer sehr langen Antenne, die ich aus dem Küchenfenster hinaus in Richtung eines Nachbarhauses richtete; es war zweifellos eines der ersten Geräte, mit denen man im 16. Arrondissement Moskau erreichen konnte.

Mein Vater, der mit der Ausfechtung seines hoffnungslosen Prozesses in England zweifelsohne bereits einen Großteil seines Kapitals erschöpft hatte, wollte in

Paris wieder eine berufliche Tätigkeit aufnehmen. Er hatte die Idee, die Werbeagentur Metzel, die er in Russland geleitet hatte, wieder zum Leben zu erwecken, und spezialisierte sich auf Anzeigenwerbung in fremdsprachigen Zeitungen, welche in Paris damals in großer Zahl herauskamen und eine günstige Zukunft vor sich zu haben schienen – die Krise von 1929 lag schließlich noch in weiter Ferne. Die wichtigste dieser Zeitungen waren *Les Dernières Nouvelles*, das Hauptorgan der russischen Emigranten, mit deren Leiter Pawel Miljukow mein Vater bereits in Russland zusammengearbeitet hatte. Die Redaktion der Zeitung und die Agentur Metzel saßen in denselben Räumlichkeiten. Die Büros der Agentur waren voll von russischen Emigranten, von denen einige bedeutende Positionen innegehabt hatten – oder später innehaben sollten: so etwa Dolly Gurwitsch, eine Freundin meiner Mutter, die mit dem großen Soziologen Georges Gurwitsch verheiratet war, oder der General Bogdanowitsch, ein ehemals hoher Würdenträger im Zarenreich, der gerne scherzte, dass mit meinem Vater an der Spitze der provisorischen Regierung 1917 diese Halunken Lenin und Trotzki im Handumdrehen zur Vernunft gebracht worden wären. Gut möglich, dass der General Recht hatte, denn mein Vater war ein Mann der schnellen Entscheidungen, der kein Risiko scheute – was ihn schlussendlich teuer zu stehen kam.

Was uns Kinder betrifft, so nahm die Zeit des Privatunterrichts mit dem Beginn des Schuljahres 1925 ein Ende. Ich schlug also die Route des Lycée Janson ein, während meine Schwester dem [Mädchengymnasium] Cours Fénelon anvertraut wurde. Ihren unverbrüchlichen Charakter unter Beweis stellend blieb sie jedoch nicht lange dort, sondern erwirkte ihre Versetzung ins russische Gymnasium von Auteuil. Ich wiederum machte im

Lycée Janson bald eine höchst ärgerliche Entdeckung, nämlich die meiner außerordentlichen Schwäche in Mathematik, welche doch eigentlich von frühester Kindheit an als meine ureigene Begabung gegolten hatte. Die Enttäuschung wiederholte sich zwei Jahre später im Philosophieunterricht: Das abstrakte Denken, egal welcher Art, gehörte wohl nicht zu meinen Stärken. Als gefräßiger und polyglotter Leser war mein Kopf eher gut gefüllt als gut strukturiert.

Mittlerweile bin ich zu der Überzeugung gekommen, dass diese Schwäche auch ihre gute Seite hatte angesichts der philosophisch-literarischen Ausschweifungen, durch die die französische Intelligenzia, mindestens seit 1945, auffiel: Sie hat mich gründlich vor den Fallen der »dialektischen Vernunft« und vergleichbaren intellektuellen Spielereien strukturalistischer, lacanianischer oder marxistischer Art bewahrt. Nun habe ich folglich im Laufe der Jahrzehnte für einen angelsächsischen Pragmatismus optiert; dabei versteht es sich allerdings von selbst, dass ich, um dem Denken von Bertrand Russell, Karl Popper oder Jon Elster anzuhaften, mitunter zwangsläufig eine Art Glaubensakt begehe, wenn ich ihren formalen Gedankengängen nicht folgen kann. Ich glaube dennoch weiterhin, dass meine Wahl die richtige ist – insbesondere für einen Historiker, dessen Reich ja das Konkrete ist – auch wenn sie der intellektuellen Tradition Frankreichs diametral gegenübersteht. Zum Beweis muss ich ein Bonmot von Jon Elster (übrigens ein Schüler von Raymond Aron*) anbringen, der nach einer langen Rezension

* Raymond Aron (1905-1983) war ein französischer Philosoph und Soziologe. Er stammte aus einem jüdischen Elternhaus, schloss sich 1940 de Gaulle an und war Zeit seines Lebens ein Kritiker des Totalitarismus und einer der wenigen Vertreter des politischen Liberalismus und scharfen Kritiker des in Frankreich grassierenden Antisemitismus.

von »Das Sein und das Nichts« mit Blick auf die Kulturwissenschaftler hinzufügte: »Das ist die französische Art, ›To have the cake and eat it‹ zu sagen«. Nun, mir ist die englische Art entschieden lieber! Die französische lässt sich noch besser veranschaulichen durch die Warnung des rustikalen, meine Kindheit einnehmenden Denkers Kosma Prutkow* vor der Herrschaft der Worte über die Dinge: »Wenn du im Zoo bist und unter dem Schild ›Löwe‹ einen Hund erblickst, dann traue nicht deinen Augen«. Aber die Pariser Löwen haben noch nichts von Prutkow gehört.

Dank eines guten Gedächtnisses und passablen Fleißes war ich insgesamt ein guter Schüler, ohne mich aber besonders für Racines »Andromaque«, den Aufstieg des Drittes Standes oder mathematische Ableitungen zu interessieren. Letzteres lag daran, dass meine emotionalen Verwerfungen mir sehr bald zum roten Faden dieser Lebenjahre wurden.

Zunächst: Ich muss wohl nicht extra darauf hinweisen, dass meine Eltern, insbesondere meine Mutter, äußerst schlecht darauf vorbereitet waren, mich in die Geheimnisse des Liebeslebens einzuweihen? Da der Sexualkundeunterricht zu dieser Zeit noch nicht existierte, war es – ich weiß noch genau Ort und Zeit – mein Freund Grunberg gewesen, der mir in einer Straßenbahn in Berlin-Wilmersdorf enthüllt hatte, wie man Kinder macht. Davon glaubte ich allerdings nur die Hälfte. Die Familie Grunberg ließ sich wenig später ebenfalls in Paris nieder, und so traf ich meinen Freund Eugène im Lycée Janson

* Die Figur des autodidaktischen Philosophen Kosma Prutkow ist eine Kreation des Romanciers Tolstoi und der Brüder Schemtschuschnikow, die in Russland in der zweiten Hälfte des 19. Jahrhunderts bekannte Humoristen waren. Die Werke von Prutkow, unzählige Male neu aufgelegt, sind jedem russischen Leser ein Begriff.

wieder. Sein Vater hatte ziemlich viel von der Karikatur des »Finanzjuden«: Er war durch den Diskont von sowjetischen Wertpapieren ungemein reich geworden.

Am Lycée Janson überragte mich Eugène um zwei oder drei Köpfe und war – ganz wie sein Vater – bereits ein berüchtigter Frauenheld. Ich erinnere mich noch, wie eines schönen Tages Vater Grunberg seinem Sohn und mir einen Vortrag über die Kunst des Verführens von Frauen hielt: »Geld, Geld und nochmals Geld!« Ach, ich war sofort überzeugt – im letzten Moment erst kam mir der Gedanke, dass die Körpergröße eine wichtige Nebensache sei (ich maß damals gerade 1,55 Meter). Mögen die Psychologen ihre Schlüsse daraus ziehen. Im Laufe der Jahre 1926-1930 bandelte mein Freund Eugène mit großem Eifer an, zunächst aus dem Hispano-Suiza-Wagen seines Vaters heraus, dann aus seinem eigenen Talbot-Cabrio; er machte eine Eroberung nach der anderen, während mir die undankbare Rolle des Vertrauten blieb. Seine Enthüllungen aus der Straßenbahn ergänzte er, indem er mich ins Bordell mitnahm, wie man das vor einem halben Jahrhundert eben machte. Seine Cousinen bezeichneten mich spöttisch als Léon-Leporello.* Keine Freundschaft kann auf die Dauer einer solchen Rollenverteilung standhalten.

Es war nicht so, dass es mir an Kontakten oder passenden Gelegenheiten mangelte. Auf dem Gymnasium fand ich wie schon zuvor keine Freunde, abgesehen von Jungen der gleichen Herkunft. Aber es gab die Freundinnen und Bekannten meiner Schwester und eine sich nach und nach bildende heterogene Gruppe an Studenten und Halbintellektuellen (in Verbindung, wenn auch marginal,

* Eine Anspielung auf den Diener Leporello, der vor dem Haus Wache hält, in dem Don Giovanni Donna Anna verführen will.

mit großen Geistern wie Alexandre Kojève oder den Brüdern Grjebine), die in den Cafés von Montparnasse zusammenkam. Es war auch eine Freundin meiner Schwester, die bildschöne Génia Ermans (heute Génia Alroy), die meine erste Unterweisung übernahm, indem sie mir gewährte, was ihr recht war: einige Küsse, aber mit etwas muss man ja anfangen. Ich selbst machte mir die Sache beileibe nicht leicht. Die tolstoischen Tabus von früher waren ein Korsett geworden, das mich lähmte, ja mich geradezu erstickte. Was erfand ich nicht alles für Komplikationen! Da war noch die attraktive Liouba Lukaschewitsch, eine andere Freundin meiner Schwester. Als großer Bewunderer von Stendhal, dessen Held Julien Sorel in der russischen Literatur seine Spuren hinterlassen hat, wollte ich große Geschütze auffahren und richtete es ein, dass die kleine Liouba mich im Café in Gesellschaft der schönen Génia traf. Das Resultat war, dass Liouba in den Armen von Jean Laparra landete, einem französischen Mitglied der Clique.

Mit der Zeit ging es besser. Eine liebenswerte junge Dame, Rose Souvrinska, nahm es auf sich, meine amouröse Erziehung dort fortzuführen, wo Génia Ermans sie unterbrochen hatte. Sie tat es freundlich und verständig, ohne unnötig sentimental zu werden. Zu meinem Vergnügen gesellte sich die Genugtuung des Wissens, dass ich der Herzensfreund war, obwohl noch ein »ernsthafter« Freund existierte. Es musste sich also früher oder später wieder mein tolstoisches Über-Ich einmischen. Nach einigen Monaten Liebschaft machte ich es mir zur Aufgabe, mich selbst und Rose davon zu überzeugen, dass sie in Frankreich keine angemessene Zukunft habe und besser daran täte, sich in der »jüdischen nationalen Heimat« Palästina ein Leben aufzubauen. Nebenbei bemerkt ließ sich meine masochistische Entsagung leicht durch den hitlerschen Antisemitismus rationalisieren, der bereits um sich griff. Ich erreichte jedenfalls, was ich wollte. Der ernsthafte Freund finanzierte Rose die Reise nach Tel Aviv, wo ich sie übrigens 1937 wiedersah, glücklich verheiratet mit einem jüdischen Zollinspektor.

Génia Ermans-Alroy ist ebenfalls Israelin geworden, genau wie meine Schwester Irène. Mein erster Flirt, meine Schwester, meine erste Geliebte, aber auch meine erste Frau, Natascha, und die große Liebe meiner Jugend, Sulamith. Die Aufzählung ist nicht vollständig. Aber wie sie ist, gibt sie zu denken, denn statistisch gesehen liegt die Chance, dass fünf beliebige Jüdinnen aus Frankreich alle nach Israel ziehen, im Rahmen von eins zu mehreren Millionen.

Aber allein die Episode mit meiner guten Rose reicht schon zur Erinnerung, dass die Statistik, leichtsinnig handgehabt, nur eine diabolische Form der Lüge ist. Und dabei war meine Einmischung in den anderen Fällen gar nicht vorhanden oder wahrnehmbar. Die Tatsache hingegen, dass ich nie eine Liaison mit einem nicht-jüdischen Mädchen gehabt habe, nicht einmal eine flüchtige Schwärmerei, könnte bedeutungsvoller sein. Denn in unserer kosmopolitischen Clique war diese Grenze oder aber dieser zusätzliche Reiz allgemein auf ein Minimum reduziert. Wenn meine Erinnerung mich nicht täuscht, so war der allererste Flirt meiner Schwester, die ebenfalls, wenngleich in erheblich geringerem Maße als ich, unter den tolstoischen Tabus litt, ein ägyptischer Student namens Mahmoud.

Wenn ich mich nun ein wenig mit meinen tragikomischen Liebesenttäuschungen aufgehalten habe, dann deshalb, weil sie gänzlich die Orientierung meines Lebens vor dem Zweiten Weltkrieg bestimmten. Geblendet von den Lorbeeren des schönen Eugène, überzeugt davon, das große Geheimnis der Verführung zu kennen, konnte ich nicht ahnen, dass ich meine extreme unbewusste Aggressivität und meine Angst vor der Lust hätte bezwingen müssen. Da ja der Reichtum der Schlüssel zu allem zu sein schien, beschloss ich Geschäftsmann zu werden und wollte nach dem Abitur in die väterliche Firma einsteigen. Meine Eltern verlangten allerdings, dass ich ein Universitätsstudium aufnähme. Wir gelangten schließlich zu einem Kompromiss: Ich schrieb mich an der juristischen Fakultät ein, verbrachte aber meine Tage in der Agentur Metzel.

Was mein Jura-Studium anbelangt, so glaube ich nicht zu irren, wenn ich schreibe, dass ich niemals einen Fuß in einen Seminarraum gesetzt habe. Einige Wochen Büffeln vor den Jahresabschlussprüfungen reichten mir aus, um 1931 in Jura diplomiert zu werden. Der Tagesablauf in der Agentur Metzel war noch wesentlich eigenartiger: Meine Hauptaufgabe bestand darin, ein Dutzend Vertreter zu leiten, die damit betraut waren, Inserenten aller Art, etwa Kaufhäuser, Nachtclubs oder Automobilhersteller, davon zu überzeugen, dass die zwei oder drei Millionen in Frankreich lebender Ausländer eine potentielle Kundschaft darstellten, die ihrer Werbung bis dahin entgangen war.

Wenn es ein Gebiet gibt, in dem man selber Hand anlegen können muss, dann ist es eine solche leitende Stellung. Nun wäre ich aber eher vor Scham oder Angst gestorben, als mich höchstselbst hinzustellen und die erforderlichen Ansprachen zu halten. Wenn man so möchte, hatte ich mich zum General ernannt, ohne meinen Militärdienst abgeleistet zu haben. Meine Position beruhte ausschließlich auf meinem Status als Sohn des Chefs. Eine auf Ängsten basierende Verantwortungslosigkeit ähnlicher Art hielt mich auch davon ab, meine Einbürgerung zu beantragen – welche eben jenen tatsächlichen Militärdienst mit sich gebracht hätte.

Darüber hinaus begann in den Jahren 1930-1931 die Wirtschaftskrise der Agentur Metzel schwer zuzusetzen, war doch der internationale Tourismus, unser wichtigster Köder, eine der am stärksten betroffenen Branchen. Meine Berufswahl erwies sich in mehrfacher Hinsicht als absurd: Nicht nur fehlten mir das für einen Geschäftsmann erforderliche Temperament und der entsprechende Tatendrang, auch die erwählte Branche verlor ihre Zukunftsperspektiven.

So rannen also meine Tage dahin, durchsetzt von im Allgemeinen unglücklichen Liebeleien. Zwischen diesen und den beginnenden Schwierigkeiten der Agentur blieb mir der Verlauf, den die Weltlage nahm, ziemlich gleichgültig. Ich gönnte mir Anfang 1933 sogar den Luxus einer Depression (oder Psychasthenie, wie man damals sagte), die mir die Sicht auf die Ereignisse jenseits des Rheins völlig verstellte: An das Heraufziehen des Dritten Reichs und das Lärmen der ersten antisemitischen Aktionen habe ich keine einzige Erinnerung.

Es bleibt mir hinzuzufügen, dass nicht alles nutzlos war in meinen widersinnigen Lehrjahren. Besser vielleicht als jede Dissertation und jedes Seminar haben sie mich – wenn auch auf eine eher abstrakte Art und Weise – mit dem Geschäftsleben eng vertraut gemacht. Und was für Geschäfte das waren! Das Milieu bestand aus Emigranten, oder allgemeiner aus entwurzelten Ausländern. Die überall gültigen Verfahren der kommerziellen Schwindelei wurden durch die damals herrschenden Sitten in der Werbebranche nur verschlimmert, und die einheimische Tradition des ehrenhaften und sauberen Handels konnte sie nicht einhegen. Innerhalb der Agentur selbst waren von unterbezahlten Angestellten und Führungskräften begangene kleine Skrupellosigkeiten nichts Ungewöhnliches (aber mein Vater legte Wert darauf, sie auf die »sanfte« Weise zu regeln, indem er sich mit Rückerstattungen in Raten zufriedengab).

Vor allem lernte ich im Zuge der sich zuspitzenden Schwierigkeiten die gängige Palette an Mauscheleien kennen, wie etwa den Austausch von Gefälligkeiten oder schlicht vorausdatierte Schecks, ganz zu schweigen von Rückvergütungen, Geschenken und feuchtfröhlichen Diners, die es ermöglichten, entweder den Großkunden oder den Geschäftsführern der Zeitungen vorteilhafte Verträge abzuringen. Großer Kämpfer, der er war, und obendrein ein wenig verblendet durch ein halbes Jahrhundert geschäftlicher Erfolge, erklärte mein Vater es zum Prinzip, dass Sparen nichts bringe: die Kunst des Geschäftemachens sei nämlich jene des zweckmäßigen Geldausgebens.

Er entschied sich deswegen höchstens im allerletzten Moment dazu, einen Mitarbeiter zu entlassen oder etwa unsere Haushaltsführung einzuschränken oder die Unterhaltszahlungen an seine beiden ältesten Töchter, von denen eine Opernsängerin in Zagreb war, die andere in Paris mit einem aufstrebenden Akademiker verheiratet. Mit solchen Fragen war ich natürlich nicht befasst. Erst jetzt kann ich das vielschichtige Martyrium meiner armen Mutter ermessen, einer Frau mit Prinzipen wie sonst kaum jemand, der für diesmal nichts anderes übrig blieb, als die mobilen und immobilen Güter zu übernehmen, die ihr Ehemann in bewährter Vorsichtsmaßnahme auf ihren Namen umschreiben ließ. Immerhin haben einige von mir erdachte Finten, wie etwa die Schaffung von Nebendienstleistungen im Rahmen der Agentur – Versandhandel, Reisebüro, Paketdienst in die Sowjetunion –, den Niedergang ein wenig verlangsamt.

Ohne hier noch weiter in diese ein wenig Balzacschen Themen vorzudringen, würde ich sagen: wenn meine Forschung aus den Jahren 1956-1964 zum jüdischen Geldhandel* meine handwerklich weitaus beste historische Arbeit darstellt, so ist das gewiss diesen unerquicklichen Erfahrungen zu verdanken, die ich ein Vierteljahrhundert zuvor erworben hatte.

* Léon Poliakov widmete diesem Thema eine nicht ins Deutsche übersetzte Forschungsarbeit: »Les Banquiers juifs et le Saint-Siège du XIIIe au XVIIe siècle«.

Die *Pariser Tageblatt*-Affäre

Nach einem langen Sommerurlaub, den ich mit meinen Freunden Serge und Viktor Gachkel in Italien verbracht hatte, kehrte ich 1933 bester Gesundheit nach Paris zurück. Das Erscheinungsbild der Hauptstadt hatte sich unmerklich verändert, aber in einer Weise, die aufblicken ließ, und zwar wegen des Zustroms von circa zwanzigtausend deutschen, überwiegend jüdischen Emigranten. Diejenigen, die es sich leisten konnten, zogen in die wohlhabenden Viertel, und die Champs-Élysées nannten sie selbst bald den »Boulevard der Assimilation«. In geringerem Maße trat dasselbe Phänomen in London, Amsterdam und Prag auf. War das nicht eine neue ausländische Klientel? Ich wollte hoch hinaus und legte meinem Vater nahe, für diese neue deutsch-jüdische Diaspora eine Tageszeitung zu gründen. Seine alte Verlegerleidenschaft erwachte sofort.

Bei einer Auflage von 6.000 Exemplaren und mit vier Seiten (die *Dernières Nouvelles* hatten sechs) schien das Geschäft rentabel. Es ist typisch, dass mein Vater nicht im Traum an Subventionen politischer Art dachte, denn so etwas kannte er aus Russland nicht. Stattdessen wandte er sich an Isaac Grodzenski, den Geschäftsführer des *Pariser Haynt* (dessen Eigentümer in Warschau saßen), der sowohl mit den Finanzen dieser Zeitung wie mit seinen eigenen besonnen umzugehen wusste; er sollte Teilhaber und Fachmann sein. Für die Redaktion empfahl man meinem Vater eine bedeutende Persönlichkeit,

Georg Bernhard, von 1915-1931 Chefredakteur der *Vossischen Zeitung* (deren frankophile Ausrichtung ihr nach 1918 den Beinamen *Gazette de Foch** einbrachte) und ehemaliger Abgeordneter des Reichstags. Dass der Mann ein notorischer Spieler war und die *Vossische Zeitung* 1931 infolge einer Verurteilung wegen übler Nachrede hatte verlassen müssen, erfuhren wir erst sehr viel später. Mein Vater und Grodzenski gründeten die »Gesellschaft mit beschränkter Haftung *Pariser Tageblatt*« und schlossen einen Vertrag mit Bernhard, demzufolge die Redaktion über ein monatliches Budget von 25.000 Francs verfügen sollte. Da Bernhard sich gern mit Leuten seines Schlags umgab, ließ er 1000 Francs im Monat seinem elsässischen Freund Salomon Grumbach zukommen, der vor 1918 an seiner Seite im Reichstag gesessen hatte und 1933 die Kommission für auswärtige Angelegenheiten des Abgeordnetenhauses leitete. Wie wir feststellen sollten, war Grumbachs Signatur im *Pariser Tageblatt* allerdings fast nie zu finden.**

Es zeigte sich nach einigen Wochen, dass unsere Erwartungen viel zu bescheiden gewesen waren, denn die Auflage stabilisierte sich bei um die 15.000 Exemplaren. Tatsächlich handelte es sich zu diesem Zeitpunkt um die

* Ferdinand Foch (1851-1929) war ein französischer Offizier, später »Marschall von Frankreich« und Oberbefehlshaber der Alliierten während des Ersten Weltkrieges. Er nahm 1918 im Eisenbahnwaggon von Compiègne die Unterzeichnung des Waffenstillstandsabkommens von Deutschland entgegen und vertrat nach dem Krieg eine wenig versöhnliche Politik gegenüber Deutschland.

** Tatsächlich veröffentlichte Salomon Grumbach durchaus regelmäßige Beiträge unter verschiedenen Pseudonymen. Vgl. Gilbert Badia, »Salomon Grumbach – ein anonymer Interpret deutsch-französischer Politik«, in: Hélène Roussel/Lutz Winckler (Hg.), Rechts und links der Seine. *Pariser Tageblatt* und *Pariser Tageszeitung*, Tübingen 2002, S. 95-113.

weltweit einzige Tageszeitung dieser Art, nahm doch in diesen unsicheren Zeiten die deutschsprachige Presse der Schweiz und Österreichs allgemein eine zurückhaltende, wenn nicht ambivalente Haltung ein.

Unser *Tageblatt* hingegen vertrat auf Anhieb eine Einstellung, die ihren Eigentümern bisweilen zu derb erschien. Aber das war im Grunde genommen nicht unsere Angelegenheit als Verleger. Es wäre allerdings naheliegend gewesen, dass ich mir die ersten Sporen als Journalist verdiente – wenn ich aber gar nicht auf diese Idee kam, dann in erster Linie deshalb, weil Bernhard und seine Redaktion eine misstrauische und feindselige Gruppe waren. Die unvermeidlichen Gegensätze zwischen Redakteuren und Eigentümern verschärften sich in diesem Fall durch die tiefverwurzelte Abneigung der »Deutschen« gegenüber ihren »östlichen« Glaubensgenossen, den kompromittierenden Ostjuden.

Immerhin fühlte sich mein Vater im Aufwind. Anfang Mai 1934 wurde sein 70. Geburtstag im Hotel Lutetia gefeiert – und in welchem Glanz! Pawel Miljukow, das Symbol des Antistalinismus, zu seiner Rechten, Georg Bernhard, das Symbol des Antihitlerismus, zu seiner Linken. Wenige Wochen später ließ die Redaktion allerdings ganz andere Töne verlauten. In Hitlers berüchtigter »Nacht der langen Messer« vom 30. Juni 1934 sah sie vor allem eine exzellente Gelegenheit, um in den Streik zu treten. Ich erinnere mich vage daran, wie ich nachts in halsbrecherischem Tempo im Citroën der Familie in die Redaktion fuhr, um den Konflikt zu entschärfen. Schließlich ließen die Redakteure, nachdem sie einige geringfügige Vorteile errungen hatten, die Zeitung erscheinen. Man wusste kaum zu sagen, ob sie Hauptgegner in Poliakov und Grodzenski oder in Hitler und Goebbels sahen…

In der zweiten Hälfte dieses Jahres 1934 ließen die Umstände meinen Vater zwei kapitale Fehler begehen. Zum einen bemerkten die Warschauer Eigentümer des *Pariser Haynt* bei einem Besuch in Paris, dass Grodzenski sie seit mehreren Jahren bestahl. Dadurch entstand ein Skandal, der auch dem *Tageblatt* zu schaden drohte. Mein Vater nahm dies zum Vorwand, um die Anteile seines Partners aufzukaufen. Damit verschuldete er sich nicht nur, sondern verlor zugleich einen Teilhaber, der umsichtiger und begüterter war als er. Es fiel mir zu, Mitgeschäftsführer zu werden.

Zum anderen verlangte mein Vater, indem er sich auf die Krise berief, eine grundlegende Neuregelung beim Vertrieb der Werbung in den *Dernières Nouvelles*, deren Zweijahresvertrag gerade auslief. Er glaubte, dass Miljukow und seine Partner nicht auf eigene Rechnung ins Werbegeschäft einsteigen würden, von dem sie doch nichts verstanden. Die klugen Slawen zeigten sich aber pfiffiger als er: Mithilfe eines lukrativen Angebots warben sie seinen persönlichen Sekretär ab und konnten dadurch die Werbeabteilung selbst in die Hand nehmen. Damit hatten wir unsere sicherste finanzielle Grundlage verloren.

Irgendwie schien das *Pariser Tageblatt* zugleich der Schwanengesang des Verlegers Wladimir Poliakov und ein kommerzielles Unternehmen mit großer Zukunft zu sein. Aber gerade wegen seines unerwarteten Erfolgs war es unterkapitalisiert, ganz zu schweigen von der chronischen Verschuldung seines Eigentümers. Es kam schließlich so weit, dass die Gehälter der Redaktion mit einigen Tagen Verspätung ausgezahlt wurden – für einen Russen eine Bagatelle, für einen Deutschen ein Skandal. Ein anderer Faktor für Unstimmigkeiten war der nach meinem Geschmack ordinäre und keifende Ton, den vor allem der Redaktionssekretär Kurt Caro, alias Manuel Humbert, mit Vorliebe anschlug. (Aber wer konnte da schon klar erkennen, dass man gegen das Dritte Reich nicht diplomatisch Krieg führt?)

Kurz gesagt brauchte das allem Anschein nach gesunden Unternehmen dringend Kapital. Nun aber hörte Bernhard, der seit den Zeiten der *Gazette de Foch* ein Gehalt für seinen persönlichen Bedarf vom Quai d'Orsay [dem französischen Außenministerium] erhielt und dank der Zeitung zur Galionsfigur der deutschen Emigration geworden war, nicht auf, uns vorteilhafte Angebote zu machen – allerdings unter der Bedingung einer Teilhabe.

Das aber wollte mein Vater unter keinen Umständen: »Ich werde immer zurechtkommen, aber du...«, sagte er mir mit Fug und Recht. Er zog es also vor, Zahlungsaufschübe zu erreichen und sich – aus väterlicher Liebe, wenn man sich's recht überlegt – immer mehr zu verschulden. Der Papierlieferant, ein Armenier namens Ter-Sorkissov und insbesondere der Druckereibetreiber Marcel Schwitzguebel aus dem Elsass waren die beiden gefürchtetsten Gläubiger.

Der ziemlich leoninische Vertrag, den Bernhard sich im Herbst 1933 hatte geben lassen, lief im Herbst 1936 aus. Anfang des Jahres 1936 nahm mein Vater Verbindung zu seinem Landsmann Constantin Leites (der Vater des brillanten amerikanischen Soziologen Nathan Leites) auf, ebenso wie zu dem bekannten Autor Richard Lewinsohn (Morus), der vor allem aufgrund seiner ökonomischen Studien Ansehen genoss.

Auch sie fanden, dass das gelinde gesagt boulevardeske Niveau der Zeitung der von ihr vertretenen Sache nicht würdig sei. Eine Vereinbarung nahm Gestalt an, der zufolge sie die Hälfte der Anteile erwerben sollten, mit der Abmachung, dass Bernhard weiter für die Zeitung arbeiten, jedoch eine gewisse Änderung des Tonfalls akzeptieren solle.

Der Juni 1936, der Monat der Front Populaire,* der Sitzstreiks und Betriebsbesetzungen, rückte näher. Was mich betraf, so sollte es der Monat meiner ersten Heirat sein: Vor einiger Zeit hatte ich eine Seelenverwandte gefunden, Nathalie Poliakov,** und wir hatten vor, unsere Leben – beziehungsweise unsere Sorgen – zu vereinigen. Als Termin für die Hochzeit wurde der 11. Juni festgesetzt. Uns erwartete bereits eine heimelige Wohnung in der Rue Raffet, mit auf Raten gekauften Möbeln.

Ich sehe es vor mir, als wäre es gestern gewesen. Mein Vater ging am Morgen wie gewöhnlich ins Büro, während ich dabei war, mich auf den Weg zum Standesamt zu machen. Zerstreut schaute ich ins *Pariser Tageblatt*, das der Hausmeister mit der Post unter der Tür durchgeschoben hatte, und erblickte auf der ersten Seite eine aufsehenerregende Anzeige, die verkündete:

»Da unser Verleger, der russische Jude Wladimir Poliakov, diese Zeitung an Dr. Goebbels verkauft hat, müssen wir leider bekannt geben, dass sie von nun an ein

* Die Volksfrontregierung, eine Koalition linker Parteien, kam 1936 mit dem Premierminister Léon Blum an die Macht, setzte zahlreiche von den Rechten bekämpfte Reformen durch und zerbrach 1938. Blum (1872-1959) war einer der führenden Köpfe des Widerstands, wurde nach Deutschland deportiert und als prominenter »Ehrenhäftling« ins KZ Buchenwald interniert. Er überlebte und war für kurze Zeit der erste gewählte Premierminister der französischen Nachkriegsregierung.

** Dass wir den gleichen Nachnamen besaßen, war selbstverständlich Zufall. Poliakov ist einer der in Russland am weitesten verbreiteten Namen (in Frankreich gibt es Filmstars, die so heißen, den Maler Serge Poliakov, etc.). Allerdings war Nathalie die Tochter von Alexandre Poliakov, dem Redaktionssekretär der *Dernières Nouvelles*. Später wurde sie Bibliothekarin an der Universität von Jerusalem, und in den sechziger Jahren ging sie, glaube ich, nach Washington.

heimliches Instrument Hitlers sein wird. Wir empfehlen unseren Lesern daher, von nun an die *Pariser Tageszeitung* zu kaufen, die alleinige Stimme des freien Deutschlands«, etc.

Einen derart hinterlistigen Wettbewerbstrick hat man in der Geschäftswelt wahrscheinlich noch nie gesehen. Die Spur führte zu Marcel Schwitzguebel, der am folgenden Tag zwei Zeitungen druckte, das *Tageblatt* und die *Tageszeitung*, voller unerhörter, widersprüchlicher Anschuldigungen. Aber ich will mich hier auf die politisch-polizeiliche Seite der Affäre beschränken. Tatsächlich befand sich Georg Bernhard an jenem Tag, der aus leicht zu erratenden Gründen gewählt worden war, seit zwei Wochen in New York.

Vor seiner Abreise hatte mein Vater ihn offenherzig davon unterrichtet, dass er nunmehr vertrauenswürdige Financiers gefunden habe und dass diese gewisse redaktionelle Änderungen fordern würden. Das Komplott, an dem mir einiges immer ein Rätsel bleiben wird, war tags darauf in der luxuriösen Wohnung von Bernhard in der Rue Cardinet geschmiedet worden. Sein Meisterstück bestand in einem Polizeibericht, den einer der Verschwörer in der Akte meines Vaters beim polizeilichen Nachrichtendienst hatte unterbringen können. Grumbach hatte, ob nun in gutem Glauben oder nicht, versprochen, ihnen den Rücken freizuhalten.

Bei seiner Ankunft im Büro fand mein Vater das Mobiliar verwüstet vor, die Telefonleitungen herausgerissen, die Abonnentenkartei entwendet. Ich hingegen, gerade in den Hafen der Ehe eingelaufen (die frisch Verheirateten verbrachten die Nacht allerdings nicht in der Rue Raffet...), schaffte es, Richard Lewinsohn zu erreichen, der alles sofort durchschaute und die Redaktion der Zeitung provisorisch übernahm. Am 12. Juni erschien das *Tage-*

blatt aus seiner alleinigen Feder, während die erste Seite der *Tageszeitung* sich mit den Beifallsbekundungen und Glückwünschen der Crème-de-la-Crème der deutsch-französischen Linken schmückte – die Namen von André Gide, Victor Basch und Heinrich Mann sind mir noch im Gedächtnis. Hatte die ängstliche Stimmung dieser Pariser Junitage die Unternehmung der Verschwörer erleichtert? Wie dem auch sei, auf jeden Fall wurde in der Nacht vom 11. auf den 12. Juni der redliche Lewinsohn beim Verlassen der Druckerei im Dunkeln mit einem Messer außer Gefecht gesetzt.

Am nächsten Tag traf Schwitzguebel seine Wahl, druckte nur die *Tageszeitung* und übergab oder verkaufte den Komplizen Bernhards eine gefährliche Waffe, nämlich einen vordatierten, nicht gedeckten Scheck, mit dem mein Vater ihn kürzlich entlohnt hatte. Diese schickten uns sofort einen Emissär mit dem Angebot, einen Irrtum zuzugeben und uns schadlos zu halten, denn sonst…

Zum ersten Mal in meinem Leben sah ich meinen Vater am Boden zerstört und bereit, zu kapitulieren. Ich nahm daher eine unnachgiebige Haltung ein – schließlich war auch meine Unterschrift notwendig –, und so begann ein langwieriger Kampf. Eröffnet wurde er mit einer letzten, nur eine Seite zählenden Ausgabe des *Tageblatts*, von der ich nicht mehr genau weiß, wie uns ihre Fertigstellung gelang, mit unserem zögerlichen Deutsch und in einer kleinen Druckerei unter dem Schutz einiger Freunde, den Gachkels, Alexandre Reiter und Marc Schaub, die als Leibwächter zur Stelle waren. Nach diesem verzweifelten Hilferuf hatte die *Pariser Tageszeitung* das ganze Feld für sich.

Zu ihren Beweisen für den angeblichen Verrat befragt, sprachen Caro-Humbert und all die anderen von einem Staatsgeheimnis und beriefen sich auf Grumbach und seine Beziehungen nach oben. Einige Tage später kehrte Bernhard nach Paris zurück, und da er die Partie zweifellos für endgültig entschieden hielt, schloss er sich öffentlich seinen Komplizen an und gratulierte ihnen. Abgesehen von kompliziert einzuleitenden und vor allem langwierigen rechtlichen Schritten, was konnten wir tun?

Sicher, unsere russischen Freunde in Paris durchschauten wie wir die Angelegenheit von Anfang an, doch zunächst war die *Dernières Nouvelles* die einzige Tageszeitung, die – mit der gebotenen Diskretion – für Wladimir Poliakov Position bezog. Ansonsten machte die Nachricht vom großen Verrat dieses unbekannten Juden in der ganzen freien Welt von damals die Runde. Bereits am übernächsten Tag allerdings improvisierte Wladimir Jabotinsky, der extra aus London angereist war, ein »jüdisches Ehrengericht«, welches uns der Unterstützung des zionistischen Flügels versicherte. Miljukow wiederum forderte in seiner Funktion als Präsident des Verbands ausländischer Journalisten in Frankreich, dem Bernhards ganze Mannschaft angehörte, vom Generalsekretär, dem Schweden Victor Vinde, eine Untersuchung. Diese kam ziemlich schnell zu einem Entschluss, nämlich dem unwiederruflichen Ausschluss der Verleumder aus dem Verband.

Die altbekannte Regel bewahrheitete sich einmal mehr: Es gibt kein perfektes Verbrechen. Bernhards Fehler bestand darin, bei seiner Rückkehr nach Paris seiner ergebenen Sekretärin die Post zum Sortieren gegeben zu haben. Ihre Augen müssen riesengroß geworden sein; es fügte sich zudem, dass sie einen Freund hatte, einen Dichter, der sie dazu bewegte, gänzlich auf ihr Gewissen zu hören.

Und so kam es, dass im Juli 1936 diverse Dokumente in unsere Hände gelangten, darunter die folgenden zwei

Telegramme, die beide am selben Tag (dem 4. Juni) von der selben Pariser Poststelle in der Rue La Boétie an Bernhard gesendet wurden:

»Unmittelbar bevorstehende Entlassung stop Poliakov verhandelt mit Nazis stop schlagen zu nach Garantie stop Abgeordneter Salomon unterstützt uns stop planen Erklärung wie besprochen stop wenn möglich Fortführung, wenn nicht, neue Veröffentlichung stop Kontakt mit Buchwald stop Diskretion notwendig, um bei Poliakov keinen Verdacht aufkommen zu lassen stop für Sie außerordentliche Möglichkeiten einer Kollekte stop Extratelegramm dazu folgt stop antworten Sie Cardinet.«

Fritze Caro Wolff

»Verleger nutzt Ihre Abwesenheit aus, um an die Botschaft zu verkaufen stop haben offizielle Auskünfte erhalten stop Ihre Entlassung angekündigt stop bereiten Gegenschlag vor stop Nazi-Manöver wird mißlingen, wenn neue Veröffentlichung zugleich mit der Enthüllung möglich stop für diesen Zweck schon zweihunderttausend Francs zusammen stop vierhunderttausend notwendig stop bitten Sie Freunde um Hilfe maximale Diskretion stop schicken Sie Zahlung stop Brief folgt«

Redaktion Humbert Wolff

Ich zitiere aus einer nicht mehr zugänglichen Broschüre, die 1939 gedruckt in einer Auflage von etwa hundert Exemplaren erschien. Ich spottete darin selbstverständlich über diese beiden Telegramme, die die Frage nach der Rolle der Verschwörer und insbesondere von »Fritze« aufwarfen, der niemand anderes war als die furchterregende Frau Bernhard.

Das gesamte Dossier hinterlässt heute bei mir den Eindruck eines gleichsam konzentrischen Eingeweihtseins: Caro-Humbert und sein Freund Wolff waren dabei die großen Verschwörer, während man argumentieren könnte, dass Georg Bernhard in der hohen Kunst der politischen Intrige nur ein betrogener Betrüger war, ein »ehrlicher« Betrüger.

Wer mehr über die Affäre des *Pariser Tageblatts* erfahren möchte, konsultiere die Doktorarbeit meines jungen Kollegen Walter F. Peterson von der Universität Buffalo, der nahezu alle seit 1936 zu diesem Thema veröffentlichten Schriften gelesen hat – was alles andere als eine Kleinigkeit ist. Der Großteil der Arbeiten zur »deutschen Literatur im Exil« erwähnt den Fall, in der Regel mit Empörung.

1940 verwendete Lion Feuchtwanger den Stoff für seinen Roman »Exil«. Die Arbeit von Peterson wirft nicht nur ein neues Licht auf die Einstellung der antifaschistischen politischen Emigranten im Umkreis des kommunistischen Geldgebers Willi Münzenberg, sondern auch auf die beginnende Auflösung der Dritten Republik vor dem Hintergrund der großen Angst in Frankreich im Juni 1936.

Eben jenes Klima machte unseren Kampf damals nicht einfacher. Ich möchte nur darauf hinweisen, dass von einer ganzen Menge Menschen nur ein einziger die Aufrichtigkeit besaß, öffentlich zuzugeben, dass er von Bernhards Gangstern getäuscht worden war: Victor Basch. Was die anderen angeht... Was Salomon Grumbach angeht... Aus dieser Zeit also stammt das tiefsitzende Misstrauen, das ich gegen linken Konformismus hege.

Unsere Gegner besaßen die Zeitung, sie hatten das Geld, und in Anbetracht des Alters meines Vaters schienen sie zudem die Zeit auf ihrer Seite zu haben. Für uns dagegen folgte die Abwicklung der Gesellschaft *Pariser Tageblatt* und der Agentur Metzel, ebenso der Verkauf von Wohnungen, Mobiliar und anderem Vermögen (angefangen bei dem Liebesnest, das ich nie bewohnt habe). Vor Gericht, wo Henry Torrès Bernhard und Konsorten verteidigte, versuchte dessen Sekretär Ioura Doubossarsky (erfolglos), meinem Vater wegen des ungedeckten Schecks ein Strafverfahren anzuhängen. Ich höre noch die Stimme von Maurice Garçon, der meinen Vater unentgeltlich verteidigte, als Torrès sich während des Prozesses auf die Zeugenaussage von Grumbach berufen wollte: »Ah, Grumbach!« – wobei er einen gar nicht alten Brief Bernhards an meinen Vater über die Nützlichkeit Grumbachs hervorzog, aus dem er schlussfolgerte: »Grumbach hat für monatlich 1000 Francs die diplomatischen Geheimnisse Frankreichs verkauft!«

All das spielte sich am 8. Juni 1937 vor der 12. Strafkammer in Paris ab. Ich frage mich manchmal, ob die französische Rechtsprechung in Sachen üble Nachrede jemals ein Urteil mit einer derart eindeutigen Begründung gesehen hat: Der Herold der antifaschistischen Bewegung bekam die Höchststrafe dafür, dass er aus reinster Gewinnsucht einen älteren Glaubensgenossen mit untadeliger Vergangenheit schändlich verleumdet und obendrein ruiniert hatte.

Das war, paradoxerweise oder nicht, auch die Ansicht der Nazi-Geheimdienste seit März 1937… Freilich konnte Bernhard noch ein Jahr Zeit gewinnen, indem er Berufung einlegte, aber derart gebrandmarkt von der französischen Justiz, musste er die *Pariser Tageszeitung* schließlich verlassen. Moralisch ging mein Vater nach tausend erlittenen Qualen aus dem Rechtsstreit als Sieger hervor, materiell war er jedoch endgültig ruiniert, und das Unglück trug sicherlich dazu bei, das Leben meiner Eltern zu verkürzen.

Für das junge Paar Poliakov wiederum begann die Ehe unter merkwürdigen Vorzeichen. Ein wirkliches Zusammenleben gönnten wir uns nur für eine Woche, bei unserer Hochzeitsreise in das Departement Landes im Südwesten Frankreichs, um danach wieder in unsere jeweiligen Elternhäuser zurückzukehren. Ich hatte es leicht, mein wenig enthusiastisches Gebaren mit dem Kampf für unsere Familienehre zu rechtfertigen. Verständnisvoll wie sie war, schlug Natascha im September eine Trennung für die Dauer der Angelegenheit vor und nahm eine Stelle als Sekretärin in London an (wiederum unter den Fittichen des Wladimir Jabotinsky).

Auf der Heimreise nach Paris zu Weihnachten entschied sie sich auf dem Schiff, die Scheidung einzureichen. Zuvorkommend nahm ich alle Schuld auf mich und versank schrecklich gekränkt in eine zeitweilige Melancholie, über die mir der Rechtsstreit letztlich hinweghalf. Da Natascha und ich so sind, wie wir sind, blieb uns auf diesem Weg bestimmt ein unentwirrbares Ehechaos voller Missklänge erspart.

Im Laufe der Monate wurde meine Situation zusehends unangenehmer. Mit dem Frühjahr 1937 kamen die verschiedenen Untersuchungen sowie die Liquidationsverfahren zu einem Ende, sodass mein Vater mich nur noch hin und wieder brauchte. Wenn auch ruiniert, erhielt er nunmehr die Genugtuung der gerechten Rache, die Bernhard aus seinen zahlreichen ehrbaren und bequemen Stellungen jagte.

Mir dagegen war durchaus bewusst, dass »der Kampf um die Ehre« ein Vorwand, ja eine soziale Deckung geworden war für einen Jungen, der sich mit über fünfundzwanzig Jahren vor nichts so sehr fürchtete wie davor, sich abzunabeln. Ich war außerdem schlecht dafür gerüstet, einen anständigen Brotverdienst zu finden.*

* In einer in den Archiven gefundenen und der französischen Neuauflage seiner Memoiren beigefügten Notiz zeichnete Léon Poliakov ein etwas anderes Bild von seinem Lebensstil nach der Affäre um das *Pariser Tageblatt*: »Als 1936 die Zeitung eingestellt wurde, bot man mir an, als Werbeagent bei der Agentur Metzel mitzuarbeiten. [...] Gleichzeitig befasste ich mich weiter mit dem Journalismus und wirkte als Kolumnist für Literatur und Theater an folgenden in Paris erscheinenden Zeitschriften mit: *Univers Israélite, Dernières Nouvelles* (russisch), *Pariser Haynt* (jiddisch). Ich übte diese verschiedenen Tätigkeiten weiter bis zu meiner Einberufung in die französische Armee nach der Kriegserklärung aus. Meine Einnahmen erlaubten mir, ein sehr aktives Leben zu führen, zahlreiche Reisen für meine Geschäfte oder zu meinem Vergnügen durch Europa und den Nahen Osten zu unternehmen, ein Landhaus und eine Wohnung in Paris zu unterhalten, und schließlich für den Unterhalt meiner Eltern in den Jahren 1937-1940 aufzukommen.«

Sulamith

Cousins meines Vaters, die seit der Gründungszeit in Tel Aviv wohnten, hatten uns 1934 auf der Durchreise in Paris von den Fortschritten des zionistischen Aufbaus erzählt. Sie luden meine Schwester Irène ein, sie zu besuchen; als sie dort ankam, war sie wie berauscht. Daraus ergab sich eine Blitzheirat mit einem schneidigen einheimischen Aktivisten. Nach meiner Scheidung unternahm ich meinerseits die damals übliche Reise auf dem Seeweg. Auf dem Deck der »Providence« sangen die künftigen Erbauer die Nächte hindurch, die Düfte des Orients wehten heran und eine gewisse Magie wirkte schon vor der Ankunft. In Haifa waren die jüdischen Zollbeamten und Polizisten – Juden in Uniform! – eine weitere Quelle des Entzückens für den jungen Juden voller Komplexe, der ich war... Wie hätte man im Jahr 1937 nicht Zionist sein können? Zumal man auf den Straßen sehr viel Russisch hörte; der ganze Lebensstil erinnerte mich an das Odessa meiner Kindheit. Einen Anlass zur noch größerer Begeisterung bot mir die lebhafte Welt der Kibbuzim. Schon wieder Tolstoi!

Nicht dass ich all dem gänzlich verfallen wäre. In Gan Shmuel, einem Kibbuz, in dem ich mehrere Tage verbrachte, war mein Fremdenführer ein aus Berlin stammender Maler, Jochanan Simon, der dort nur lebte, weil er auf anderem Wege nicht über die Runden kam. Er beschrieb mir die Probleme des gemeinschaftlichen Eigentums, das damals sogar die Unterwäsche umfasste, und die De-facto-Teilung der Kibbuzniks in Leitende und Ausführende, ungeachtet aller Prinzipen und Beschlüsse. Auch das Ehepaar, das mich beherbergte, hatte seine Schwierigkeiten: Der Mann, der im Kibbuz geboren war, weigerte sich, woanders zu leben, während seine Frau, die aus Polen stammte, sich nicht so recht eingewöhnen konnte. Ich verfiel der Sache allerdings genug, um vor mir selbst Komödie zu spielen und um meine Aufnahme zu bitten – für später, versteht sich, wenn der Kampf für unseren guten Namen und die Klärung der familiären Angelegenheiten beendet wären. Mit vielfachen Versprechungen meiner baldigen Rückkehr verließ ich also Gan Shmuel in Richtung Paris. Von da an blieb mir nur das Briefeschreiben, was ich äußerst gewissenhaft tat.

Im Herbst 1938 kam eine Gruppe meiner Brieffreunde in Paris vorbei. Es waren überaus fähige junge Männer und Frauen, die später in Spanien kurz vor dem Triumph Francos zu Tode kommen sollten. Durch sie machte ich die Bekanntschaft einiger polnisch-jüdischer Kommunisten, die in den Gassen des 19. Arrondissements oberhalb des Parc des Buttes-Chaumont Zuflucht gefunden hatten; unter ihnen eine schöne und traurige junge Frau, Sulamith Joselewicz. Sie arbeitete als Elektrikerin in einer Werkstatt für Radioapparate. Im Gegensatz zu mir war sie in der feinsten jüdischen Kultur verwurzelt; wer weiß, welche Umstände sie dort herausgerissen hatten, um sie in den Dienst der revolutionären Sache treten zu lassen. Gemeinsam mit ihrem Freund war auch sie nach Spanien aufgebrochen, doch nachdem er in den Internationalen Brigaden getötet worden war, lebte sie nun in Paris. Ihre Zerbrechlichkeit war auch ihr größter Makel; nichts an ihr strahlte jene animalische Robustheit aus, die den wahren Kämpfer ausmacht. Sie litt unter einer Lungenkrankheit; ich machte mich so gut ich konnte nützlich, indem ich sie tröstete, und sie ließ es sich gefallen. Aber ihr kritischer Geist erkannte in mir auf Anhieb den Halbintellektuellen.

Unsere Liaison begann irgendwo in den französischen Alpen, Anfang des Jahres 1939. Ich hatte nie zuvor etwas Ähnliches erlebt. Ganz die erfahrene Liebhaberin, gab sie sich hin und versagte sich wieder, und sie befeuerte unser Verhältnis mit ihren Schuldgefühlen, da ihr Freund für die gute Sache gestorben war. Aus einer Intuition heraus – oder weil sie es mir auf unterschwellige Art nahelegte – trug ich den mir jüngst angeeigneten Zionismus zur Schau. Der hinderte sie aber nicht daran, mich von der Existenz einer unfehlbaren Wissenschaft von der idealen Gesellschaft zu überzeugen – einer Wissenschaft, zu der mir mein Wankelmut oder meine Faulheit, von meiner Klassenzugehörigkeit zu schweigen, den Zugang versperrten.

Ich sprach bald von Heirat, doch sie wich aus.

Anfang Mai starb mein Vater nach kurzer Krankheit. Ich hatte daraufhin, wie das nicht selten vorkommt, einige religiöse Anwandlungen. Allerdings hielt ich nicht ganz die dreißig Tage dauernde strikte Trauerphase durch, obwohl der Rabbiner Schneerson mir wohl erklärt hatte, dass die jüdische Lehre darin besteht, zu *tun*, bevor man versucht zu *verstehen*. Meine leidenschaftliche Liebe zu Sulamith machte einen Teil meines Kummers und selbst meiner Ängste zunichte, meine angeborenen Hemmungen schienen sogar wie weggefegt. Wenig später fand ich zum ersten Mal eine bezahlte Anstellung bei einem Sozialverband.

Ich glaube, mittlerweile die Widersprüchlichkeiten meiner Freundin besser durchschaut zu haben. Sie hatte genug vom Heldentum auf Kommando und war auch nicht dafür gemacht, sich endlos an den heißen Schwärmereien der kommunistischen Bruderschaft zu laben. Sie begann sich nach ein wenig schändlich bürgerlichem, vielleicht gar zionistischem Komfort zu sehnen. Und da war ich.

Der Krieg brach aus. Ich erhielt meinen Einberufungsbescheid nach Saint-Brieuc für den 15. Oktober, um zusammen mit anderen Staatenlosen aus dem früheren Russischen Reich, Slawen, Juden und Armeniern, eine Schnellausbildung zu absolvieren. Ich war alles in allem ein akzeptabler Soldat. Was der Krieg für mich bedeuten sollte, sehen wir im folgenden Kapitel, doch möchte ich hier ergänzen, was ich 1946, als Sulamith sich noch in Paris befand, nicht erzählt habe.

Durch meine Einberufung, will sagen – wie es mir schien – durch meine Abwesenheit, ließ sie sich auf die Idee der Heirat ein. Sie trat daraufhin in den Kreis meiner Familie oder was davon übrig war, und wusste meiner Mutter zu gefallen, die bereits bettlägerig war und deren letzter Trost vor ihrem Tod im Februar 1940 sie war. Dennoch fand die Heirat nicht statt, denn obwohl ich selbst Ausländer war, brauchte ich als Soldat der französischen Armee eine spezielle Genehmigung, um eine Ausländerin zu heiraten. Diese Genehmigung aber kam und kam nicht.

Während des großen Exodus aus Paris im Juni wollte Sulamith die Stadt zusammen mit einer meiner Halbschwestern verlassen, um, wie sie sagte, nicht von mir getrennt zu sein; aber eine verpasste Verabredung ließ sie wieder in ihre Unterkunft in der Villa Verlaine zurückkehren. Ich kann mir ihren Schrecken beim Einzug der Deutschen in Paris vorstellen (sie nahm damals einen Fußmarsch von gut zwanzig Kilometern auf sich, um meine in einem Landhaus gelagerte Archivsammlung zur Affäre um das *Pariser Tageblatt* zu verbrennen). Ihre

Gewissensbisse müssen dadurch wieder entfacht worden sein. Ich kannte ein wenig ihr Umfeld, insbesondere den Burschen, einen Revolutionär klassischen Schlags, der damals versuchte, sie auf den richtigen Weg zurückzubringen – den der Partei. Die Konsequenzen sind unschwer zu erraten.

Seit dem deutschen Ansturm im Mai hatte sie keine Nachricht von mir erhalten. In einer solchen Situation vergeht die Zeit stets langsamer, die Wochen zählen wie Monate, wenn nicht mehr.

Für mich drehte sich alles um den einen Moment Mitte Juli, als ein deutscher Offizier, der Oberzahlmeister Rohr,* von dem noch die Rede sein wird, sie mit dem Auto abholte – um uns zusammenzubringen! Man kann sich den Schock unter den Flüchtlingen der Villa Verlaine vorstellen. Gestapo? Und sie, wie hätte sie sich, nachdem der anfängliche Schrecken überwunden war, aus der Sache herauswinden können? Ich, ihr Ehemann, erwartete sie! Rohr, als Wohltäter und Verkünder der frohen Botschaft gekommen, hatte nicht die geringste Ahnung...

Sie kam also nach Doullens. Rohr und Kopinski hatten mir lediglich versprochen, einen Brief zu übergeben. Es handelte sich damit um eine gewaltige Überraschung. In meiner Verzückung konnte ich nicht sofort erahnen, dass sie nicht mehr die gleiche war. Ich fand ein Gästezimmer für sie und mein Enthusiasmus tat das Übrige. Ich bemerkte nicht ihre Zurückhaltung, wunderte mich aber

* Rohrs Schicksal nach dem Krieg war tragisch. In Leipzig, das zur sowjetischen Zone gehörte, wurde er bei den üblichen stalinistischen Säuberungen als Lebensmittelgroßhändler herausgepickt. Léon Poliakov und Oswaldo Bardone hatten ihm 1947 eine antifaschistische Beglaubigung ausgestellt. Er zog später nach Westdeutschland und betrieb eine kleine Gaststätte, fing an zu trinken und beging schließlich 1950 Selbstmord.

irgendwann über den Nachdruck, mit dem sie betonte, zurück nach Paris fahren zu wollen, um sich bei der Arbeitslosenbehörde zu melden (was übrigens stimmte).

Erst nach ihrer Abreise hatte ich den Verdacht, dass sich etwas verändert hatte. Drei Wochen später, nach meiner Flucht, sah ich sie in der Radiowerkstatt, die wieder geöffnet hatte. Ich brachte ihr ein Lebensmittelpaket. »Warum bringst du mir das?« – »Du bist meine Frau!« – »Ich bin nicht mehr deine Frau.« Im Verlauf der darauffolgenden verworrenen Aussprache bat sie mich, sich um meine Wäsche und meine Angelegenheiten kümmern und mir bei meiner Rückkehr ins zivile Leben helfen zu dürfen. Ich glaube nicht, dass sie eine Ménage-à-trois im Sinn hatte. Sie warf mir außerdem vor, »sie nur um meiner selbst Willen zu lieben«, was nicht falsch getroffen war. Aber ich wollte ihr die Sache nicht zu einfach machen. Ich entschied, mich gänzlich von ihr loszusagen, in der Hoffnung, sie so wieder zurückzugewinnen.

Da nichts geschah, versuchte ich, mich zwei Wochen später nach einer schlaflosen Nacht umzubringen. Bei Tagesanbruch dichtete ich das Fenster und die Tür der Küche ab und öffnete den Gashahn. Aber der Tod stellte sich nicht ein, stattdessen Übelkeit und Erbrechen, die mich das Fenster wieder aufreißen ließen. Seitdem weiß ich, dass ich physisch nicht in der Lage bin, mich umzubringen. Meine Gemütsverfassung besserte sich danach recht schnell, denn die psychologische Verarbeitung wurde durch die Merkwürdigkeit und Neuartigkeit dieser Zeit zwangsläufig beschleunigt.

Über Sulamith erfuhr ich später, dass sie ihren neuen Freund Ende 1940 heiratete, ein Mädchen zur Welt brachte und dass ihr Ehemann im Sommer 1942 nach Auschwitz deportiert und vergast wurde.

Ich sah sie nach der Befreiung wieder. Wie oft in solchen Fällen hatten wir uns nicht mehr viel zu sagen. Auch in Tel Aviv nicht, zwanzig Jahre später. Und das, obwohl ihre Lage dramatisch war. In der Zwischenzeit hatte sie im neuen kommunistischen Polen gelebt, wo ihr ideologisches Universum noch schneller zusammengestürzt war als bei den anderen jüdischen Aufbauarbeitern ihrer Überzeugung. Sie war also nach Israel emigriert. Als ich sie dort – zum letzten Mal – wiedersah, hatte sie eine kleine Stelle im zentralen Postamt der Stadt. Ihre Lungen waren stark angegriffen, sie hustete pausenlos, während sie eine Zigarette nach der anderen rauchte. Meine Schwester Irène bot ihr ein bisschen seelische Unterstützung.

Sie starb 1966 oder 1967. Ihre letzten Tage waren von einer Art schwärmerischem Delirium geprägt: In den Fehlschlägen ihres Lebens sah sie eine verdiente Strafe dafür, mich betrogen und verlassen zu haben, mich, den Bourgeois oder den Zionisten.

Zweiter Teil

Die Musikantenwirtschaft

Der Autor dieser Zeilen, erzogen zur strikten Einhaltung der Legalität, gehört zu den Menschen, die niemals über eine Rasenfläche gehen, deren Betreten verboten ist, und niemals einen Bus benutzen, ohne den Fahrpreis zu entrichten. Die Verkettung von Umständen, die ihn dazu brachten, nach und nach sicher die Hälfte der Paragrafen im Strafgesetzbuch zu verletzen, war in den Jahren 1944-1945 ganz normal. Doch in der Glückseligkeit einer wiedergefundenen Sicherheit verspürt er das unbändige Bedürfnis, an eine Zeit zu erinnern, die in gewissem Sinne nicht ohne Schönheit gewesen ist.

Prolog

Begegnung im Lager Domart

Ein großer struppiger Kerl mit rotem Schopf stellte sich vor mir auf.

»Freundchen, siehst du dieses Stück Brot auf der anderen Seite des Grabens?«

»Und?«

»Glaubst du nicht, man könnte einen Weg finden, es sich zu holen?«

»Hör mal, mein Freund, du weißt doch, dass wir eigentlich kein Recht haben, die Schranke zu passieren. Ich werde ein Pläuschchen mit dem Wachposten anfangen; sieh zu, dass du schnell bist. Ich hoffe nur, dass man nicht auf dich schießt!«

So habe ich die Bekanntschaft von Oswaldo Bardone gemacht, Soldat des 4. Pionierbattalions (31. Gebirgsjägerdivision), im Zivilleben Metallarbeiter, Schuster und Orchesterdirigent. Von Oswaldo wird später noch viel die Rede sein.

Die Szene spielt sich im Lager von Domart in der Picardie ab (Departement Somme). Wir sind ungefähr vierzigtausend; wir waren einmal Engländer oder Franzosen oder sogar Ausländer (als russischer Jude kämpfe ich in französischer Uniform). Wir waren Arbeiter, Bauern oder Intellektuelle, Soldaten oder Beamte. Nun sind wir nicht mehr als eine Herde Menschen, die nach Osten getrieben wird; dreißig Kilometer Fußmarsch am Tag, das ist an sich nicht so furchtbar viel, aber wir haben großen Hunger, weil man uns fast nichts zu essen gibt.

Wir waren am 13. Juni in Saint-Valéry-en-Caux gefangen genommen worden, zwei Wochen vor dem Waffenstillstand. Man hatte uns gesagt, wenn wir diesen bestimmten kleinen Hafen in der Normandie erreichten, könnten wir uns auf einem englischen Konvoi einschiffen. Wir hatten die deutschen Panzertruppen durchbrochen, aber siehe da, kein englisches Schiff war in Sicht. Ich habe nie erfahren warum. Also hatten die Truppen (die 1. Schottische Division, die 31. Gebirgsjägerdivision und einige andere versprengte Einheiten) kapituliert.

Den ganzen Tag des 12. Juni kämpfte unser Batallion weiter. Die Deutschen ließen ihre schweren Panzer vorrücken. Schließlich ließ uns Hauptmann Andrès antreten und erklärte: »Kinder, unsere Division hat gestern Abend kapituliert. Ich hatte die Genehmigung verlangt, ein Ehrengefecht von 24 Stunden zu führen. Jetzt, da wir unsere Ehre gerettet haben, werden wir uns ergeben.«

Da ich Deutsch sprach, schickte man mich vor, um die Kapitulation zu verhandeln. Mit einem weißen Tuch an einer Stange machte ich mich auf den Weg durch die unter Dauerfeuer liegenden Straßen des Dorfes. Im deutschen Stab angekommen, konnte ich mein Deutsch nicht brauchen, denn ihr Leutnant bestand darauf, Französisch zu sprechen; übrigens ein ganz schreckliches Französisch: »Franzosen unterlegen, tapfer, sehr tapfer.« Er erwies uns umgehend alle Kriegsehren; im Gleichschritt, das Gewehr auf der Schulter, marschierten wir in die Gefangenschaft. Die Deutschen standen Spalier, und einige hörte ich sagen: »Das da sind Helden, da kommen einem die Tränen, wann man das so sieht.« Wir sind Helden ohne es zu wissen, dachte ich.

Zu Anfang fühlte man sich ganz benommen, schrecklich. Und zudem, warum es nicht zugeben, auch erleichtert. Dann begannen wir den Hunger zu spüren. Uns war nicht sehr kalt; wir sind zwar in Hemdsärmeln gefangen genommen worden, doch der Juni des Jahres 1940 war außergewöhnlich schön, nicht ein Regentropfen fiel. Indem wir nachts eng aneinander rückten, froren wir nicht besonders. Aber wir waren hungrig und suchten etwas zu essen. Wir gruben schließlich auf den Feldern dicke weiße Rüben aus; ich habe nie erfahren, wozu sie gut waren, denn selbst, wenn man sie mehrere Stunden lang kochte, waren sie ungenießbar. Mitgekochte Brennnesseln ergaben aber wenigstens eine Art von Suppe, die leichter zu verdauen war. Wir pflückten unterwegs Brombeeren und Johannisbeeren – eine sehr dürftige Nahrung, die nicht über den Hunger hinwegtäuschen konnte.

Nach und nach lernte ich, dass es weit bessere Wege gab, etwas zu Beißen zu bekommen. Deutsch zu sprechen zählte damals ungeheuer viel. Man konnte sich von den Wachen die Erlaubnis besorgen, ein leerstehendes Haus zu durchsuchen oder sogar, beim Passieren eines Marktfleckens, Brot beim Bäcker zu kaufen. Aber am besten war es, sich möglichst für den Küchendienst einteilen zu lassen. Wir marschierten, marschierten und marschierten. Aus der trübseligen Horde der ersten Tage begannen Einzelwesen hervorzutreten, kleine Gruppen fanden zusammen. Eine soziale Schichtung zeichnete sich ab und man bildete Cliquen. Man begann Seite an Seite zu schlafen, dann kochte man gemeinsam Brennnesselsuppe und legte seine Fundstücke zusammen. Bald gab es richtiggehend reiche Cliquen, die Corned Beef in ihren Blechnäpfen brutzelten, mittelmäßige Cliquen (Brot, Kartoffeln) und den Bodensatz der Elenden, die sich auf Brennnesselsuppe und Steckrüben beschränken mussten.

Des Deutschen mächtig, kannte ich bald die verschiedenen Vorgehensweisen, die uns das tägliche Brot sicherten. Ich war der Versorger einer Fünfer-Clique geworden, und wir gehörten zum gehobenen Mittelstand des Lagers.

Unsere Gruppe war recht international: Mein Helfer bei der Versorgung war Armenier; der Koch,. mein Freund Vadime Skibine, war russischer Seminarist; der Mann fürs Grobe war ein polnischer Jude, während der Adjutant des Kommandeurs meiner ehemaligen Kompanie – ein Mann aus Toulouse – die »französische Minderheit« unter uns repräsentierte.

Ich machte dabei nicht das geringste Geheimnis aus meiner sogenannten »rassischen« Herkunft. Das ging unseren Aufsehern arg gegen den Strich, schien aber ansonsten keine Konsequenzen zu haben, bis zu dem Tag, als ein Wachposten mir antwortete: »Warum erzählst du mir das? Wäre ich Jude, ich würde eher vor Scham sterben, als es zuzugeben.« Von diesem Tag an, so entschied unsere Clique, würde ich in unser aller Interesse sagen, ich sei schlicht und einfach Russe.

Die Wachen waren im allgemeinen nicht sehr gemein zu uns. Ihre Devise war, einen Unterschied zwischen Franzosen und Engländern zu machen. Frankreich war der ruhmreich besiegte große Gegner; man ließ sich beinah dazu herab, freundlich zu den Franzosen zu sein. Die Kerle von der Propagandakompanie kamen eines Tages vorbei, nur um uns zu indoktrinieren: Sie verkündeten uns den Waffenstillstand und versprachen, dass wir bald frei sein würden.

Ihr Hauptfeind war Großbritannien, der Kriegstreiber. Manchmal, wenn sich ein Engländer entkräftet einen Moment am Straßenrand hinsetzte – die Engländer waren keine guten Marschierer – riefen die Deutschen: »Auf

Tommy! Auf Tommy!«, und zwangen ihn mit ein paar Gewehrkolbenschlägen, wieder aufzustehen.

Von einem Lager zum anderen machte ich den Übersetzer, was mir manche Vorteile einbrachte. Unter anderem die Erlaubnis, den Bereich zwischen der inneren und der äußeren Umzäunung der Lager zu betreten, der Normalsterblichen verboten war, wo man sich jedoch einfacher für einen Dienst einteilen lassen konnte oder mitfühlende Bäuerinnen manchmal ein paar Butterbrote verteilten.

In dieser verbotenen Zone machte ich die Bekanntschaft von Oswaldo Bardone.

Trümpfe in Doullens

Oswaldo und ich fanden uns im Heeresverpflegungsamt von Doullens wieder. Doullens, eine ehrwürdige Festung auf dem Weg nach Flandern, ruft manche historische Erinnerung wach. Für mich bedeutete Doullens vornehmlich, dass wir nicht weiter als drei Tagesmärsche von der belgischen Grenze entfernt waren, und dass eine Flucht um vieles schwieriger würde, wenn diese Grenze erst einmal überschritten wäre.

In den ersten Tagen stellten viele in etwa folgende Überlegung an: »Wozu einen Fluchtversuch wagen? Der Krieg wird bald vorbei sein und dann werden wir mit dem Lastwagen nach Hause gefahren.« Dazu gehörte zunächst auch ich, zumal uns die Deutschen ebendas sagten. Nun aber dachte ich anders und hielt es aus allen nur denkbaren Gründen für wichtig, den französischen Boden nicht zu verlassen. Als ich also im Lager von Doullens erfuhr, dass Deutsch sprechende »Maschinenschreiber«, ebenso wie Fahrer und Mechaniker aufgerufen waren, sich zu melden, versuchte ich mein Glück, ohne das Mindeste zu wissen von der Welt, in die mich das führen sollte.

Nicht ohne Gewissensbisse – schließlich hatte ich besondere Verantwortlichkeiten –, verabschiedete ich mich von meiner Clique und ließ ihnen noch etwas Verpflegung da; denn jeder dachte bereits an morgen und versuchte Reserven anzulegen. Wir waren fünfzehn Leute, die man am nächsten Tag in eine Jutespinnerei führte. Oswaldo, den ich sogleich wiedererkannte, war ebenfalls dabei. Die Deutschen hatten in dem Fabrikgebäude von Saint den britischen Nachschub gelagert, der ihnen in die Hände gefallen war. Einige Verwaltungsoffiziere, die mit der Inventur beauftragt waren, eilten geschäftig in der Fabrikhalle hin und her. Wir waren vier Maschinenschreiber, doch es gab nur eine einzige Schreibmaschine, und an die hatte sich bereits ein Elsässer gesetzt. Ich wurde einer Gruppe von Gefangenen zugeteilt, die einen himalayagroßen Berg von Kisten von einem Trakt der Fabrik in den anderen trugen.

Oswaldo, der wirklich alles konnte, war als Fahrer und Mechaniker des dienstältesten Offiziers, Herrn Oberzahlmeister Rohr, eingeteilt und wohnte in der hübschen Villa des Notars von Doullens in guter Gesellschaft, wie wir sehen werden.

Wir wurden vorübergehend dem Kommando zugeordnet, waren aber weiterhin in den Registern des Lagers verzeichnet. Wir schliefen im Pförtnerhäuschen der Fabrik, bewacht von einem brutalen sudetendeutschen Soldaten, Unteroffizier Hieke. Er stellte in höchster Vollendung den Typus eines preußischen Unteroffiziers dar. Die Realität, mit der ich konfrontiert wurde, entsprach voll und ganz dem Ruf der Deutschen: Hieke war genauso bösartig wie dumm. Besonderes Kennzeichen: Er gefiel sich in endlosen belehrenden Ansprachen, und so hörte ich etwa, wie er sich am Tag nach meiner Ankunft damit brüstete, einen untrüglichen Sinn für das Identifizieren von Juden zu haben: »Die erkenn ich beim Mundwerk! Meckerer sind die, anders als mit dem Mundwerk sind die unfähig zu arbeiten.«* Selbstredend entzückten mich diese Äußerungen nur mäßig.

Meine Arbeit war in jeglicher Hinsicht sinnlos, strapaziös und nervenaufreibend. Aber ich nahm sie in Kauf: Wir wurden gut in der Feldküche der deutschen Soldaten verpflegt, und vorerst blieben wir in Frankreich.

Allerdings hielt mich Hieke für einen Tollpatsch oder Schlimmeres. Er konnte mich, den angeblichen Faulenzer, nicht riechen und verkündete eines Morgens, dass »der Russe« zurück ins Lager geschickt werde. Oswaldo war empört und mitfühlend und nahm sich der Sache an. Er hatte Beziehungen. Am nächsten Tag kam er triumphierend zu mir. Ich würde Oberzahlmeister Rohr auf einer Inspektionsfahrt begleiten. Der Wagen wartete bereits draußen.

Wie es eigentlich gekommen sei, dass ich als Russe von der französischen Armee eingezogen wurde?, fragte mich Rohr als erstes, während er mich durch seine Brille musterte und dabei seinen Wagen steuerte. Es folgte ein unbeschreibliches Vorstellungsgespräch. Ich wetterte gegen den Kommunismus. Wir waren auf dem Höhepunkt des Hitler-Stalin-Paktes, doch in meiner Situation riskierte ich nicht viel. Ich erzählte, dass mein Vater Kammerherr bei Nikolaus II. gewesen sei und dass meine Mutter aus einem livionischen Rittergeschlecht stammte… Ich frage mich noch immer, ob Rohr das glaubte. Aber als ich auch noch vorgab, Rennwagen gefahren zu

* Im Original deutsch.

sein, wurde ich am nächsten Tage Hilfsmechaniker und kam zu Oswaldo in die Villa des Notars.

Dort residierte die Elite: Ein dutzend deutscher Reservisten und ungefähr genauso viele auserwählte Gefangene in unterschiedlichen Funktionen. Nach Rohrs Worten müssten alle, ob Deutsche oder Franzosen, nunmehr als Gleiche unter Gleichen, ja als Waffenbrüder zusammenleben.

Stets habe ich die außergewöhnliche Persönlichkeit des Hauptmannes der Nachschubkompanie Werner Rohr in Erinnerung behalten. Ich frage mich, ob noch viele Deutsche wie er denken, also genügend, um vom »anderen« Deutschland sprechen zu können.

Im Zivilberuf Kolonialwarenhändler in Leipzig, war Rohr dick, jovial und ein Lebemann. Er nahm das Leben weise, und nachdem das Schicksal entschieden hatte, Tonnen von Kaffee, Schokolade und Keksen in seine Hände zu legen, fand er, dass seine Familie und seine Freunde weit besseren Gebrauch von dieser jenseits des Rheins bereits knappen Ware zu machen wüssten als die Wehrmacht. Also stahl er mit sportlichem Eifer, leidenschaftlich und schamlos.

Das Inventar, das zehnmal neu in Registern aufgenommen wurde, schrumpfte zusammen, während immer mehr englische Lebensmittel, die eigentlich für die deutschen Truppen gedacht waren, die Reise zu seinem Lebensmittelgeschäft in Leipzig antraten.

Bei dieser löblichen Aufgabe war ihm der Beitrag der quasi von Berufs wegen diskreten Gefangenen von großem Nutzen. Es ist auch verständlich, dass er ein besonderes Interesse an den Meistern der Geheimhaltung hatte, die die Juden sein mussten, repräsentiert von Robert Kopinski und Maurice Galembert, denen ich mich angeschlossen hatte. Ich muss wohl kaum hinzufügen, dass konfessionelle Fragen in dieser Angelegenheit keine Rolle spielten und dass wir allesamt zusammenarbeiteten, ohne uns zu schonen. Hauptmann Rohr lebte und ließ leben. Um ehrlich zu sein, fiel auch für uns von diesem Raub etwas ab: Es war alles eine Frage des Verhältnisses!

Wir mussten uns allerdings vor unseren neuen deutschen Waffenbrüdern hüten. Zwei von ihnen, Barneke und David, waren Mitglieder der NSDAP. David, ein hinterhältiger Berliner Kleinganove, war der gefährlichere: Rohr schaffte ihn sich elegant vom Hals, indem er ihm für einen Monat Sonderurlaub gewährte.

Da ich nur Hilfsmechaniker war, hatte ich glücklicherweise kaum Gelegenheit, mich einem Motor zu nähern. Wenn ich nicht Rohr begleitete, hackte ich Holz, kochte Kaffee oder kümmerte mich um den Garten und die Gemüsebeete des Notars. Abends brachten wir unseren deutschen »Kollegen« Bridge bei. Der älteste von ihnen, Erich, vertraute sich mir eines Abends an: Der Triumph Hitlers schien ihm nichts Gutes zu bedeuten, die Dinge würden sich in spätestens zwei Jahren zum Schlechteren für Deutschland wenden. All das war vollkommen unglaublich. Unsere Gefangenschaft hatte sich zum Possenspiel entwickelt.

Anfang August, nach drei Wochen in dieser komfortablen Situation und ordentlich ausgeruht, begannen wir ernsthaft über Flucht nachzudenken. Da wir nach Belieben in die Stadt gehen konnten, zog ich einen Apotheker aus Doullens ins Vertrauen, der versprach, uns Zivilkleidung zu verschaffen. Oswaldo, übermütig wie er war, schlug eine Flucht mit dem Lastwagen vor und zweigte zu diesem Zweck Benzin ab. Paris war unser Ziel. Von dort aus wollte er sich nach Saint-Étienne durchschlagen, wo er wohnte.

Zum selben Zeitpunkt teilte die Abteilung, der Rohr

unterstand, ihm überraschend mit, dass die Inventur in 48 Stunden beendet sein müsse und er selbst und seine Truppe nach Le Mans versetzt würden. Er schlug uns, den Juden, vor, bei ihm zu bleiben (»Bei mir seid ihr besser aufgehoben als bei der SS«) oder uns auf dem Weg in Paris abzusetzen – wie wir wollten. Wir wählten selbstverständlich die Freiheit. Unsere Flucht war also mehr als kinderleicht. Auf der Place Clichy fand ein gefühlsseliger Abschied statt.

Die Abenteuer eines unbescholtenen Juden

Paris unter deutscher Besatzung

Nach dieser mutmaßlich einzigartigen Flucht nahm Oswaldo Kurs auf Saint-Étienne, wohingegen Robert und Maurice entschieden, in die »freie Zone« zu fliehen.

Ich fand meine Wohnung intakt vor. Da ich keinen Bedarf an drei Zimmern hatte, zog ich in ein Einzimmerappartement am linken Seine-Ufer, in der Rue Fondray. Wenn auch trostlos, entstellt durch die grünen Uniformen und die weißen Hinweisschilder der Besatzer, so schien das Leben in Paris doch normal. Sogar für die Juden, da sie noch nicht behelligt wurden. Die Deutschen waren »korrekt« vorgegangen; es hatte keine Massaker und keine Pogrome gegeben. Abgesehen davon hatte ein großer Teil der Juden, vielleicht sogar der größte, Paris während des »Exodus« im Juni 1940 verlassen. Von meiner früher so umfangreichen Familie traf ich nur meine Schwester Olga an. Meine besten Freunde waren verschwunden. In dieser Situation rückte ich näher mit meinen nichtjüdischen Freunden, in erster Linie Nina Ivanoff und Kojève-Kojevnikov, zusammen.

Doch ab Anfang Oktober [1940] wurden auf Plakaten und in der Presse alle Juden dazu aufgefordert, sich auf den Kommissariaten ihrer Bezirke registrieren zu lassen. Mein Familienname endet auf -ov, mein Geburtsort ist

Leningrad und ich war mir keiner Feinde bewusst. Insofern würde es den Deutschen kaum möglich sein, meine »Rassenzugehörigkeit« zu beweisen.

»Gehen Sie da nicht hin«, insistierte Kojève. »Als in meinem Dorf das Statistikamt eine Volkszählung durchführte, versteckten die Bauern sich im Wald, weil sie wussten, dass das nichts Gutes verhieß. Ich beschwöre Sie, machen Sie es wie die Bauern.«

Aber dank einer typischen Verstrickung sich widersprechender Beweggründe, nämlich der Weigerung, meine Herkunft zu leugnen einerseits und der Gewohnheit zu gehorchen andererseits, machte ich es schließlich wie all die anderen. Und nach einer endlosen Wartefrist auf dem Kommissariat, wo ich mit einem echten Priester in Soutane in der Schlange stand, füllte ich einen Fragebogen aus und fand einen schönen roten Stempel auf meinen Papieren aufgedrückt: JUDE.

Meine Schwester Olga hingegen entschied sich, dem Gesetz zuwiderzuhandeln – zum Wohle ihres Ehemanns, eines ehemaligen Soldaten der Weißen Armee, der fatalerweise Rabinowitsch hieß: da war kein Zweifel möglich!

Wie ich nicht zurück auf russischen Boden kam

Der Winter 1940-1941 in Paris war hart; die Lebensmittel waren rationiert, und es war sehr, sehr kalt. England hielt stand, doch sein Sieg erschien furchtbar weit entfernt. Man lebte von einem Tag auf den anderen, ohne an die Zukunft denken zu wollen. Man machte Pläne für eine Flucht, aber wohin? Ich selbst versuchte mein Glück in der sowjetischen Botschaft in der Rue de Grenelle, um dort als ursprünglich russischer Staatenloser ein Ersuchen auf Repatriierung in mein Herkunftsland zu stellen. Da der Botschafter und der erste Sekretär in Vichy waren, wurde ich vom zweiten Sekretär, einem gewissen Tarassov, empfangen. Später erfuhr ich, dass er sich aller Wahrscheinlichkeit nach als »Auge des NKWD« betätigte, doch zu dieser Zeit hatte ich glücklicherweise keine Ahnung von so etwas. Als Tarassov begriff, dass ich ein geflohener Kriegsgefangener war, begannen seine Augen zu leuchten. »Berichten Sie mir schriftlich von ihrer Gefangenschaft«, trug er mir auf.

Wofür nur, fragte ich mich, ohne in meiner Naivität zu sehen, dass er Informationen über die Moral der deutschen Truppen suchte. Ich verfasste also meinen Bericht. Bezüglich meiner Rückführung nach Russland warnte mich Tarassov vor, dass ich lange darauf würde warten müssen. Er richtete außerdem eine Bitte an mich, die mit seinen Funktionen nichts zu tun hatte: Er sei ein Büchernarr, ob ich ihm wohl alte russische Bücher besorgen könne.

Ich hatte keinerlei Mühe, ihn zufriedenzustellen. Für jeden Schmöker behielt ich mit seinem Einverständnis eine bescheidene Kommission von zwanzig Prozent. Ich ging ein oder zwei Mal im Monat in die Rue de Grenelle, und zwischen uns entwickelte sich eine Art Freundschaft. Mitunter schenkte er mir Schwarzbrot oder andere Lebensmittel, die er aus Moskau bekam.

Eines Tages, es muss im Dezember 1940 gewesen sein, sagte er mir, er ginge in Urlaub und würde seinen Kindern gern einige Bücher mitbringen. Ich konnte eine umfangreiche Enzyklopädie für Kinder auftreiben, die mir in den Jahren 1916 und 1917 viel Vergnügen bereitet hatte. Er schien meine Begeisterung allerdings nicht zu teilen. Nachdem er etwas nachgedacht hatte, rief er seine Frau an, um Rücksprache zu halten. Sie wollte von einem solchen Buch nichts hören und sagte dazu: »Ich fürchte, dass in diesem Buch der liebe Gott vorkommt.«

Ansonsten gewann mein Leben an Routine. Ich gab hier und dort etwas Unterricht (so etwa Nina einige Englischstunden), und weil das bei weitem nicht ausreichte, rang ich mich dazu durch, das kleine Landhaus meiner Familie für ein Butterbrot zu verkaufen. Doch es ging in dieser Zeit kein Weg daran vorbei, und dieses metaphorische Butterbrot war nahrhaft genug, um mir ein oder zwei Jahre lang das Überleben zu sichern.

Weitere Mittel wurden mir von einem tapferen Invaliden der ehemaligen zaristischen Armee zur Verfügung gestellt, dem Armenier Jacob Bogarsoukov. Früher hatte er bei meinen Eltern als Hausmeister gearbeitet. Nun waren wir uns auf der Straße wiederbegegnet. In der neuen Situation war er mit groß angelegten Schwarzmarktgeschäften ein Krösus geworden.

Mir verkaufte er die Lebensmittel zum Einkaufspreis, sofern er mich überhaupt bezahlen ließ. Manchmal konnte ich richtig schlemmen – ich erinnere mich an ein feudales Essen, das ich Nina und Kojève servierte, deren Résistanceverpflegung sonst aus Linsen und Speck bestand.

So lebte ich also recht gelassen dahin, während ich auf meine Rückführung nach Russland wartete. Und warum nicht einräumen, dass all die Dinge, die in heutigen Tagen zu Symbolen der Niedertracht und des Schreckens geworden sind – der Film »Jud Süß«, die antisemitische Ausstellung im Palais Berlitz, die berühmte Reklame (»Lissac ist nicht Isaac«) –, mich nicht sonderlich in Aufruhr versetzten? Ich war wie taub. Ich schaute den Film, ich durchlief die Ausstellung schulterzuckend …

Die Unruhe stellte sich erst im Mai 1941 ein, als etwa

viertausend ausländische Juden von der französischen Polizei verhaftet und in zwei im Loiret errichtete Lager deportiert wurden. Nach einigen Tagen der Ungewissheit stellte sich heraus, dass ausschließlich polnische Juden betroffen waren, doch es gab keinen Grund zu glauben, dass die russischen Juden nicht auch an die Reihe kämen.

Tarassov rettete auf inständiges Bitten ihrer Frauen hin mehrere ostpolnische Juden, indem er ihnen Papiere ausstellte, die bescheinigten: »Monsieur Soundso ist in Lublin (oder irgendeiner anderen Stadt) der Sowjetunion geboren« – was tatsächlich genau der Wahrheit entsprach, zumindest zu dieser Zeit. In so manchem Fall genügte das, um die Gendarmen milde zu stimmen. Mich fragte er, ob ich mich nicht bedroht fühlte. Ich antwortete, »im Moment nicht, aber ich weiß ja nicht, wer das nächste Mal dran sein wird.« »Hören Sie«, sagte er da, »ich habe eine Idee. Ich verwalte auch die Botschaften der ehemaligen baltischen Staaten, die nun zu unserem Land gehören. Im Sitz der litauischen Botschaft am Boulevard Malesherbes bin ich mit dem Hausmeister unzufrieden. Wollen Sie Hausmeister werden? Sie hätten eine Unterkunft, einen Lohn und wären auf russischem Boden!«

Ich brauche kaum zu sagen, dass ich den Vorschlag mit Freuden annahm. Tarassov bestand darauf, mir meinen neuen Wirkungsort persönlich zu zeigen. Begleitet von seinem Assistenten Maximov, der die humanitären Anwandlungen seines Chefs zu missbilligen schien, besichtigten wir das hübsche Gebäude. Schließlich fragte Tarassov, ob ich als Ausländer denn arbeiten dürfe; andernfalls könnte er mich nicht anstellen. Da ich Veteran war, bereitete es mir keine Schwierigkeiten, eine Arbeitserlaubnis zu bekommen. Aber als ich ihn Anfang Juni mit dem kostbaren Dokument aufsuchte, war er nicht da; man sagte mir, er sei nach Vichy gegangen.

Zwei Wochen später begannen in Russland die Kanonen zu donnern. Ich wurde nicht Hausmeister der ehemaligen litauischen Botschaft, wo ich im Übrigen wohl ohnehin am ersten Kriegstag von den Deutschen verhaftet worden wäre: die Episode »russischer Boden« hatte sich sehr schnell erledigt.

Ich musste mir etwas anderes ausdenken. Ich musste versuchen, in die freie Welt zu gelangen. Aber wie? Zuallererst galt es, in die freie Zone zu fliehen.

Über die Linie*

Ganz zu Anfang war die Überquerung die Demarkationslinie vergleichsweise einfach. Doch im Oktober 1940 wurde ein deutscher »Ausweis« notwendig, der sehr schwer zu bekommen war, was sofort zum Erblühen einer Industrie von Schmugglern und Schleppern aller Couleur führte.

In der politischen Ökonomie wird das Wertgesetz gelehrt. Der Preis einer Ware steht im Verhältnis zu der für ihre Produktion aufgewendeten Arbeit. Um ein hochwertiges Auto oder wirklich wasserfeste Schuhe zu haben, muss man mehr bezahlen. Es gab verschiedene Wege, die

* Frankreich wurde nach dem Waffenstillstand in mehrere Zonen eingeteilt. Paris, Nordfrankreich und die Atlantikküste standen unter deutscher Militärverwaltung. Die Küstenabschnitte und die Häfen waren für die französische Zivilbevölkerung gesperrt. Elsass-Lothringen wurde ins Deutsche Reich eingegliedert, das Departement um Calais wurde von der deutschen Militärverwaltung in Belgien mitregiert. Zentral- und Südfrankreich mit Marseille, Lyon und Toulouse standen als sogenannte »Freie Zone« unter der Herrschaft des Vichy-Regimes von Marschall Pétain. Für einzelne Täler Savoyens und die Stadt Nizza waren die Italiener zuständig. Vgl. Ahlrich Meyer: L'occupation allemande en France 1940-1944. Toulouse 2002.

schicksalshafte Linie zu überschreiten, aber das erwähnte Prinzip war hier auf den Kopf gestellt. Man konnte auf eigene Faust bis zu einer Ortschaft nahe der Linie fahren und dem erstbesten Schankwirt erklären, dass man seine Freundin auf der anderen Seite besuchen müsse; dieser verwies einen sogleich an einen hilfsbereiten Bauern; das kostete höchstens 200-300 Francs und verlief ganz ohne Scherereien. Man konnte auch Kontakt mit einem Schlepper aufnehmen, der zwischen Paris und der Linie hin- und herfuhr; man war dann zu viert oder fünft, die er zum Bahnhof bestellte und bis zum Haus eines anderen Bauern eskortierte, der sich vom vorigen nicht unterschied. Aber das kostete schon 2000-5000 Francs. Der zusammengewürfelte Transport war viel auffälliger und manche Schlepper sicherten sich gegenüber den Deutschen ab, indem sie ihnen einige ihrer Fahrgäste auslieferten. Und doch war nichts gefährlicher als die teuersten Methoden – Krankenwagen, Lastwagen, gefälschte Ausweise. Froh konnten noch die sein, die am Tag vor der Abreise erpresst wurden und damit davonkamen, nur ausgenommen zu werden. Andere wurden nach einer beschwerlichen Reise umstandslos den Deutschen übergeben…

Aber dieses vorteilhafte Spezialwissen habe ich erst viel später erworben. Bei mir war Sparsamkeit der Grund, aus dem ich mich einem sympathischen Eisenbahner anvertraute, der sich für 1300 Francs darauf einließ, mich nach Toulouse zu bringen. Von dort aus wollte ich versuchen, nach Marseille zu gelangen.

An einem Abend im Oktober 1941 nahm ich den Zug vom Gare d'Austerlitz. Als sich der Zug in Bewegung setzte, führte mich Monsieur Buisson, der Zugführer, in den Gepäckwagen. Er sagte, ich solle mich auf den Holzboden setzen, während er unser Pech beklagte, denn es gab an diesem Tag nicht viel Gepäck. Aus Schrankkoffern, Reisekoffern und Fahrrädern baute er eine Art Höhle, die mich vollständig verbarg. Dann wünschte er mir viel Glück.

Zwei Kontrollen galt es durchzustehen: Die deutsche Kontrolle in Vierzon sowie an der folgenden Station die Kontrolle der Vichybehörden. Bald hielt der Zug an. Geräusche von Schritten, einige gebellte Befehle der Deutschen – und alles war vorüber. Am folgenden Halt hörte ich von irgendwo über mir den singenden Akzent des Südens. Und da bewegte sich doch glatt meine Höhle, es sickerte Licht hinein, Koffer wurden hochgehoben! War ich gefasst worden? Aber nein! »Das hier ist ein Freund, den ich über die Linie gebracht habe!«, stellte mich Monsieur Buisson seinen Kameraden vor.

Ich war in der freien Zone!

Aber war das die Freiheit?

Die Vereinigung praktizierender Israeliten

Der marxistischen Lehre zufolge ist die außerordentliche Lage der Juden, dieses Volkes ohne Land, nur ein Widerspruch mehr in einer Welt, die der kapitalistischen Anarchie zum Opfer gefallen ist. In einer wissenschaftlich organisierten Wirtschaft werde diese Anomalie auf die eine oder andere Weise verschwinden. Der noblen christlichen Auffassung zufolge ist es der Wille und Plan Gottes, dass dieses Zeugenvolk oder diese ungläubigen Schafe bis zum Jüngsten Gericht fortleben. Ich für meinen Teil weiß nicht recht, was ich glauben soll. Wie dem auch sei, als ungläubiger, assimilierter und eben trotzdem Jude war ich immer von dem starken Interesse getrieben, mein Volk, die »wirklichen Juden«, besser kennenzulernen. Mein Geist hat sich in Paris gebildet, doch geht meine Seele nicht auf sie zurück? Nicht einmal zwei Generationen trennen uns. Es war diese Neugierde, die mich letztlich dazu verleitet hat, den unerwarteten Vorschlag von Rabbi Salman Schneerson anzunehmen, mit ihm in der »Vereinigung praktizierender Israeliten« (V.P.I.) zusammenzuarbeiten, die aus orthodoxen Juden überwiegend polnischer Herkunft bestand und in Marseille ansässig war. Er war der Großrabbiner der Vereinigung und leitete sie im Grunde uneingeschränkt.

Salman Schneerson war Chasside. Diese Sekte ist im 18. Jahrhundert nach einer flammenden Rede eines Volkspredigers namens Israel Becht entstanden. Sein Predigen wandte sich gegen den Formalismus der großen Talmudisten und legte großen Wert auf Spontaneität und Freude als eine Art der unmittelbaren Verbindung mit dem Schöpfer. Die Chassiden gelten, ob zu recht oder unrecht, als die fanatischsten und als die gegenüber westlichen Einflüssen widerspenstigsten Juden.

Ich kannte Rabbi Schneerson flüchtig, wenn auch seit Jahren. 1939 hatte er den Gottesdienst bei der Beerdigung meines Vaters gehalten. Zwei Tage nach meiner Ankunft in Marseille traf ich ihn auf der Canebière, der Hauptgeschäftsstraße Marseilles, mit wehendem roten Bart und leicht hinkend, in einem polnischen Kaftan. Dem Charisma des Rabbi Schneerson war ausgesprochen schwer zu widerstehen. Mein ausdrückliches Bekenntnis zum Agnostizismus kümmerte ihn nicht im Geringsten, und drei Tage später war ich der Sekretär seiner Vereinigung. Für ein Jahr hatte ich mich mit einer einzigartigen Vielfalt an Aufgaben zu beschäftigen: ich war der weltliche Arm, der treu ergebene Vize und der private Ratgeber eines chassidischen Priesters.

Ein prunkvolles Haus in einem der schönsten Viertel

von Marseille: zwei weitläufige Zimmer sowie eine Eingangshalle im Erdgeschoss, eine Küche und zwei weitere Räume im Zwischengeschoss. All das wurde für 10.000 Francs im Monat an Monsieur Schneerson vermietet, womit es bürgerlich bewohnt sein sollte.

Schon zwei Wochen später betätigten sich in der Eingangshalle fünfzehn junge Mädchen an Nähmaschinen. Zwanzig Jungen (die Köpfe bedeckt, wir sind schließlich bei den praktizierenden Israeliten) hantierten im Keller mit Kondensatoren und Spulen und zeichneten schematische Darstellungen auf Tafeln. Der Rabbi bewohnte mit seiner Familie das Zwischengeschoss. Auch die Küche blieb nicht ungenutzt: Verstohlene Schatten erschienen am Abend und verschwanden am Morgen. Es handelte sich um Entflohene der Internierungslager von Vichy,*

* Das Lager Le Vernet am Fuße der Pyrenäen diente im Jahre 1939 als Internierungslager für Bürgerkriegsflüchtlinge (vor allem Angehörige der republikanischen Streitkräfte) aus Spanien. Später fungierte es als Lager für politische Gegner der Dritten Republik, Emigranten aus »Feindstaaten« und Gegner des Vichy-Regimes. Auch Juden und Roma wurden im Lager Le Vernet interniert. Die unter anderem von Arthur Koestler beschriebenen Lebensbedingungen waren katastrophal, zeitweise waren über 40.000 Menschen dort inhaftiert, über 800 starben. Auch das Lager Gurs war ursprünglich ein 1939 für Flüchtlinge aus dem Spanischen Bürgerkrieg errichtetes Auffanglager. Ab 1940 wurden dort missliebige Emigranten inhaftiert, später kamen tausende jüdische Häftlinge, Roma und Résistancekämpfer hinzu. Über 6500 badische Juden sind von Gurs aus nach Auschwitz deportiert worden. Das Lager Rivesaltes befand sich unweit der spanischen Grenze in der Nähe von Perpignan. 1939 ebenfalls als Internierungslager für spanische Bürgerkriegsflüchtlinge gegründet, diente es auch als Transitlager für Juden und Roma. Pithiviers war ein Durchgangslager südlich von Paris. Über 6000 in den Razzien 1941-42 verhafteten Juden wurden von dort aus nach Auschwitz deportiert. Drancy war das zentrale Transitlager für die Deportation von 65.000 Juden in die Vernichtungslager, vor allem nach Auschwitz. Zudem war das Lager auch der Ort der Deportationen von Résistanceaktivisten und vereinzelt auch Roma. Siehe zu den Lagern: Denis Peschanski. La France des Camps. L'Internement 1938-1946. Paris 2002.

denen der Rabbi Asyl gab. Einer der Räume im Erdgeschoss diente zugleich als Büro und Empfangszimmer; hier gab sich jüdisches Elend unablässig die Klinke in die Hand. Der andere Raum, das Büro des Rabbiners, war gleichzeitig Synagoge und Klassenzimmer; man feierte dort Hochzeiten, regelte Scheidungen und sogar Streit in finanziellen Angelegenheiten.

Ich muss gestehen, dass ich bei der Vereinigung praktizierender Israeliten nicht den Talmud studiert habe. Ich habe dort aber weit Besseres gelernt: was ein beharrlicher Wille zur Linderung menschlichen Elends zu leisten imstande ist. Salman Schneerson, der bis 1935 in der Sowjetunion gelebt hatte, nannte sich gern einen Revolutionär. Seinen Methoden mangelte es tatsächlich nicht an einem gewissen Kitzel, vor allem für einen Priester. Sein Erfolg grenzte an ein Wunder. Auf die Dauer konnte ich aber seinen sektiererischen und starrsinnigen Fanatismus nicht ertragen. Doch für ein Jahr habe ich im Schatten eines Wunderrabbiners gelebt. Ich tauchte vollständig ein in die gemeinsame Quelle dieser erstaunlichen Lebenskraft und dieses erstaunlichen Glaubens.

Bei Schneerson habe ich auch gelernt, welche absolut wesentliche Rolle den Fragen der Ernährung zukommt. Dass orthodoxe Juden weder Schweinefleisch noch Fische ohne Schuppen essen und das Schlachten von Vieh nach ritueller Vorschrift erfolgen muss, wusste ich schon. Wovon ich nichts geahnt hatte, war die unglaubliche Strenge und Sorgfalt, die man auf diesem Gebiet an den Tag legen kann. Wir befanden uns doch in Kriegszeiten, für die schon seit über einem Jahrtausend von den Talmudisten die Befreiung von Regeln unter der Bezeichnung »Pikuach Nefesch« (Rettung des Lebens) vorgesehen ist.

Meinem Rabbiner war das gleichgültig. Zuallererst:

kein Fleisch. Darüber hinaus: keine Butter, keine Milch, kein Käse – denn heißt es nicht irgendwo in den Kommentaren (ich sage bewusst Kommentare, denn das Gesetz schweigt zu diesem Punkt), dass eine jüdische Matrone das Melken der Kühe beaufsichtigen muss? Eine schwer zu erfüllende Bedingung angesichts der Versorgungswege und der Rationierung jener Zeit. Die Ernährung war also beschränkt auf Gemüse, Früchte, Mehl und Teigwaren, was für Erwachsene nicht so schlecht ist. Hinsichtlich der Kinder in der Obhut des Rabbiners war das eher zu beanstanden, aber dank des Schwarzmarktes gelang es uns schließlich doch, sie einigermaßen anständig zu ernähren.

Äußerst heikel wurde es jedoch im Fall der unglücklichen entkommenen Insassen der Internierungslager. Hatte ich doch erfahren, dass sie den Prinzipien des Rabbiners getreu wochenlang nur trockenes Brot und Obst gegessen hatten, weil ein nicht koscherer magerer Knochen in die übliche Suppe gefallen war – bis sie schließlich die Erlaubnis erhielten, separat für sich zu kochen. Absurd und heldenhaft. »Es ging darum, zu beweisen, dass der Kopf dem Magen befiehlt und nicht der Magen dem Kopf« schrieb mir Élie Thorn, einer unserer jungen Talmudisten.

Wir schickten den Internierten Pakete. Doch was konnte man ihnen schicken? Brot (das wir auf dem Schwarzmarkt besorgten), Dörrobst, etwas Konfitüre, ein paar Zuckerstückchen. Bei den Fetten, an denen es so sehr mangelte, war der Rabbi unnachgiebig: sie mussten pflanzlichen Ursprungs sein. Keine Butter, keine Margarine. Man konnte damals in Marseille eine Art Würfel (Palmin, Astra) von fragwürdiger Beschaffenheit finden. Da ich fest entschlossen war, ebenfalls revolutionär zu handeln, tat ich mich mit einem Chemiker zusammen, dem Direktor eines Analyselabors, der sämtlichen ihm vorgelegten Waren bereitwillig einen »rein pflanzlichen« Ursprung bescheinigte. Der Rabbi wusste davon nichts. Ich für meinen Teil denke, dass der liebe Gott es mir verzeihen wird. Wenn man bedenkt, dass es da immer noch Leute gab, Juden, scheinbar bei Trost, die sich weigerten, am Tisch des Rabbis zu essen, weil sie dort vom Standpunkt ihrer Orthodoxie noch irgendetwas auszusetzen fanden!

Auf dem Feld der praktischen Arbeit war der Einfallsreichtum unseres Wunderrabbis unbegrenzt. Gesegnet mit einer ungeheuren Lebensenergie, wusste er die Menschen in seinen Bann zu ziehen – auch die Bürokraten und die Polizisten des Vichy-Regimes. Er stand sich allerdings durch einen beklagenswerten Mangel an Ordnung und Methode selbst im Weg.

Wenn er auch ganze Nächte durcharbeiten konnte, so fand ich doch oft zu meiner Bestürzung meine Akten kreuz und quer herumliegen. Und einmal verwandelte er für eine Hochzeit das Büro in einen Festsaal, warf die Schreibkraft hinaus und sagte alle Termine ab... Ostern 1942 setzte er den Kurs für Rundfunktechnik sechs Wochen lang aus. Und warum? Weil ihn die ungesäuerten Brote, die vom religiösen Zentralrat ausgeteilt worden waren, nicht zufriedengestellt hatten. Er wollte andere, die unter seiner persönlichen Aufsicht gebacken werden mussten. Es gab keinen Ofen? Egal, man improvisierte eben einen. Die Lehrlinge der Rundfunktechnik und ihr Lehrer wurden mit Sack und Pack vor die Tür gesetzt, die kostspielige Ausrüstung wurde im Hof unter einer Plane zwischengelagert. Einige Tage später eilten bärtige Juden mit langen Brotschiebern emsig im Keller herum und zogen heilige Fladen aus einem Ofen, von dem ich vergessen habe, wie er entstanden ist.

Rechtliche Grauzonen

Die Politik des Vichy-Regimes gegenüber den Juden war widersprüchlich und inkonsequent.* Im Juli 1941 waren alle Juden der »freien Zone« erstmalig erfasst worden. In der Folge lehrte eine Sintflut von Dekreten und Rundschreiben alle einen grundlegenden Unterschied, nämlich den zwischen guten und schlechten Juden. Die Stellung eines Juden war an der Dauer seines Aufenthaltes in Frankreich abzulesen. Die belgischen und holländischen Juden, die schon vor dem Einmarsch der Nazis im Mai 1940 geflohen waren, waren sehr schlecht angesehen, fast genauso schlecht wie die deutschen Juden aus Baden und der Pfalz, die eines Morgens im Oktober 1940 zu zwanzigtausend festgenommen, auf Güterwagen verladen und von der Gestapo an die Demarkationslinie verbracht worden waren. Verpflichtet, sie zu übernehmen, internierten die Vichy-Behörden sie in den Lagern von Gurs und Rivesaltes am Fuß der Pyrenäen.

Die polnischen oder rumänischen Juden, die 1914-18 oder 1939-40 unter französischer Flagge gekämpft hatten, standen besser da, vor allem wenn sie das Vorhandensein eines Vermögens von 25.000 Francs nachweisen konnten. Darauf folgten die in Frankreich geborenen Juden – unter den Bedingungen, nie politisch aktiv gewesen zu sein, sich nicht mit ihren eben genannten schlechten Brüdern abzugeben und nicht aufzufallen. Ein Jude schließlich, der beweisen konnte, dass seine Vorfahren seit fünf

* Léon Poliakov hat zur widersprüchlichen Politik des Vichy-Regimes hinsichtlich des Antisemitismus ein eigenes Werk verfasst: L'étoile jaune. La situation des Juifs en France sous l'Occupation. Les législations nazie et vichyssoise. Paris 1949.

Generationen Franzosen waren, war ein ehrenhafter Israelit.

Es regnete Rundschreiben, die forderten, dass man die schlechten Juden aus den großen Städten verbannen, in Lagern internieren oder sie für Arbeitskompanien rekrutieren müsse. Die Beamten vor Ort hielten diese Vorschriften mehr schlecht als recht ein, manchmal auch gar nicht. All das ergab eine Situation, in der es unmöglich zu bestimmen war, was legal war und was nicht. Talmudischen Spitzfindigkeiten waren also Tür und Tor geöffnet. Ich möchte das anhand einiger Bespiele erklären.

Haim Rovinski, von Beruf Schneider, war aus dem Lager Pithiviers in der besetzten Zone geflohen und ohne jedes Ausweisdokument in Marseille gelandet. Dort wollte er bleiben, um leichter auswandern zu können: er hatte eine Schwester in New York. Wir beantragten einen Passierschein für ihn, damit er in einen entlegenen Marktflecken ziehen könne. Mit den von uns besorgten Ausweispapieren war er imstande, ein Fristverlängerungsgesuch einzureichen, um sich um seine Emigration nach Übersee bemühen zu können. Eine Verlängerung reihte sich an die andere (dank des verständnisvollen Monsieur Roux, Vorstand der Ausländerbehörde in der Präfektur des Departements Bouches-du-Rhône), und so konnte Haim Rovinski in Marseille bleiben.

Samuel Heitner fuhr ins zwanzig Kilometer von Marseille entfernte Cassis und schaffte es, am Bahnhof eine Dauerfahrkarte für Arbeiter auf der Linie Cassis-Marseille zu erhalten. Sie diente ihm als Beweis für eine Festanstellung, womit er wiederum eine Aufenthaltserlaubnis bewilligt bekam.

Und die ganzen Bescheinigungen! Salman Schneerson war geradezu genial im Erfinden von Bescheinigungen. Das Leben der ausländischen Juden, egal ob interniert oder nicht, war so kontrolliert, entrechtet und unfrei, dass die kürzeste Reise, der belangloseste Ortswechsel zu einer Staatsaffäre werden konnte und begründet oder beglaubigt werden musste. Andererseits – es war die Zeit von »Arbeit, Familie, Vaterland« – genoss ein Geistlicher, selbst ein Rabbiner, einiges Ansehen bei der Polizei. Der Briefkopf der Vereinigung praktizierender Israeliten beförderte ein paar wahrhaft findige Tricksereien.

Der schönste Einfall war wohl jener der »Rituellen Bäder«, die eine praktizierende Jüdin einmal im Monat nehmen muss. Wollte zum Beispiel eine Geflüchtete aus Montauban nach Lyon fahren, stellten wir ihr eine Bescheinigung mit dem Text aus, dass es ausschließlich in Lyon eine Mikwe (ein religiöses Tauchbad) gebe, die allen orthodoxen Ansprüchen Genüge tat. Zumindest für die Frauen konnte man so fast jede beliebige Fahrt rechtfertigen.

Im März 1942 wurde ein neues Dekret erlassen: Alle ausländischen Juden von 18 bis 25 Jahren sollten zu Arbeitskompanien eingezogen werden. Unser Rabbinerseminar, der ganze Stolz der Vereinigung, war ernstlich bedroht. Wir besprachen uns mit Monsieur Roux. Am folgenden Tag wurde der Rundfunktechnikkurs zu einem geschlossenen Internat umstrukturiert und einer Arbeitskompanie gleichgesetzt, während die Seminaristen sich in geschickte Rundfunktechniker verwandelten.

Salman Schneerson, der sich stets dagegen verwahrte, ein Philanthrop zu sein, leistete in jenem Jahr 1942 wahrhaft wohltätige Arbeit in Marseille. Das war seinen revolutionären Methoden zu verdanken. Nebenbei haben diese mir aber so manches missliche Erlebnis eingebracht, das leicht schlecht hätte ausgehen können.

Handel mit gefälschten Papieren

Wie erwähnt schickten wir den internierten Juden Hunderte von Paketen. Da wir keine Marken dafür hatten, waren wir sozusagen gezwungen, Lebensmittel auf dem Schwarzmarkt zu kaufen. Eines Tages verschwand unser Brothändler. Der Rabbi bat mich also, gefälschte Brotmarken zu kaufen, was damals in Marseille ganz üblich war. Er gab mir ein paar Tips, dank derer ich in einer Spelunke in der Rue d'Aix welche finden konnte. Ich war auf dem Weg zurück in unser Büro, als ich das Pech hatte, in eine Razzia zu geraten. Die Polizisten durchsuchten meine Taschen und entdeckten die Marken. Triumphierend brachten sie mich auf die Wache und begannen mich auszuquetschen, begierig, die Herkunft der wertvollen Coupons in Erfahrung zu bringen. Ich tischte ihnen eine unmögliche Geschichte von einem Unbekannten auf, den ich durch Zufall im Restaurant getroffen hatte. Da sie mich zu einer Personenbeschreibung drängten, berichtete ich ihnen von einem Mann mittlerer Größe, mit schwarzen Haaren und wulstigen Lippen. In der Eile war mir nichts besseres eingefallen, als ihnen die Beschreibung meines Vermieters zu geben.

Seltsamerweise schienen sie mir zu glauben. Ich wurde nicht einmal wirklich geschlagen. Am nächsten Tag inhaftierte man mich unter dem Vorwurf des Handels mit gefälschten Marken im Gefängnis Chave. Nachdem ich die erkennungsdienstliche Behandlung (einen trotz seines langweiligen Namens ausgesprochen unangenehmen Vorgang) überstanden hatte, wurde ich in eine Zelle für Einzelhäftlinge gestoßen, die jedoch schon mit fünf Insassen belegt war. Meine neuen Gefährten waren begeistert zu hören, dass ich Russe war. Ein junger Sportler im Skianzug fragte mich mit leuchtenden Augen, ob es denn stimme, dass die Russen kurz davor waren, Danzig einzunehmen. Nein, noch nicht, antwortete ich, aber die Russen seien zweifellos in jeder Hinsicht bemerkenswerte Kerle. Man weihte mich in die kleinen Geheimnisse der Zelle ein: die aus einem Löffelstiel gefertigte Messerklinge, die an der Spitze kreuzförmig eingeschnittenen Streichhölzer, die so viermal verwendet werden konnten, und das in der Matratze versteckte Kartenspiel. Ich lernte auch, dass man jeden Abend Jacke, Hose und Schuhe ausziehen und den Wächtern übergeben musste, dass Zeitungen und Bücher verboten waren, dass das Essen in zweimal täglich 300 Gramm Brot und Steckrübensuppe bestand.

Trotz des warmherzigen Empfangs meiner neuen Kameraden war ich unheimlich niedergeschlagen. Gewerbsmäßig gut informiert wie sie waren, schätzten sie, dass ich zwischen vier und sechs Monate bekommen würde. Die anschließende Internierung war fast schon sicher, ebenso wie die darauf folgende Deportation nach Deutschland. Die Lage war nicht ermutigend.

Drei Tage später schöpfte ich etwas Hoffnung dank des Besuchs von Monsieur Magnier, des Anwalts, den mir die Vereinigung p. I. gesandt hatte. Léon Magnier, Professor für Strafrecht an der Fakultät von Marseille, war ein kluger Kopf. Er war immerhin von einem Wunderrabbi erleuchtet worden. Er suchte den Gerichtspräsidenten auf und dann den Staatsanwalt. Das tat er so erschöpfend, dass ich bei der Gerichtsverhandlung zwei Wochen später zu nur fünfzehn Tagen Gefängnis verurteilt wurde – der Minimalstrafe. Zurück im Gefängnis erfuhr ich dann, dass ich als Ausländer gar nicht entlassen werden könnte. Ich wartete also voller Angst, was nun folgen würde.

Wie hatte Meister Magnier es gemacht? Ich weiß es

nicht, aber am nächsten Morgen verkündete mir der Oberaufseher, dass ich frei sei. Meine Kümmernisse waren damit jedoch nicht vorbei. Vier Wochen später stellte man mir einen Ausweisungserlass zu: ich hatte dreißig Tage Zeit, um den französischen Boden zu verlassen. Ich musste mich also mit dem Gewirr von Gesuchen, Behördengängen, Fristverlängerungen und Vorladungen – insgesamt dreizehn Vorladungen in acht Monaten! – vertraut machen, dessen Geheimnis nur die präfekturalen Dienststellen kannten. So wurde nun auch ich Teil des Grauzonenvölkchens, von dem schon die Rede war. Gleichzeitig setzte ich meine Arbeit für die Vereinigung p. I. fort, eine nach französischem Recht anerkannte Organisation, und nahm somit letztlich offizielle Funktionen wahr.

Zur Stunde* da ich diese Zeilen schreibe, bin ich, oh sakrosankte Verwaltung, noch immer ein »gemäß dem Gesetz vom 19. Februar 1849« ausgewiesener Ausländer.

Erster Auftritt des Monsieur André

Alexandre Reiter, Astronom aus Berufung, Zionist aus Überzeugung und Mitarbeiter des Wohltätigkeitsvereins Hicem** aus Notwendigkeit, hatte bei seinen Klienten, den Auswanderungsbewerbern, einen schlechten Ruf; denn es war unmöglich, ihm eine Ausnahme oder einen Gefallen abzuringen. Ich sah gerne am Abend bei ihm zum Plaudern vorbei, wo ich stets sicher sein konnte, ein paar Zigaretten und einen guten russischen Tee zu be-

* Dieser Teil stammt aus dem Jahr 1946.
** Hicem war eine jüdische Auswanderungshilfsorganisation zur Zeit der Besetzung.

kommen, den seine Frau Mimo auf einem winzigen Kocher zubereitete.

Eines Tages erzählte mir Reiter von einem Ingenieur aus Russland, der aus dem Lager Vernet geflohen war und sich in Marseille versteckte. Er sei ein fähiger Bursche und langweile sich in seiner Untätigkeit entsetzlich, erklärte mir mein Freund. Ob ich ihm Arbeit beschaffen könne?

»Schick ihn erst einmal zu mir«, antwortete ich. Und so machte ich die Bekanntschaft von Joseph Bass, genannt »Nilpferd«, alias Monsieur André, alias Gart, Georges, Bourgeois, Roure, Rocca. Ich bin immer noch nicht sicher, ob ich alle seine Namen gekannt habe.

André, denn damals hatte er beschlossen, so zu heißen, André war zweifellos, was die Engländer »conspicuous« (unübersehbar) nennen. Er war so groß und so dick, dass er schlechthin unnatürlich aussah. Und er besaß die besondere Fähigkeit, mit seiner Gegenwart den Ort, an dem er sich befand, vollkommen einzunehmen. Unmöglich, ihn nicht zu bemerken. Es ist schwer zu erklären, aber diejenigen, die André kannten, werden mich verstehen: Er war herzlich und laut, und man konnte ihm nicht entgehen.

Vor dem Krieg hatte André ein industrielles Patentbüro geleitet. Er war beratender Experte im Handelsministerium und hatte diese Tätigkeit dort auch nach dem Waffenstillstand behalten. Das hatte ihn allerdings nicht davor bewahrt, wegen seiner sowjetischen Staatsbürgerschaft im Juni 1941 in Le Vernet inhaftiert zu werden.

Dank der Nachsicht eines Polizisten konnte er bald entkommen. In kleinen Etappen hatte er Marseille erreicht, wo er seitdem ein äußerst diskretes Dasein führte und niemals ein von ihm exakt abgezirkeltes Gebiet verließ. Wie er es gern ausdrückte, hatte er sich »wissenschaftlich« organisiert. Er bewohnte ein kleines Häuschen im Montebello-Tal, am Fuße der Kirche Notre-Dame de la Garde, und verfügte über einige Mittel. Eine charmante Gefährtin, »Micky« Rocca, kam regelmäßig aus Paris, um ihm den Trost ihrer Zärtlichkeit und Zuneigung zu bieten. Wir freundeten uns sehr schnell an. Ich stellte ihn dem Rabbi vor und man vereinbarte, dem Rundfunktechnikkurs einen Kurs in technischem Zeichnen anzuschließen. Bald darauf hallte in dem berüchtigten Keller seine dröhnende Stimme wider.

André hatte kein einziges Identitätsdokument. Vergeblich zermarterten der Rabbi und ich uns den Kopf, wie wir ihm seine Situation erleichtern konnten. Im Frühling 1942 waren falsche Papiere noch ein äußerst rares Gut.

Das große Leid

Im Sommer 1942 begann die Phase der massiven und mörderischen Verfolgungen. In Paris wurden am 16. Juli zwölftausend Juden verhaftet,* im Vélodrome d'Hiver zusammengepfercht und anschließend ins berüchtigte Lager von Drancy gebracht. Auch die ersten Deportationen in die Vernichtungslager fanden in diesem schicksalsschweren Monat statt. Nicht einmal mehr die sogenannte »freie« Zone, bislang noch ein Zufluchtsort, bot den bisherigen beschränkten Schutz, denn Pétain verpflichtete sich, den Deutschen eine erste Anzahl ausländischer Juden auszuliefern.

Davon erfuhren wir durch ein geheimes Rundschreiben an die Präfekten, in das Rabbi René Hirschler Einblick bekommen hatte, der den Internierungslagern von Vichy

* Spätere Schätzungen gehen von über 13.000 aus.

als Geistlicher zugewiesen war. In dem Schreiben war beschönigend von der »ethnischen Neugliederung der ausländischen Juden« die Rede. Ausnahmen waren für ehemalige Soldaten, »Gatten von Ariern« und, als Gipfel der Heuchelei, für politische Flüchtlinge vorgesehen; dabei waren Rudolf Breitscheid, Rudolf Hilferding und andere aktive Nazigegner schon vor Langem ausgeliefert worden.

Einige Tage später fuhr um drei Uhr morgens am Haus der Kinder der V.P.I. in der Marseiller Vorstadt ein Mannschaftswagen der Polizei vor. Die Polizisten hatten den Auftrag, sechs Kinder zu verhaften, die in Polen »wiedereingegliedert« werden sollten. Flehen, Beten, inständiges Bitten, nichts half. Am nächsten Morgen stürzte ich zur hochoffiziellen »Generalunion der Juden in Frankreich« (U.G.I.F.), die von der Vichy-Regierung eingesetzt worden war. Es war mein erster Besuch dort. Diese Polizeioperation gegen Kinder, deren Ältestes gerade acht Jahre alt war, übertraf bei weitem alles uns bis dahin bekannte, und ich hoffte, dass die U.G.I.F. irgendeinen verantwortlichen Beamten wieder zur Vernunft bringen könnte. Ich verlangte R.-R. Lambert zu sehen, den Präsidenten der U.G.I.F. Ein tadellos gekleideter junger Mann empfing mich; er erklärte mir mit ausgesuchter Höflichkeit, dass Monsieur Lambert nicht zu sprechen sei, und bat mich, den Zweck meines Besuches darzulegen. Ich fand die Kleidung meines Gegenübers zu tadellos, seine Höflichkeit zu ausgesucht. Nie im Leben wäre ich darauf gekommen, dass ich Maurice »Zazou« Brener vor mir hatte, den Hauptinitiator der Untergrundbewegung, und dass dieser charmante Ästhet mit dem vornehmen Gehabe über zwei Jahre sämtliche Gestapoeinheiten weit und breit zum Narren halten würde.

Mein Unterfangen blieb fruchtlos. Ich hatte noch einige

Illusionen zu verlieren. Brener sagte mir, dass er Interventionen generell für wenig zweckdienlich hielt, denn es gehe ja um eine festgesetzte Menge von zehntausend Juden; selbst wenn man also einige ihrem Schicksal entreißen könne, würden unweigerlich andere ihren Platz einnehmen. In seiner profunden Kenntnis der Menschen und der Dinge beurteilte Salman Schneerson das anders. »Nichts im Leben ist selbstverständlich«, sagte er. Die Ereignisse gaben ihm allzu bald recht, denn kurz darauf erfuhren wir, dass man die Zehntausend in den höchsten Kreisen nur als eine erste Lieferung betrachtete und dass in dieser Beziehung auch kein wirklicher Unterschied mehr zwischen den beiden Zonen gemacht würde.

Es waren schwarze Tage. Ich weiß noch, wie Maurice Brener blutenden Herzens zu Salman Schneerson pilgerte, um ihn zu fragen: Könne der Wunderrabbi nicht eine Lösung vorschlagen, eben ein Wunder bewirken? Leider war auch der Rabbiner nur ein Mensch. Ich glaube, das war der Moment, als die Idee der Untergrundbewegung in Breners Kopf endgültig Gestalt annahm.

Was mich persönlich betrifft, so war ich, da gegen mich schon ein Ausreisebefehl bestand, ein todsicherer Kandidat für die nächste Fuhre von Juden. Ich wurde vom hilfsbereiten Monsieur Roux auch diesbezüglich gewarnt.

Zuallererst musste ich den Wohnort wechseln. Ich flüchtete mich für einige Tage in das Häuschen von André. Tatsächlich genau im richtigen Moment: später hörte ich im Haus Sénac, wo ich gewohnt hatte, dass die Polizei mich dort gesucht habe.

Die Abenteuer eines untergetauchten Juden

Ein wenig Grundwissen über Ausweise

Ein Franzose im Staat von Vichy hatte vorschriftsmäßig ein halbes Dutzend Karten und Dokumente zu besitzen: Ausweis, Wehrpass, Wehrentlassungspapier, Lebensmittel-, Kleider- und Tabakmarken, wenig später auch noch die Arbeitsbescheinigung. Der Ausweis, der »Lappen«, wie man sagte, war das wesentliche Dokument; er reichte für die meisten Kontrollen und Überprüfungen aus.

Obwohl er für alle französischen Bürger beiderlei Geschlechts ab sechzehn Jahren verpflichtend war, war er doch Einfallstor für das unvergleichliche Durcheinander, das die Vichy-Verwaltung auszeichnete. Er konnte durch das Bürgermeisteramt, die Präfektur, das Polizeikommissariat oder auch die lokale Polizei ausgestellt werden. Das Foto musste entweder frontal, im Profil oder im Dreiviertelprofil vorliegen. Der Karton wurde manchmal von der Verwaltung gestellt, in der Regel aber von den Berechtigten selbst besorgt; man kaufte ihn in Tabakläden, und jeder Tabakladen führte ein anderes Modell. Diese Vielfalt ermöglichte einen sehr fantasievollen Umgang mit dem Polizeiapparat und hat wahrscheinlich Tausenden das Leben gerettet, da sie die Kontrolle der Karten ungemein schwierig machte.

Der echte Ausweis wurde nach seiner Ausstellung

durch eine echte Verwaltung amtlich registriert. Wenn nötig, erfolgte die Überprüfung des Dokuments mittels eines Telefonanrufs im Kommissariat oder der Stadtverwaltung, die es ausgestellt hatte. Das Beste für den Träger eines geliehenen Namens war es folglich, einen vorschriftsmäßig eingetragenen Ausweis zu besitzen, einen »echten« falschen Ausweis. Das Allerbeste war aber, das »Double« einer realen Person zu sein, vorzugsweise eines Kriegsgefangenen, dessen Geburtsurkunde man besaß. Das verlieh einem die größtmögliche Sicherheit, sogar im Falle der Überprüfung im Geburtsort selbst.

Einen eingetragenen Ausweis zu ergattern, erschien mir anfänglich ebenso utopisch wie das Paradies von Mohammed. Ich wusste noch nicht einmal, wie ich mir einen »falschen« falschen Ausweis verschaffen sollte. Aber die Nachfrage sorgt letztlich immer auch für ein Angebot. Nun, in diesem Herbst 1942 befanden sich tausende Juden ebenso wie zahlreiche gute Christen in derselben Situation wie ich. Ein erster Tipp ließ nicht lange auf sich warten. »Suchen Sie Monsieur Epstein im öffentlichen Gesundheitsamt des Hilfswerks O.S.E.* auf.«

Mit einem Foto und einer vorschriftsmäßigen Karte eilte ich zur O.S.E. Da war ich nicht der einzige – vor Epsteins Büro standen die Leute Schlange. Ich war ein wenig aufgeregt, als ich an die Reihe kam: doch mit der Gewandtheit eines alten Fachmanns trug Epstein ein, stempelte ab, unterzeichnete, und ich verließ das Büro, in der Tasche einen Ausweis, ausgestellt auf den Namen

* Oeuvre de secours aux enfants. Das jüdische Kinderhilfswerk (1912 in St. Petersburg gegründet) half ab 1940 in der nicht besetzten Südzone Frankreichs jüdischen Kindern aus verfolgten und geflohenen Familien. Siehe: Dictionnaire historique de la Résistance, Paris 2006, S. 199.

Robert Paul, geboren in Lesquin (Nord), wohnhaft im Cours Lafayette 72 in Lyon. Warum Robert Paul?

Weil der Nachname so klingt wie die erste Silbe meines Nachnamens, und weil der Vorname mir gefiel. Ein gewisser Robert Paul war zwischen 1925 und 1926 französischer Meister im Weitsprung gewesen. Den Ort Lesquin hatte Epstein gewählt: Offenbar waren dort im Mai 1940 die Archive der Stadtverwaltung zerstört worden. Und schließlich musste, da der epsteinsche Stempel aus Lyon war, Robert Paul wohl oder übel in Lyon wohnen. Dieses erste Dokument war nicht viel wert. Insbesondere war Epstein der Schnitzer unterlaufen, meinen Wohnsitz im Cours Lafayette einzutragen, der im 7. Verwaltungsbezirk von Lyon liegt, wohingegen sein Stempel aus dem Kommissariat des 5. Verwaltungsbezirkes stammte. Kinderkrankheiten eben.

Ich brauchte trotzdem noch ein weiteres Dokument. Jenes, ein Wehrentlassungspapier, wurde mir in einem Hotelzimmer von dem sympathischen Kleinganoven Monsieur Henri verkauft. Im Preis inbegriffen waren einige gute Ratschläge: vor allem, Robert Paul so bald wie möglich Fleisch auf die Rippen wachsen zu lassen, indem man ihm Einschreiben und Rechnungen zukommen ließ.

André, bei dem ich wohnte, verachtete Dokumente von solch mediokrer Qualität. Er wollte ausschließlich einen eingetragenen Ausweis, und während er darauf wartete, verließ er das Haus so selten es nur ging. Unterdessen setzte er mich von seinen nächsten Plänen in Kenntnis: groß angelegtes Verstecken von Leuten und illegale Publikationen. In Anbetracht seiner extremen Vorsicht muss ich gestehen, dass ich recht skeptisch war.

Von der Vereinigung praktizierender Israeliten ans Fließband

Was sollte ich jetzt tun? Ich ging nicht mehr in das Büro der V.P.I., wo ich ebenfalls gesucht worden war. Überhaupt sagte mir die Luft in Marseille nicht mehr besonders zu, dort kannten mich schon zu viele Polizisten. In solche Gedanken versunken ging ich die Canebière hinunter, als mir jemand auf die Schulter schlug: »Guten Tag, alter Junge!«

Frisch rasiert, eine Blume im Knopfloch, stand Oswaldo Bardone vor mir. Ich hatte von Zeit zu Zeit Nachrichten von ihm erhalten, doch ich hatte überhaupt nicht erwartet, ihn in Marseille zu sehen.

»Was treibst du hier?«

»Marseille sehen und dich sehen. Ich habe gehört, dass du in der Klemme steckst?«

Dann erzählte er mir seine Geschichte. Nach seiner Rückkehr nach Hause hatte er zunächst seine Arbeit in der Fabrik wieder aufgenommen. Doch mit nur 2000 Francs im Monat schaffte er es nicht, seine Familie zu ernähren. Er hatte sich also etwas Geld geliehen und ein Café-Restaurant in La Ricamarie nahe Saint-Etienne eröffnet. Als Gastwirt hat man zumindest immer zu essen!

Ich erzählte ihm wiederum meine Geschichte. Er hörte mir aufmerksam zu. Dann sagte er kurzerhand: »Du kommst mit zu mir. Ich besorge dir eine schöne kleine Stelle in einer Fabrik: Du bist ja Philosoph und wirst dich dort also leicht tun. Du wirst bei mir wohnen, da einigen wir uns mit meiner Frau. Léa wird sich sehr freuen, dich kennenzulernen. An Platz mangelt es uns nicht.«

»Das ist sehr nobel von dir, alter Junge. Lass mich darüber nachdenken.«

Oswaldo wollte am übernächsten Tag nach Saint-Étienne zurückkehren. Es lagen Welten zwischen einem Quasi-Rabbiner und einem Hilfsarbeiter. Doch die Idee hatte mich bald verführt. Von jetzt an würde ich Robert Paul sein, ein durchschnittlicher Franzose. Ich musste mich in meine Figur hineinleben. Wie könnte man das besser angehen als auf die drögeste, die anonymste Weise? War das nicht eine Chance, mit der Masse zu verschmelzen, mit den Papieren auch die Mentalität zu ändern? Gleichzeitig war es auch die Gelegenheit unmittelbar zu erleben, wie der sozial Benachteiligte, der Proletarier lebt, arbeitet und denkt. Die Träume meiner Jugend, die Diskussionen mit meinen kommunistischen Freunden kamen mir wieder in Erinnerung. Eine Gelegenheit wie diese würde sich zweifellos nicht noch einmal ergeben, so sehr wie man im alltäglichen Leben durch die Fesseln der Konvention und der Gewohnheit gebunden ist…

Eine Woche später war meine Entscheidung gefallen. Ich verabschiedete mich von meinem Rabbiner, von André und von Marseille, und machte mich auf zu neuen Ufern. Mir war nicht besonders wohl dabei, den Zug zu nehmen, denn die Züge wurden häufig kontrolliert. Doch mit jeder Radumdrehung fühlte ich mich mehr als Robert Paul. Für einige Tage machte ich in Lyon Halt, wo ich besonders liebe Freunde wiedersah. Von dort brach ich mit zwei kostbaren Erwerbungen wieder auf.

Erstens mit einem vorschriftsmäßig eingetragenen Ausweis. Ich hatte die Idee gehabt, an der Maison du Prisonnier vorbeizugehen: denn war ich nicht ein entflohener Gefangener? Ich machte Andeutungen, und man verstand mich ohne viele Worte und ließ mich wissen, dass ich Hochwürden Michel, den Geistlichen der Maison aufsuchen solle. Der verwies mich an seinen Assistenten Hochwürden Caussade, mit dem ich Klartext sprechen konnte. Am folgenden Tag fertigte der Polizeiinspektor Bourgeois auf der Wache am Bellecour-Platz das Dokument meiner Träume für mich aus.

Zweitens mit einem beinahe astreinen französischen Akzent. Können Sie das R rollen? Das machen die Russen, wodurch man sie am Akzent erkennen kann. Um das R auszusprechen, führen wir die Zunge gegen die oberen Schneidezähne, wohingegen die Franzosen ihr R irgendwo im hinteren Rachen bilden. Das macht einen beträchtlichen Unterschied. Versuchen Sie es selbst!

Das verdanke ich dem geduldigen Ohr von Mady Bonnefoy-Sibour, die einen Nachmittag irgendwo auf dem Hügel von Fourvière dafür aufwandte, mich ein völlig ungebührliches Geknurre ausstoßen zu lassen: doch als die Nacht hereinbrach, begannen meine Rs Gestalt anzunehmen, und zwei Tage später brauchte man schon ein ziemlich geschultes Ohr, um in meiner Sprache eine Spur des fremden Akzents wahrzunehmen.

Mit diesen neuen Trümpfen im Ärmel machte ich mich wieder auf den Weg nach La Ricamarie.

Die proletarische Lage

Bergbaustädte ähneln anderen Städten nicht annähernd. Weil sie so voller Kohlenstaub sind, haben sie eine ganz besondere Atmosphäre von Eintönigkeit und Tristesse. La Ricamarie, der Bergarbeitervorort von Saint-Étienne, vermittelte die vollkommene Trostlosigkeit des »schwarzen Landes«; die Ecke, in der sich Oswaldo niedergelassen hatte, hatte rein gar nichts Erfreuliches an sich.

Er hatte sein Café-Restaurant und den dazugehörigen Laden wieder in Schwung gebracht, sie eigenhändig renoviert und frisch gestrichen. Seine Frau Léa kochte, ein

Mädchen war als Bedienung angestellt und er selbst kümmerte sich um die Heranschaffung von Lebensmitteln. Das war keine leichte Aufgabe. Von Paris bis zum kleinsten Marktflecken gab es im besetzten Frankreich kein einziges Restaurant, das nicht auf den Schwarzmarkt angewiesen war. Oswaldo machte sich deshalb bei den Bauern auf die Suche nach Essbarem: einmal in der Woche ging er mit seinem Tiroler Rucksack auf Beschaffungstour. Das Unterfangen verkomplizierte sich dadurch ziemlich, dass er sich als ehemaliger aktiver Sozialist noch immer an gewisse Prinzipien hielt. Er versagte sich die unverfrorenen Methoden der professionellen Schwarzmarkthändler, die zehn Kilo Butter für 1200 Francs kauften, um sie dann für 500 Francs das Kilo an die Städter weiterzuverkaufen. Sein Vorgehen war raffinierter. Wenn er Puten für Heiligabend brauchte, dann besorgte er sich Packpapier; das tauschte er gegen Nägel ein, die wiederum gegen einige Paar Schuhe, und diese Schuhe schließlich öffneten ihm die Herzen der Bauern und sorgten dafür, dass er mit ein paar Puten heimgehen konnte. Und dann galt es noch, wohlbehalten anzukommen und dabei diversen Kontrollen der Finanzpolizei auszuweichen, die gegen Schwarzmarkthändler vorging.

Anfang November traf ich in der zukünftigen »Musikantenwirtschaft« ein. Meine Freunde nahmen mich ausgesprochen zuvorkommend auf. Wir kamen darin überein, niemandem von meiner Situation zu erzählen: Oswaldo und Léa selbst beschlossen im Nu, meinen richtigen Namen zu vergessen. Ich würde bei ihnen wohnen; an Platz fehlte es wirklich nicht.

Am nächsten Tag stellte mich Oswaldo Monsieur Pasqualini vor, dem Direktor der Papierfabriken von Valfuret. Ich wurde sogleich als Packhilfe eingestellt. Tags darauf im Morgengrauen gab Oswaldo mir letzte Empfehlungen; Léa klemmte mir einen Blaumann unter den einen Arm, die Proviantdose unter den anderen, und so machte ich mich auf, um mich meinem neuen Dasein zu stellen.

Ich muss an dieser Stelle zugeben, dass mir die Situation des Arbeiters, der sein Brot im Schweiße seines Angesichts verdient, keine guten Erinnerungen hinterlassen hat. Die Papierfabriken von Valfuret waren auf die Fertigung von Kartonverpackungen spezialisiert. Meine Tätigkeit bestand darin, die Kartons zu fünfundzwanzig oder fünfzig Stück zu stapeln, einzupacken, zu verschnüren und auf die Lastwagen zu verladen. Es gab Kartons in allen Größen und Formen, sodass meine Arbeit mich immerhin nicht zur mechanischen Wiederholung immer derselben Bewegung zwang. Deshalb war sie allerdings nicht weniger scheußlich und langweilig. Ich versuchte zwar, etwas Abwechslung hineinzubringen, ein sportliches Element, indem ich die Anzahl der Pakete pro Stunde zählte und kleine Rekorde aufstellte – aber letztlich erwartete ich die rettende Sirene, die das Ende der Schicht verkündete, mit einer kaum beschreiblichen Ungeduld.

Wie schwer fiel mir das Aufstehen mitten in der kalten Nacht, der Körper noch schmerzend von der Anstrengung. Ich hatte die Kaserne und den Krieg gekannt, doch dort war es vollkommen anders; ich denke heute daran, als wäre das gar nicht ich gewesen. Als hätte sich alles in einem anderen Universum abgespielt. Ein anderer war es, der Nachtwache an der vordersten Front halten musste, ein anderer war es, der sich in einer Kolonne von Kriegsgefangenen über die Straßen schleppte. Doch es war ich, der im Morgengrauen beim Warten auf die Trambahn nach Saint-Étienne in der Kälte bibberte – puh, ich friere schon, wenn ich nur daran denke. Achtung, Durchsage:

Zur Nachahmung empfohlen all den Intellektuellen, die sich nach Wahrhaftigkeit sehnen – oder nach einem Ideal!

Mein Lohn – fast 1200 Francs im Monat – war verhältnismäßig betrachtet gar nicht schlecht; die Papierfabriken von Valfuret hatten einen guten Ruf, und Monsieur Pasqualini wurde von seinen Arbeitern verehrt. Er tat alles, was er konnte, um ihre Lage zu bessern, er kaufte für sie Gemüse und Kartoffeln und schwatzte seinen Kunden, den Keksproduzenten und Konservenfabrikanten, Keksbruch oder einige Rindswürste ab, um sie an seine Arbeiter zu verteilen. Aber trotzdem, welches Leben war einem mit monatlich 1200 Francs vergönnt?

Ich war ja Gast bei den Bardones; darüber hinaus hatte ich abends, an diese Art von Arbeit nicht gewöhnt und benommen vor Erschöpfung, keinen anderen Gedanken, als in den Schlaf zu sinken. Aber die tatsächlichen Arbeiter, werden Sie sagen, die müssten doch alle Sozialrevolutionäre gewesen sein? Ich selbst war gespannt darauf, zu erfahren, wie meine Kollegen so gewickelt waren. Meine erste Unterhaltung hatte ich mit Loulou Vauron, fünfundzwanzig Jahre alt, Hilfsarbeiter wie ich selbst, einem intelligenten und lebhaften Jungen. »Der Marschall? Ja klar, man redet ziemlich schlecht von ihm. Aber man muss immer daran denken, dass er uns die Revolution erspart hat.« Ich konnte Loulous Einstellung etwas besser verstehen, als ich erfahren habe, dass seine Mutter ein Café besaß und die Patin seiner Frau eine Metzgersgattin war. Ich will durchaus nicht ungebührlich verallgemeinern. Ich habe nur diese eine Fabrik kennengelernt, die sich in der Nähe der fruchtbaren Ebene von Forez befand. Aber Tatsache ist, dass in dieser Fabrik der meines Wissens Einzige, der unmissverständlich Anti-Vichy-Ansichten äußerte, Monsieur Pasqualini war. (Ich habe später gehört, dass seine Résistance-Aktivitäten ihm eine Verhaftung durch die Gestapo einbrachten, er aber glücklicherweise zurückgekehrt ist.)

Die besondere Zusammensetzung der französischen Arbeiterschaft, ihre zahlreichen Verbindungen zu den Bauern einerseits und dem Einzelhandel andererseits, erklärt vieles – dass der Mann Arbeiter ist, seine Frau Lebensmittel- oder Kurzwarenhändlerin, ist in der Provinz üblich. Das macht es begreiflich, wie die Arbeiter mit ihren Hungerlöhnen zurechtkamen, und erleichtert es, ihr relatives Wohlwollen gegenüber dem etablierten Regime nachzuvollziehen. Diejenigen, die keinen Bauern als Cousin und keine Patentante mit Geschäft hatten, behalfen sich mit allen möglichen Formen von »Gewieftheit«, wovon Diebstahl nicht die seltenste war. Blieb noch eine Minderheit von ganz mittellosen Außenseitern: die verhungerten still und leise an der offiziellen Ration von neunhundert Kalorien am Tag.

Ich kann wohl sagen, dass im Verlauf des Winters 1942-43 direkt vor meinen Augen eine spürbare Verhärtung und Angleichung der generellen Meinung unter den Arbeitern vonstatten ging. Da war das Epos von Stalingrad, das die Menschen zutiefst beeindruckte und Phantasien entfachte. Man bewunderte die Russen und begann sich zu fragen, ob man es ihnen nicht eigentlich gleichtun könnte. Und da war insbesondere die Mobilisierung für die Arbeit in Deutschland, der S.T.O. beziehungsweise die »Ablösung«, psychologisch gesehen ein gigantischer Fehlgriff: Sie ließ die Menschen verzweifeln und trieb sie damit ungewollt dem Maquis zu – dem Untergrund.

Dazu eine typische Reaktion von Loulou Vauron: »Wenn die kommen und mich mit der Ablösung nerven, na, dann gehe ich eben in den Maquis.« Der Maquis ist aus der »Ablösung« entstanden, und wenn wir vor allem ihm unsere schnelle Befreiung verdanken, dann haben die Deutschen das letztlich sich selbst zuzuschreiben.

Es versteht sich von selbst, dass man dem S.T.O. zuerst mithilfe aller möglichen Finten zu entgehen versuchte, etwa indem man sich in eine kriegswichtige Fabrik versetzen oder für untauglich erklären ließ. Als Oswaldo einberufen wurde, zog er sich elegant aus der Affäre, indem er einen tuberkulosekranken Freund an seiner Statt zur medizinischen Begutachtung schickte.

Ich habe zwar nur eine Fabrik kennengelernt, und die Vertrautheit mit meinen Arbeitskollegen war nicht sehr groß. Sicherlich waren unter ihnen Kommunisten, die schlicht nicht den geringsten Grund hatten, sich mir anzuvertrauen. Später habe ich einen von ihnen kennengelernt, Gilbert, den Léa mir vorstellte. Ich war verblüfft, mit welchem Argument er mich einmal zu rekrutieren versuchte: »Bei uns kann ein Intellektueller wie du schnell Karriere machen.«

Zweiter Auftritt des Monsieur André

Der Winter 1942-1943 neigte sich dem Ende zu. In gewissem Sinne war mein Versuch gut gelungen. Ich hatte mich in meine neue Identität eingelebt. Niemand, so schien mir, hatte jemals den geringsten Zweifel an Robert Paul, was ebendessen Selbstbewusstsein verzehnfachte.

Im Übrigen besaß er inzwischen eine ganze Brieftasche mit Dokumenten: einen eingetragenen Ausweis, Lebensmittelmarken, Tabakmarken, Sozialversicherungsschein, Geburtsurkunde und so weiter – genug, um selbst den anspruchsvollsten Polizeikommissar zufrieden zu stellen.

Nach vier Monaten beflissener und ordentlicher Arbeit hatte ich große Lust, etwas anderes zu tun. Die ersten

Tage des erwachenden Frühlings befeuerten meine Ausbruchsgedanken weiter....

Doch ich musste nicht allzu weit gehen, um das Abenteuer zu finden. Es kam zu mir, wenn auch nicht in Gestalt einer geflügelten Fee, sondern in Form des beleibten sowjetischen Staatsbürgers Joseph Bass, genannt André. Ich begegnete ihm an einem Sonntag im April auf dem großen Platz von La Ricamarie: Er suchte gerade nach der Straße, in der ich wohnte. Wir ließen uns im erstbesten Café nieder, und er erzählte mir lauter wunderbare Dinge.

Ein paar Wochen nach meinem Weggang hatte auch er es geschafft, sich den legendären Talisman, einen eingetragenen Ausweis, zuzulegen; und genau wie er es sich geschworen hatte, hatte er gleich losgelegt. Mit ein paar wenigen besonders geschickten Kundschaftern – Théo Klein, Benveniste – organisierte er eine Unternehmung zum Schutz verfolgter Juden. Die Gruppe stellte falsche Papiere her, sie versteckte Kinder in Klöstern oder bei Privatpersonen und schickte die Erwachsenen weit weg von Marseille in als sicher geltende Gebiete. Ihr Chef war Brener, genau der »Zazou« Brener, der als erster die Idee gehabt hatte, eine Schwarzgeldkasse für Aktionen dieser Art anzulegen, während er weiterhin seine offiziellen Tätigkeiten für die U.G.I.F. ausübte.

André holte einen glatten, glänzenden Stempel aus seiner Tasche und ließ ihn zwischen seinen Fingern tanzen: »Kommissariat der Polizei von Marseille, siebzehntes Arrondissement.« Ich bewunderte und beneidete ihn. Wie öde war doch meine pseudo-soziologische Erfahrung angesichts seiner glorreichen Taten!

Er setzte seine Erzählung fort. In La Ricamarie hatte er Halt gemacht, um mir kurz die Hand zu schütteln; er war auf dem Weg in die Haute-Loire, genauer in die Gegend von Le Chambon-sur-Lignon, eine kleine protestantische Enklave im Herzen Frankreichs, wo die Geächteten bei den dortigen Bauern eine absolut sichere Zufluchtsstätte fanden. Er wollte dort seine zahlreichen »Kunden« besuchen und erzählte mir begeistert, wie selbstlos die Hugenotten von Le Chambon den Juden Hilfe und Beistand leisteten. Nach zwei Stunden intensiver Unterhaltung nahm ich ihn mit zu den Bardones.

Oswaldo war am Tag zuvor von einem seiner Beschaffungsmärsche zurückgekommen und wir vertilgten ein Mittagessen wie vor dem Krieg: Rillettes und Haxe, alles gebührend mit Wein begossen. Abends lud uns André in das beste Restaurant von Saint-Étienne ein. Es war ein Tag großer Festlichkeiten. Am nächsten Morgen ließ ich die Fabrik links liegen und machte mich mit André auf nach Le Chambon-sur-Lignon.

Das protestantische Hochplateau*

Im Morgengrauen nahmen wir den ersten Zug und stiegen dann in Montfaucon um. Zwei Kühe zogen eine Reihe winziger Waggons: So wurde auf der Strecke nach Le Cheylard, die wir fahren mussten, Kohle gespart. Wir waren in der Haute-Loire angelangt, einer der ärmsten und unberührtesten Regionen der Cevennen. Die Lokomotive hatte etwas von einem Kinderspielzeug: schnaufend, quietschend und alle zehn Minuten anhaltend, als

* Auf dem abgeschiedenen Hochplateau von Le Chambon-sur-Lignon überlebten zwischen 3000 und 5000 Juden durch die aktive Hilfe verschiedener protestantischer Organisationen. Die ganze Region wurde als »Gerechter unter den Völkern« geehrt. Vgl. Roger Debieve: Mémoires Meurtries–Mémoire Trahie. Le Chambon-sur-Lignon. Paris 1995.

müsse sie Atem holen, brachte sie uns durch verschneite Wiesen und Tannenwälder nach Le Chambon-sur-Lignon.

Der Ort, ein malerischer Marktflecken von zweitausend Seelen, liegt am Fuße des Mont Lisieux in der Mitte einer kleinen Hochebene, auf der fast ausschließlich Protestanten wohnen; sie sind die Nachfahren jener unbeugsamen Gläubigen, die allen Verfolgungen Ludwigs XIV. und seiner Dragoner widerstehen konnten. Erst ab dem Ende des 18. Jahrhunderts durften sie ihre Religion frei ausüben. Hundert Jahre Verfolgung haben tiefe Spuren bei ihnen hinterlassen: sie sind fromm, schwermütig und asketisch, misstrauisch gegen jede Autorität, und sie gehorchen ausschließlich ihrem Gewissen – und ihren Pastoren. Auf diese Art und Weise haben sie sich fast unverändert die einfachen Sitten und Tugenden vergangener Jahrhunderte bewahrt.

Gleich nach den unmenschlichen Massenverhaftungen im Juli 1942 hatte Pastor Boegner, Präsident der Union Reformierter Kirchen, in einem Aufruf seine Glaubensbrüder gebeten, den Juden zu Hilfe zu kommen. Er fand besonders in den abgeschiedenen ländlichen Gegenden Gehör. Fast jeden Sonntag ermahnten die Pfarrer von Le Chambon, Le Mazet und Fay-le-Froid ihre Gläubigen zu erneuten Anstrengungen. Die Bauern verschlossen sich nicht. Die Erinnerung an die Verfolgungen war noch lebendig, denen ihre Vorfahren einst ausgesetzt waren. Sie versorgten die Geächteten großzügig und nahmen sie bei sich auf: In bestimmten Weilern gab es keinen Bauernhof, der nicht eine jüdische Familie beherbergte. Von solch einem ergreifenden Anachronismus also war das »protestantische Hochplateau«, wohin André mich gebracht hatte.

Vom Bahnhof gingen wir als erstes ins Hotel May, das

Hauptquartier sämtlicher illegaler Aktivitäten in der Region. Wenn eine Kolonne der Deutschen oder der Miliz sich auf das Hochplateau zubewegte, dann warnte ein Telefonanruf »von unten« das Hotel, und die Mitglieder der Familie May liefen los und alarmierten all jene, die etwas zu befürchten hatten. Wenn die örtlichen Polizisten den Befehl erhalten hatten, jemanden zu verhaften, dann kamen sie ins May und bestellten ein Glas Wein; gemütlich bei Tisch sitzend zogen sie anschließend Papiere aus ihren Umhängetaschen und buchstabierten: »Goldberg… es geht um einen gewissen Jacques Goldberg…«. Man muss wohl kaum dazusagen, dass wenn sie eine halbe Stunde später vor der Unterkunft von Goldberg eintrafen, sich der schon längst aus dem Staub gemacht hatte.

Anschließend machten wir einen Besuch bei Pastor Trocmé, dem Dekan der Pfarrer in der Region. Er war gerade aus dem Lager von Saint-Sulpice freigelassen worden, wo er wegen seiner Proteste gegen die Auslieferung der Juden interniert gewesen war. Zurück in Le Chambon hatte er seine erste sonntägliche Predigt der Beschreibung seiner Zeit im Lager gewidmet. Er sprach von der dort herrschenden Solidarität und tat ungeniert kund, welch hohe Meinung er von seinen kommunistischen Mitgefangenen hatte.

André überreichte ihm einige Tausend Francs, die er nach eigenem Ermessen an die bedürftigen Juden verteilen sollte: So übernahm der kommunistenfreundliche Pfarrer nun auch die Funktionen eines Rabbiners.

Am nächsten Tag stapften wir auf kaum erkennbaren Pfaden durch schmelzenden Schnee, um Hausbesuche bei abgelegenen Höfen zu machen. Wir holten einige Fotos ab, die zur Anfertigung falscher Dokumente gebraucht wurden. Abends erlebte ich im Hotel May eine für Le Chambon typische Szene: Eine Sozialarbeiterin hatte gerade eine kleine Gruppe von Kindern hereingebracht, deren Eltern deportiert worden waren oder sich in Marseille und Lyon versteckt hielten. Ängstlich drängten sie sich in einer Ecke der Wirtsstube zusammen. Auftritt eines ersten Bauernpaares:

»Wir würden ein kleines Mädchen von acht bis zwölf Jahren aufnehmen«, erklärte die Frau. Die kleine Myriam wurde gerufen: »Willst du mit dem Onkel und der Tante mitgehen?« Myriam war ganz verschüchtert und antwortete nicht. Man hüllte sie in Decken ein und trug sie zum Schlitten; schon war sie unterwegs zu dem Bauernhof, auf dem sie das einfache und gesunde Leben ihrer einstweiligen Eltern leben würde, bis der Krieg zu Ende wäre. Auf diese Weise wurden unter dem wohlwollenden Blick des Pastors Trocmé im Handumdrehen alle Kinder untergebracht.

Aber schon war es Zeit, Le Chambon au revoir zu sagen. Am folgenden Morgen würden wir sehr zu unserem Bedauern den Rückweg antreten.

Lehrzeit

Nachdem er die Herzen der Familie Bardone endgültig erobert hatte, fuhr André am nächsten Tag nach Marseille zurück. Er ließ mir ein in meinen Augen unschätzbares Geschenk da: den Stempel des 17. Arrondissements – mit der Empfehlung, ihn gut zu nutzen. Wir verabredeten uns für den kommenden Monat in Grenoble.

Noch vor wenigen Monaten hatte ich verzweifelt versucht, mir einen gefälschten Ausweis zu besorgen. Nun hatte ich alles Nötige, um selbst welche anzufertigen: Doch wo waren die Kunden? Ich kannte in der Gegend keinen einzigen Juden. Also ging ich zunächst in die

Synagoge von Saint-Étienne und ließ mir die Adresse des Rabbiners geben. Wie die Mehrheit der französischen Juden lebte er noch, ohne sich verstecken zu müssen. Monsieur Champagne, ein ehrwürdiger Alter mit weißem Bart, empfing mich ausgesprochen freundlich. Er konnte jedoch nichts für mich tun.

Es wäre für einen Geistlichen schließlich äußerst heikel gewesen, vom Pult herab zu verkünden: »Juden! Wer von euch falsche Papiere möchte, braucht sich nur an mich zu wenden…« Ich musste Rabbi Champagne recht geben; wir waren nicht in Le Chambon.

Trotzdem fand ich bald Klienten. Wieder einmal spielte der Zufall eine Rolle. Das Schicksal führte mich zu Rosette Lazare, einer Sozialarbeiterin, die ich aus Marseille kannte. Rosette war schüchtern, von unschuldigem Aussehen und deshalb ganz hervorragend geeignet, Kinder zu begleiten, die kein Französisch sprachen, oder einen Stapel Lebensmittelmarken, die auf verräterische Namen ausgestellt waren, umzutauschen. Sie pendelte gerade zwischen Périgueux und Lyon für das O.S.E., das auf die Rettung von Kindern spezialisiert war. In Périgueux gab es einen dringenden Bedarf an falschen Ausweisen. Sie hatte einige der dafür benötigten Fotos in der Tasche.

Darin bestand also meine erste Arbeit als Fälscher. Ich verbrachte den Nachtmittag damit, in meinem Zimmer eingeschlossen verschiedene Arten von Tinte auszuprobieren und Unterschriften nachzumachen. Schließlich füllte ich die Felder aus, stempelte und unterschrieb – alles wie unlängst Epstein beim O.S.E. Ich empfand eine wahrhafte Wonne beim Aufdrücken des sorgfältig – nicht zu nass, nicht zu trocken – getuschten Stempels auf die Fotos meiner Brüder und Schwestern in Not: Ein zweites Abstempeln, eine Unterschrift, und fertig waren die »Hergestellten«, wie sie genannt wurden.

Wir kamen mit Rosette überein, dass sie bei jeder Tour ein kleines Lebensmittelpäckchen mitbringen sollte, etwa Butter oder Speck, worin sie die Fotos versteckte. Meine Meisterwerke warteten in Packpapier eingewickelt in einer Schublade auf sie. Es versteht sich von selbst, dass ich Oswaldo über meine Arbeit auf dem Laufenden hielt. Seine Schmugglerseele fand daran außerordentlichen Gefallen. Er brachte mir andere Klienten mit, Freunde von ihm, die sich dem S.T.O. zu entziehen versuchten. Der Stempel ermöglichte es, ärztliche Bescheinigungen auszustellen; es genügte nämlich, irgendeinen Text zu tippen, das Stempelsiegel aufzudrücken und hinzuzufügen »für gleichlautende Abschrift«. Auf diese Art gelang es uns sogar einmal, einen Gefangenen freizubekommen. Mit dem Stempel eines Polizeikommissariats kann man eine Menge Dinge machen. Bald fuhr ich auch nach Lyon, wo meine Freunde mir einige Kunden vorstellten, die einen »Hersteller« benötigten. Damit ich meinen Stempel in aller Ruhe transportieren konnte, brachte Oswaldo, dieses erfinderische Genie, ein kleines Wunder zustande: Schuhe mit ausgehöhlten Absätzen.

Jetzt war also auch ich dabei, loszulegen. Leichten Herzens verließ ich endgültig das Fließband der Fabrik. Aber ich brauchte natürlich weiterhin eine soziale Tarnung, umso mehr als gerade ein neues Dokument erfunden worden war, die Arbeitsbescheinigung. Doch die Lösung war schon vorgezeichnet, denn die kleine Kellnerin der Musikantenwirtschaft war eben zu ihrer Familie zurückgerufen worden. Ich ersetzte sie also, wobei ich mir ein Beispiel an den amerikanischen Studenten nahm, die angeblich auf diese Weise Broterwerb und Studium kombinierten.

Ich muss betonen, dass diese Studenten nicht den geringsten Grund haben, sich zu beklagen. Der Beruf ist gar nicht unangenehm. Er verlangt ein gutes Gedächtnis und psychologisches Verständnis. Außerdem Geduld, sagte man mir; diesen Punkt konnte ich allerdings nie überprüfen, da wir ja in Zeiten der Rationierung lebten, als der Gastwirt ein hoher Herr war und der Gast ein ehrfürchtiger Tölpel. Mit dem Blick geschlagener Hunde fragten mich die Gäste, ob sie etwas Nachschlag haben könnten, und wenn mir ein Gesicht nicht gefiel, schickte ich sie auf die Weide. Ihr Gesicht wurde immer länger, bis man schließlich den Blick erlöschen sehen konnte.

Mein neuer Beruf brachte mich mit vielen Leuten in Kontakt und ließ mir andererseits die notwendige Zeit für meine »Herstellungen«. Bei einer Gelegenheit freundete ich mich mit einem jungen Mann aus Grenoble an, Jean Escoffier, dessen Verschwiegenheit Leá mir garantiert hatte. Ein Geheimnis, ein Geständnis nach dem anderen vertrauten wir einander alles an. Escoffier arbeitete in Grenoble für die Résistance. Seine Tätigkeiten waren vielfältig, sie reichten von der Verteilung von Flugblättern bis hin zur Sabotage von Zügen. Er kümmerte sich auch um Waffen und kaufte sie von italienischen Soldaten. Die Söhne der römischen Wölfin trennten sich so bereitwillig von ihren Waffen, dass feste Preise entstanden waren: zehn Francs für eine Granate, 400 für einen Revolver, 3000 Francs für ein Schnellfeuergewehr. Auch ich erzählte ihm, wer ich war und was ich machte. Wir vereinbarten, uns in Grenoble wiederzusehen.

Die Abenteuer eines Juden, der Juden versteckt

Grenoble

Damals hatte jede große französische Stadt ihre charakteristische Physiognomie. Saint-Étienne gehörte zu den Städten, die den Besatzern am wenigsten Probleme bereiteten. Die mit den täglichen Sorgen und den Problemen der Nahrungsversorgung beschäftigten Bewohner von Saint-Étienne schienen die Besatzung wie eine Naturkatastrophe hinzunehmen. Das sechzig Kilometer von dort entfernte Lyon trug hingegen stolz den Titel »Hauptstadt der Résistance«. Dort sorgten Sabotage, Attentate und nächtliches Maschinengewehrfeuer, Sperrstunden und die Erschießung von Geiseln für einen Zustand permanenter Spannung. Im Südosten Frankreichs allerdings ging die Ehre dieses Titels an Grenoble. Lag es am es Charakter der Bergbewohner oder an der großen Zahl von Akademikern und besonders Studenten? Jede Nacht ließen Explosionen die Fensterscheiben erzittern und Schüsse krachten. Sie wurden gar nicht mehr beachtet; Einzelaktionen kamen kaum mehr vor, in Massen demonstrierte die Bevölkerung am 1. Mai, dem 14. Juli oder dem 11. November auf den Straßen. Grenoble wurde zu Recht der Orden der Befreiung verliehen.

In diesem Umfeld konnten die Opfer der Judenverfolgung leichter atmen als anderswo. Im übrigen hatte sie die italienische Armee, die im November 1942 die Alpenregion und die Côte d'Azur besetzt hatte, unter ihren Schutz genommen, ohne Mussolini nach seiner Meinung zu fragen.*

Im Zug nach Grenoble ließ ich die Tage Revue passieren, die ich früher dort verbracht hatte; die altehrwürdige Bibliothek, die Skikurse, das Baden im Fluss Drac. Warum sollte ich mich eigentlich nicht eine Weile dort niederlassen?

Ich kam an einem strahlenden Maitag an und fand ein Zimmer im Hotel Beaurivage, einem Ausflugslokal am Ufer der Isère. Nachdem ich das polizeiliche Anmeldeformular ausgefüllt hatte – wie schwierig mir das vor kurzem noch vorkam, und wie einfach es jetzt war! –, machte ich einen Spaziergang in die Stadt und traf ein paar Freunde. Ich konnte mich schnell davon überzeugen, dass es an »Kundschaft« nicht mangelte. Obwohl sie sich sicher fühlten, dachten die Juden an die Zukunft. Sie befürchteten, die Italiener könnten abziehen und die Situation sich ins Gegenteil verkehren. Insofern gab es durchaus Nachfrage an falschen Papieren.

André kam am übernächsten Tag an. Nicht ohne Stolz konnte ich ihm sagen, dass sein Stempel nicht ungenutzt geblieben war. Er schäumte über vor ehrgeizigen Vorhaben. Unter anderem wollte er Waffen besorgen. Ich erzählte ihm von Escoffier, den wir besuchen würden.

* Als im November 1942 die Alliierten in Marokko und Algerien landeten, besetzten deutsche Truppen große Teile der »freien Zone«, während Italien seinen Einflussbereich deutlich ausweitete und die gesamte Cote d'Azur, Savoyen und Korsika besetzte. Die italienische Armee schützte auf ihrem Gebiet die Juden, auch vor den französischen Kollaborateuren und faschistischen Milizen. Poliakov beschrieb dies in seinem nicht ins Deutsche übersetzten Frühwerk »La condition des juifs en France sous l'occupation italienne« von 1946. Siehe auch: Serge Klarsfeld: Vichy-Auschwitz. Die Endlösung der Judenfrage in Frankreich. Darmstadt 2007, S. 223-270.

Was für eine Enttäuschung: Gerade eben war das in Grenoble stationierte Regiment abgezogen worden. Die neue Truppe, die zur Eliteeinheit Bersaglieri gehörte, hatte über das Leben im Allgemeinen und besonders über die militärische Dienstbarkeit weniger unkonventionelle Ansichten. Keine Granaten mehr für zehn Francs! Wir kamen zu spät. Mit meiner Entscheidung, vorerst in Grenoble zu bleiben, war auch André einverstanden und er meinte, dass man angesichts der ansonsten unveränderten Umstände die Vorteile des italienischen Schutzes nicht verschmähen dürfe.

Ich weiß nicht mehr, wie ich meinen bescheidenen Broterwerb gefunden habe, der mir ebenso ehrenwert wie eine gute soziale Tarnung schien. Ich wurde von der Schrebergartenvereinigung als Sekretär eingestellt und war zuständig für die Verteilung von Radieschensamen, Saatkartoffeln, Hacken und Rechen an die Gartenbesitzer. Ich musste meinen Verein sogar bei den Feiern zum Muttertag repräsentieren und hatte die Ehre, die Hand des Präfekten zu schütteln. Von ganz unten kommend hatte »Robert Paul« nun also seinen Platz in der Gesellschaft gefunden!

Immer noch die Judenfrage

Bald traf ich wieder auf Rabbi Schneerson. Er hatte es geschafft, seine ganze Gemeinde aus Marseille zu evakuieren. Dieser Tausendsassa war mit seiner Gruppe in zwei Spezialwaggons angekommen. Der verlorene Stamm aus Seminaristen, Frauen und Kindern wurde bald im Erbschloss der Familie Manoir einquartiert, etwa dreißig Kilometer von Grenoble entfernt. Doch die Ruhe des Landlebens passte nicht zum hitzigen Temperament des Großrabbiners. Vorbei war es mit der täglichen Prozession von Menschen, die er empfangen, denen er helfen und die er unterbringen musste; vorbei war es auch mit der rabbinischen Rechtsprechung, vorbei waren die Kämpfe mit der Bürokratie. Salman Schneerson langweilte sich.

Hatten die Langeweile, die Sehnsucht nach dem Arbeitsleben ihm das Vorhaben eingegeben, das wir an diesem Nachmittag diskutierten? Es handelte sich um die erstaunlichste und ausgefallenste Konstruktion, die jemals erdacht worden war, »um die Judenfrage zu lösen« – und weiß Gott hat es an solchen Vorschlägen nie gemangelt!

Der Plan des Rabbiners zielte auf nichts Geringeres ab als die Erschaffung eines religiösen und supranationalen jüdischen Staates. Bezüglich eines Territoriums für seinen Staat war er den Ungläubigen gegenüber zu größten Zugeständnissen bereit; er würde, wenn es unbedingt sein müsste, auch einer Fläche von ein paar Quadratmetern zustimmen, einer Art jüdischem Vatikan. Alle Juden Europas aber seien aufgerufen, dessen Untertanen zu werden, seiner Gerichtsbarkeit zu unterstehen und seinem Fiskus steuerpflichtig zu sein. Der Bürgerrechte ihrer Heimatländer verlustig gegangen, würden sie von militärischen Pflichten entbunden, um sich »dem Handel, der Industrie und dem Handwerk« zu widmen.

Dieser fünfzig Schreibmaschinenseiten lange Plan hatte nebenbei durchaus literarischen Wert. Eine prophetische Flamme zieht sich durch bestimmte Passagen, die von der grenzenlosen Liebe zum Volk Gottes inspiriert sind. Wir spazierten auf der Buchenallee entlang, die zum Schloss von Manoir führt.

»An wen werden Sie sich eigentlich mit Ihrem Projekt wenden? An London oder an Berlin?«, wollte ich wissen.

Er antwortete: »Das ist mir gleich. An Berlin, wenn Sie wollen. Denken Sie an die Millionen unserer Brüder in Polen, die ein grauenhaftes Schicksal erwartet. Wir hier im schönen Frankreich können leicht große Pläne machen: Wir werden hier immer die Möglichkeit haben zu entkommen. Doch für die Leute dort ist mein Vorhaben die einzige Möglichkeit der Rettung.«

»Solange der Krieg dauert, wird Berlin eine solche Lösung niemals akzeptieren.«

»Wenn er erst einmal vorbei ist, werde ich es London vorschlagen. Es werden sich immer genügend religiöse Menschen finden, um mir zu folgen. Nicht alle Juden sind Krämer.«

»Vielleicht hat ihr Plan eine Chance, Menschenleben zu retten – eine Chance unter tausenden –, falls Deutschland den Krieg gewinnt. Im Falle eines alliierten Sieges hat er überhaupt keine. Ist Ihnen bewusst, dass Sie letztlich auf die Deutschen setzen?«

»Auf die Deutschen setzen, auf die Engländer setzen… Was sind das für Milchmädchenrechnungen, was ist das für eine Friseursargumentation? Ich kenne jetzt meinen Weg. Glauben Sie, dass Sie mit ihren falschen Papieren unser Volk retten werden?«

Einige Tage zuvor war ein Interview ausgestrahlt worden, das Goebbels ausländischen Journalisten gegeben hatte. Unter anderem hatte er behauptet, Deutschland trachte nicht danach, die Juden zu vernichten – es wolle sie lediglich daran hindern, sich in das Leben der Arier einzumischen.

Dieses Interview hatte den Rabbi gebannt. Sämtliche Argumente prallten an ihm ab. Er ließ seinen Plan ins Deutsche, ins Englische und ins Italienische übersetzen. Er sandte ihn an den Präfekten von Isère, an den Präsidenten des Berufungsgerichts, an die italienische Waffenstillstandskommission und an den Erzbischof von Lyon, und er schickte einen Boten nach Vichy, um den Vorschlag dem Kabinett des Ministerpräsidenten Pierre Laval* vorzulegen. Allerdings zögerte er noch, ihn direkt an die Herren des Dritten Reiches zu senden.

Eine Pechsträhne

Ich kam gerade aus La Ricamarie zurück, wo ich einen Besuch gemacht hatte. An diesem strahlenden Junimorgen war ich sehr früh aufgestanden und ging ins Frühstückszimmer hinunter. Am Fuß der Treppe angekommen, bemerkte ich zwei junge Burschen, die mit Fahrrädern gekommen waren und offensichtlich jemanden suchten. Ich weiß nicht mehr weshalb, aber sie missfielen mir. Ich ging zurück in mein Zimmer und begann mich zu rasieren, als es an der Tür klopfte. »Polizei! Machen Sie auf!« Ich wischte mir das Gesicht ab und gehorchte. »Ihre Papiere!« Ich zeigte meinen Ausweis vor. »Er ist gefälscht!«, sagte der eine. »Und überhaupt, es zittern einem nicht die Hände, wenn man nichts zu befürchten hat!«, sagte der andere.

Meine Hände zitterten nicht. Ganz offensichtlich versuchten sie, mich zu verunsichern. War ich verraten worden? Im Übrigen war mein Ausweis nicht gefälscht, er

* Ausgerechnet Ministerpräsident Pierre Laval (1883-1945) gehörte innerhalb des Vichy-Regimes zu den stärksten Kollaborateuren mit dem Deutschen Reich, gerade hinsichtlich der »Lösung der Judenfrage«. Er war persönlich verantwortlich für zahlreiche Deportationen von Juden, insbesondere elternloser Kinder nichtfranzösischer Juden. Laval wurde nach der Befreiung als Verräter hingerichtet. Vgl. François Broche Dictionnaire de la Collaboration. Paris 2014, S. 555-558.

war vorschriftsmäßig registriert und ausgestellt worden. Ich erklärte ihnen also, dass ich Robert Paul sei, Verwaltungsangestellter, früherer Kriegsgefangener, und dass sie in meiner Brieftasche alle entsprechenden Dokumente finden könnten. Ich sei auch bereit, nötigenfalls mit auf die Wache zu kommen und den Zuständigen Rede und Antwort zu stehen.

Ich rasierte mich zu Ende. Die Polizisten beschäftigten sich mit meiner Brieftasche und durchwühlten meine Sachen – glücklicherweise ohne den Stempel im Absatz des einen Schuhs zu finden. »Wir kommen später wieder und suchen weiter«, sagte der eine. Vorschriftsmäßig zwischen den beiden eingeklemmt, machte ich mich auf den Weg zur Wache am anderen Isère-Ufer.

Unterwegs gaben sie Schätze ihrer jugendlichen Bildung zum Besten. »Sie sprechen ausgesprochen gut französisch. Aber Sie haben nicht den Akzent der Nordfranzosen.« »Jetzt gib schon zu, wer du bist und was du machst. Das erspart dir Prügel! Heißt du Bronstein? Heißt du Apfelbaum?«

»Ihr habt wohl studiert, Jungs!«, dachte ich.

»Er will nicht reden? Wir übergeben ihn Kommissar Hilke. Die Gestapo wird ihm schon die Zunge lösen!«

Auf der Wache wurde ich in einen großen Saal geführt. Die Polizisten liefen geschäftig hin und her, kamen und gingen dann wieder; es war die Zeit der morgendlichen Berichte. Ihr geringes Alter bestürzte mich; man hatte wohl die Unzuverlässigen entlassen und ihre Posten neu besetzt. Ich begann eine Zeitung zu lesen, die auf dem Tisch lag. Ein hereinkommender Inspektor grüßte mich mit einem Kopfnicken: Hielt er mich für einen der ihren?

Mein Ausweis war in Ordnung, bombensicher in Ordnung! Aber »wenn sie mich beschuldigten, die Türme von Notre-Dame gestohlen zu haben, würde ich erst einmal fliehen«, wie der Volksmund sagt. Ich hatte die Türme von Notre-Dame nicht gestohlen. Trotzdem... Meine beiden Aufseher hatten sich in Luft aufgelöst. Ich stand auf und fragte einen Inspektor neben mir nach der Uhrzeit. »Zehn Minuten vor acht.« Ich nahm meinen Mut zusammen und sagte: »Na dann, es wird Zeit. Auf Wiedersehen, Herrschaften!« Keine Reaktion. Ruhigen Schrittes erreichte ich die Tür, ging die Treppe hinunter. Immer noch keine Reaktion. Erst auf der Straße nahm ich die Beine in die Hand!

Ein gutes Stück von der Wache entfernt verlangsamte ich meine Schritte und zog rasch Bilanz. Ich war in Freiheit und hatte vermieden, die Bekanntschaft von Kommissar Hilke zu machen. Aber ich war wahrscheinlich verraten worden; es würde schwierig werden, als Robert Paul weiter zu leben, und außerdem riskierte ich bei einer gründlicheren Durchsuchung die Entdeckung kompromittierender Papiere, von dem Stempel ganz zu schweigen. Zudem hatte ich mein spärliches Gepäck und meine Brieftasche nicht mehr. Die Polizei kannte meine Personenbeschreibung, und das Duo das mich abgeholt hatte, würde alles daran setzen, mich wiederzufinden. Ich beschloss also, mich eine Weile von Grenoble fernzuhalten und André ein SOS zu schicken mit der Bitte um eine neue Identität.

Während ich darauf wartete, ließ sich meine Zeit kaum besser vertreiben als beim Zelten im Gebirge. Ich verbrachte den Rest des Tages bei Freunden und am nächsten Morgen stiegen ich und einige andere mit Rucksäcken bepackt in Richtung des Klosters Grande-Chartreuse hinauf. Rosette Lazare, zufällig in Grenoble auf der Durchreise, war mit von der Partie.

Ich fühlte mich nicht besonders gut. War es der Schock vom Vortag, der mir die Beine lähmte? Mittags war ich am Ende meiner Kräfte. Ich legte mich auf die Wiese nieder und schlief sofort ein. Ich erinnere mich gar nicht mehr, was danach geschah. Ich hatte wohl sehr starkes Fieber und delirierte. Irgendjemand rief in Grenoble an und ließ einen Krankenwagen kommen, der mich nachts in die Wohnung zurückbrachte, von der ich aufgebrochen war. Am nächsten Morgen diagnostizierte ein Arzt Typhus und empfahl, mich in ein Krankenhaus zu bringen. Meinen Freunden, den Mietern der Wohnung, passte diese Geschichte gar nicht in den Kram und sie insistierten darauf, dass ich sofort ginge.

Die Sache wurde heikel. Ganz ohne Identitätsnachweis ins Krankenhaus zu gehen hätte bedeutet, sich geradewegs den Wölfen zum Fraß vorzuwerfen. Nun hieß es die typische Prüfung dieser Zeit bestehen und ein nicht registriertes Zimmer finden, wo es weder Polizeiformular noch Vermieterbuch gab und wo ich meine Krankheit in Ruhe ausschwitzen konnte. Das hört sich nicht schwer an, doch dieses Problem erwies sich zuweilen selbst für gesunde Menschen als unlösbar.

Glücklicherweise war Rosette Lazare eine exzellente Problemlöserin. In der Abenddämmerung brachte mich ein Taxi in eine Plansiedlung im Vorort zu hilfsbereiten Arbeitern, die keinerlei Fragen stellten. Tags darauf stellte der Arzt fest, dass er sich geirrt hatte. Es handelte sich um einen Ikterus, bekannt als Gelbsucht. Ich war fast beleidigt. Die Gelbsucht gehörte zu der Sorte Krankheiten, die komisch, dafür aber nicht weniger unangenehm sind. Zehn Tage später konnte ich schon wieder aufstehen. Zwischenzeitlich hatte ich eine kleine Ermittlung anstellen können und erfahren, das »Kommissar« Hilke – in Wirklichkeit der Chefinspekteur Hilke –, ein absolut empfehlenswerter Elsässer und im Milieu der Résistance wohlbekannt war.

»Gehen Sie ruhig hin und sprechen Sie mit ihm«, riet mir mein Informant. Das tat ich auch, sobald ich laufen konnte. Natürlich habe ich nichts von dem Stempel erzählt. Ich sagte ihm, dass ich Jude und geflohener Kriegsgefangener war; da seine Untergebenen mir mit der Gestapo gedroht hatten, hatte ich lieber das Weite gesucht. Hilke nahm die Angelegenheit sehr gut auf. Indessen, er konnte nichts gegen meine jungen Häscher unternehmen, denn die waren bereits unter dem Vorwurf der Erpressung und des Machtmissbrauches inhaftiert worden.

Da meine Brieftasche verschwunden war, stellte er mir auf der Stelle einen neuen Ausweis aus. Meine Sachen hatte ich bereits an das Hotel Beaurivage zurückschicken dürfen. »Robert Paul« wieder ganz und gar auferstehen zu lassen, war nun ein Kinderspiel.

Die Alliierten waren eben in Sizilien gelandet und ich hatte einen von der Polizei registrierten Ausweis. Etwas besseres konnte einem kaum passieren. Alles wendete sich zum Besten. Als einzige Erinnerung an diese Panne schmückte nun der Anflug eines Schnurrbartes meine Oberlippe (Ich traute mich nicht, einen Bart daraus werden zu lassen...).

Doch im Großen wie im Kleinen kommt es erstens anders und zweitens als man denkt. Vierzehn Tage später hatte ich – weil ich versuchte, einen der Seminaristen des Rabbis zu Ausschweifungen zu verleiten – einen erneuten Unfall: Als ich vollständig wiederhergestellt war, zog ich eines Samstagmorgens mit einer kleinen Gruppe los, um auf einen der Berge bei Grenoble zu klettern. Der junge Seminarist war auch dabei, da es sich um einen Spaziergang handelte und nicht um eine »Reise«.

Als wir losgingen, überholte uns auf der Straße langsam ein mit Bierkästen beladener Laster. Spontan schlug der Fahrer vor, uns mitzunehmen. Wir stimmten begeistert zu. Doch der Seminarist stellte sich quer: Wir hatten Samstag, und da war es verboten zu reisen.

Was für eine Spaßbremse! Ich beschimpfte ihn wortreich, und in der allgemeinen Empörung wurde er fast mit Gewalt auf den LKW gehievt. Ich setzte mich auf einen Bierkasten. Der, schlecht befestigt und leichte Beute der Zentrifugalkraft, sauste in der ersten Kurve in den Straßengraben, wo ich mich mit blutigem Gesicht, verdrehtem Handgelenk und verstauchtem Knöchel zwischen Glasscherben wiederfand. Ich musste also noch einmal mehrere Tage das Bett hüten. Das kommt davon, wenn man gegen die Sabbatruhe verstößt.

Von Charybdis nach Skylla

Mussolini war gerade entmachtet worden, Italien wechselte die Seiten. Das Ende des Krieges war nun nicht mehr weit entfernt, doch würde nicht vorher noch die deutsche Besatzung an die Stelle der italienischen treten?

Gegen Ende August bat mich der Rabbi, zu ihm zu kommen: »Ich habe gerade erfahren, dass die Italiener in einigen Stunden den ganzen Südosten mit Ausnahme der Cote d'Azur evakuieren werden. Ich habe entschieden, nach Nizza zu gehen. Wir werden gut hundert Leute sein. Um die italienische Zone nicht zu verlassen, werden wir mit Bussen auf der Alpenfernstraße fahren. Würden Sie mit dem Zug vorausfahren, um unser Quartier vorzubereiten?«

Ich wollte eben noch André treffen, den ich seit langem nicht mehr gesehen hatte. Dennoch akzeptierte ich auf der Stelle, und achtundvierzig Stunden später kam ich in Nizza an.

Es gab keinen Platz mehr in den Hotels: Der Rabbi war gut beraten gewesen, mich als Kundschafter zu senden. Aus Grenoble, aus Aix-les-Bains und aus Cannes strömten die Juden nach Nizza. Nachdem ich den ganzen Tag umhergelaufen war, hatte ich es endlich geschafft, fünfzehn Zimmer in unterschiedlichen Hotels zu ergattern.

Die Karawane des Rabbiners kam, von Müdigkeit gezeichnet, am nächsten Tag über die bergige »Route Napoleon« an. Außer den Kindern und den Seminaristen hatten sich mehrere jüdisch-orthodoxe Familien dem Konvoi angeschlossen. Nachdem ich den ganzen Morgen damit verbracht hatte, all diese Leute unterzubringen, war ich gerade dabei, mit dem Rabbiner einen Kaffee im großen Saal des Hotels Rivoli einzunehmen, als ein ehrwürdiges Mitglied seines Gefolges, Reb Schächter, mit vor Freude leuchtenden Augen dazwischenplatzte. »Italien hat den Waffenstillstand unterzeichnet! Es hat die Seiten gewechselt, wir befinden uns jetzt auf dem Territorium der Alliierten. Herr Rabbiner, noch heute Nacht werden sogar die Amerikaner in Nizza landen!«

Nun schien in der Tat alles möglich zu sein. Doch nur einige Minuten danach stürmten zwei deutsche Feldgendarmen in Uniform durch die Drehtür und stellten sich vor uns auf. Waren sie durch das Fenster auf den Rabbinermantel aufmerksam geworden?

»Jude, komm her! Ja du da, steh auf und komm mit!«, brüllten sie.

Der Eigentümer des Hotels trat ihnen sofort entgegen. »Der Herr ist mein Gast. Haben Sie hierfür einen Befehl?« Die beiden Schergen, die offenbar in eigener Regie handelten, insistierten nicht weiter. »Wir kommen wieder, Jude«, riefen sie beim Gehen.

Abends ging ich aus, um mich auf der Promenade des Anglais umzusehen. Es war heiß und laut. Ein Militärkonvoi stand entlang des Bürgersteigs aufgereiht, aber es waren keine Italiener. Kräftige Gestalten in der erdfarbenen Uniform des Afrika-Korps liefen im Dämmerlicht auf und ab und riefen sich mit rauen Stimmen gegenseitig Befehle zu. Gefahr lag in der Luft.

Doch am nächsten Tag geschah nichts, und auch nicht am übernächsten. Aber auch die Hoffnung auf die Landung der Amerikaner hatte sich zerschlagen. An der Küste wimmelte es nur so von deutschen Soldaten; das Gros der Italiener war abgezogen. Auf den Straßen sah man noch Gruppen fliehender italienischer Soldaten, die zu Fuß in ihr Land zurückzukommen versuchten.

Der Rabbiner hatte sich ebenfalls in den Kopf gesetzt, nach Italien aufzubrechen, und in seinem Auftrag ging ich ins italienische Konsulat, das im Hotel Continental untergebracht war. Ein Beamter bat mich, am Nachmittag noch einmal zu kommen, aber als ich wieder auftauchte, beschwor er mich zu verschwinden: »Retten Sie sich! Die Deutschen waren vorhin hier. Sie suchen Juden, sie können jeden Moment wieder hier sein.«

Am dritten Tag, einem Sonntag, erzählte uns Reb Schächter im Hotel Rivoli am ganzen Körper zitternd von den Deutschen. »Vorhin gab mir ein Trupp das Zeichen zum Stehenbleiben. Drei Offiziere in Hemdsärmeln befahlen mir: ›Hab keine Angst, Jude, wir tun dir nichts. Sag uns nur, wo Coblentz, der Chef eurer Gemeinde, wohnt.‹ ›Ich weiß es nicht, ich bin nicht von hier, ich bin gerade erst angekommen.‹ ›Warum bist du nach Nizza gekommen? Was tun die ganzen Juden in Nizza? Wie viele seid ihr jetzt?‹ ›Ich weiß es nicht.‹ ›Wir wissen es genau: Ihr seid mindestens dreißigtausend. Wenn du nicht weißt, wo Coblentz wohnt, zeig uns, wo die Synagoge ist.‹«

Schächter führte sie zur Synagoge, wo er zu seinem

großen Erstaunen tatsächlich freigelassen wurde. Er konnte es nicht fassen.

Am Nachmittag wurde ich beim Verlassen des Hotels ebenfalls angehalten. Nach einem Moment des Zweifelns näherte ich mich dem Wagen, der neben mir angehalten hatte. Der Fahrer wollte von mir wissen, wo eine bestimmte Straße zu finden wäre. Zweite rechts, erste links, brachte ich auf gut Glück heraus.

Der Wagen fuhr weiter.

Der Tatort

»Für die Nazis ist Nizza der Ort, wo die Juden gerade ihr jüngstes Verbrechen begangen haben. Hier in Nizza hat Angelo Donati gewohnt, der Bankier, der die italienische Armee zur Verteidigung der Juden mobilisiert hat. An der Cote d'Azur hatten die reichsten Juden ihre Wohnsitze. Es war also auch in Nizza, wo das Weltjudentum, unterstützt von Churchill und dem Papst, seine Verschwörung gegen Mussolini angezettelt hat. Die SS glaubt sich am Tatort: Sie glaubt, dass das, was die Juden hier bisher getan hatten, nichts ist im Vergleich dazu, was sie hier noch vorhaben.«

So erging sich Baron (Georges Blumberg), der ein mitreißender Redner war. Dieser ultra-nationalistische Jude aus Riga hatte die Statur eines preußischen Offiziers; er war schlank und martialisch, mit einem Anflug von Überheblichkeit.

Wir saßen mit André und einigen anderen in einem vollgestopften Restaurant. In diesen Tagen stiegen die Rechnungen von André leicht auf mehrere tausend Francs. Doch Geld zählte nicht mehr. Viele Dinge zählten nicht mehr.

Seit vier Tagen fuhren Kübelwagen in den Straßen von Nizza Streife, deren Besatzungen aufmerksam die Passanten musterten. Ständig wurden Fußgänger aufgefordert einzusteigen. Keine unnützen Fragen, keine Überprüfung der Identität. Die Wagen fuhren zur Synagoge. Dort mussten sich die Unglücklichen ausziehen, und falls sie beschnitten waren, hatten sie ihren Platz im nächsten Zug nach Drancy sicher.

Der berüchtigte SS-Mann Alois Brunner* war persönlich gekommen, um die Aktion zu leiten. Die Methode mit den Kübelwagen war nicht die einzige Aktivität, um Juden aufzuspüren. Andere Gruppen durchsuchten Hotels, Pensionen und möblierte Zimmer und führten ganze jüdische Familien ab. Die französischen Milizionäre, diese Schakale der Gestapo,** kontrollierten die Häuser und erstellten Listen mit jüdisch klingenden Namen. Möchtegernexperten der Physiognomie, die die Juden an ihrem Aussehen zu erkennen glaubten, waren in den Bahnhöfen postiert worden. Die Menschenjagd war in vollem Gange.

Man erzählte sich tragische oder tragikomische Geschichten. Abraham Gukassow, armenischer Ölmagnat

* Alois Brunner (1912-2010) war Mitarbeiter Adolf Eichmanns und spielte bei der Vernichtung der Juden eine zentrale Rolle. Er war beteiligt an der Verfolgung zehntausender Berliner Juden und an der Deportation von über 50.000 Juden aus Thessaloniki in das Vernichtungslager Auschwitz im März/April 1943. Nach dem Krieg lebte er nahezu unbehelligt in Syrien, wo er das Assad-Regime unterstützte und 2010 starb. Zur Karriere Brunners siehe: Georg M. Hafner / Esther Schapira: Die Akte Alois Brunner. Frankfurt/Main 2000, insbesondere S. 106-135.

** Zehntausende Franzosen bekämpften in der 1943 gegründeten und aus Kriegsveteranen und faschistischen Kadern bestehenden französischen Miliz die Résistance oder beteiligten sich an Razzien gegen Juden und Roma. Vgl. Pierre Giolitto: Histoire de la Milice. Paris 2002.

und Eigentümer einer pro-zaristischen Zeitung namens *Vozrojdénie*, war auf der Promenade des Anglais verhaftet – sein Vorname und seine Gesichtszüge verrieten ihn, und wie es schien, bestätigte sein Geschlechtsteil den Verdacht – und nach Drancy geschickt worden. Erst im letzten Augenblick konnte er der Deportation nach Auschwitz entkommen.

Die kleine »Pouppa«, eine jüdische Späherin, wohnte bei ihren Eltern; eines Abends platzte die SS herein und wollte die ganze Familie abführen. Pouppa holte ihre »biffe«, ihren Ausweis, hervor.

»Ich bin adoptiert, ich bin katholisch und Arierin!«

Ihre Eltern bestätigten das, und sie beharrte so vehement darauf, dass sie als einzige in der Familie ihr Leben retten konnte.

Nizza, der Tatort ...

Brener gegen Brunner

Am Sonntag, dem berüchtigten Sonntag, an dem die Jagd eröffnet wurde, kam André mit seiner ganzen Mannschaft in Nizza an. Seine wichtigsten Leutnants waren zwei Frauen, die unterschiedlicher gar nicht hätten sein können.

Anne-Marie Quilici (Anne-Marie Bonnet) war von Beruf Krankenschwester und hatte für den O.S.E. viele Kinder in die Schweiz gebracht. Ihre Marseiller Verbindungen ermöglichten es ihr, zu einem vernünftigen Preis gefälschte Ausweise zu besorgen. Sie war eine beeindruckende Erscheinung, eine große braungebrannte Korsin von vierzig Jahren, die mit tiefer Stimme sprach und raumgreifend gestikulierte. Was ihre Integrität anbelangt... Werden wir eines Tages wissen, für wen sie wirklich gearbeitet hat? Wird sie sich von den ihr angelasteten Anschuldigungen reinwaschen können?*

Die andere, Denise Caraco (Denise Charlier), Spitzname Kolibri – Kolibri-Mädchen, um sie von ihrem Freund Kolibri-Junge zu unterschieden –, war eine neunzehnjährige mollige Pfadfinderin. Die blauen Augen von Kolibri schienen die Welt stets staunend zu betrachten. Man durfte sich aber nicht täuschen lassen, das Mädchen war für diese Art von Arbeit wie geschaffen. Kolibri schlief in den Zügen, aß in den Bahnhöfen zu Abend, in den Postbüros zu Mittag und hatte Dutzende im ganzen Südosten verstreute Helfer. Sie verrichtete Botengänge zwischen den Chefs. Manchmal bekam sie einen Anpfiff von André, weil sie ihren eigenen Kopf hatte und Aufträge auf ihre Weise erledigte. Kolibri fühlte sich bei all dem wie ein Fisch im Wasser. Von der Schulbank auf direktem Weg zur illegalen Arbeit gelangt, kannte sie nichts anderes als diese, lebte nur für sie: Was wirst du in Friedenszeiten tun, kleines Mädchen?, fragte ich mich oft.

Und zwei Tage später erschien Maurice Brener auf der Bildfläche, Zazou wie er leibte und lebte, der selbst in dieser furchtbaren Situation in Nizza nicht auch nur ein Quentchen seiner Gelassenheit und seiner verführerischen Art verlor. Er war gerade noch einmal davongekommen: Vor einer Woche in Paris verhaftet, war er nach vierundzwanzig Stunden Haft in Drancy dank seines harmlosen Aussehens freigelassen worden. Als offizieller Funktionär der U.G.I.F. von Marseille war er heimlich nach Nizza gekommen, um die Arbeit der verschiedenen Organisationen zu koordinieren. Es gab vier oder fünf

* Poliakov schreibt, dass 1946 eine Untersuchungskommission dem Verdacht der Kollaboration von Anne-Marie Quilici nachging. Diese Untersuchung wurde ohne Ergebnis abgeschlossen.

davon. Neben der von André gab es die Zionistische Jugend, eine Organisation der jüdischen Kommunisten, und die jüdischen Pfadfinder, die vermutlich die beste Arbeit leisteten.

Zum Verständnis muss ich noch auf einige sprachliche Details hinweisen: Ein registrierter Ausweis hieß in dieser Zeit C.I., ein nicht registrierter Ausweis »biffe«, eine Lebensmittelmarke C.A. Die »Musikanten« waren Juden im Allgemeinen, »Pianist« bedeutete Kommunist, »Saxophonist« Widerstandskämpfer. »Saxophon« wurde eine Feuerwaffe genannt, ein Revolver oder eine Maschinenpistole. Die klandestinen Wohnungen wurden als »Labore« bezeichnet.

In Nizza besaßen die Pfadfinder eine bemerkenswert gut ausgestattete illegale Wohnung, von der auch die anderen Organisationen profitierten. Sie war in der zweiten Etage eines ruhigen Hauses in der Rue Verdi eingerichtet worden. Man erhielt Zugang, indem man die gewohnten Vorsichtsmaßnahmen beachtete, wenn ein bestimmter Fensterladen offenstand und man in einem bestimmten abgesprochenen Rhythmus geklingelt hatte.

Eines Tages fasste »Maurice der Aufgeregte« (Maurice Lolenberg, alias Maurice Cachoud) mir die Situation in einigen kurzen Sätzen zusammen: »Ich bin Teil einer Kampforganisation und ich weiß, was ich riskiere. Es gibt hier in Nizza zurzeit bei einer Bevölkerung von zweihunderttausend Menschen fast fünfundzwanzigtausend Juden. Falls sie hierbleiben, werden sie alle irgendwann erwischt werden. Ich verfüge über fünf verschiedene Stempel, einer davon deiner, und ich erwarte noch vier andere. Man muss fünfundzwanzigtausend falsche Ausweise herstellen und alle Juden zwingen, mit dem Zug, dem Lastwagen oder per Fahrrad zu verschwinden. Ein Viertel, ein Drittel wird vielleicht unterwegs erwischt. Na gut. Wir werden vielleicht selbst entdeckt und verhaftet. Na gut. Damit müssen wir rechnen. Zu was sind wir sonst da?«

»Maurice der Aufgeregte« war neu bei den Pfadfindern und trug Seidenhemden, die er jeden Tag wechselte. Obwohl noch jung, war er bereits Handelsvertreter gewesen, schließlich Industrievertreter, was ihn von den anderen Jungen und Mädchen absetzte. Seine ruckartigen Gesten, mit denen er seine Bemerkungen unterstrich, und ein Zucken des Mundwinkels hatten ihm seinen seltsamen Kosenamen eingebracht. Er war ein geborener Chef und deshalb schnell zum großen Boss des »Labors« geworden. In Nizza unterlief ihm trotz seiner berüchtigten Kühnheit nie ein Fehler. Doch kurz vor der Befreiung geriet er in Paris in einen Hinterhalt. Er ist in den Folterkammern gestorben, ohne irgendetwas verraten zu haben. Getötet oder ermordet wurden auch seine Assistenten »Licorne« Azéma, »Griffon« Gutman...

Die Kommunisten in Nizza blieben Einzelgänger und hatten nur wenige Kontakte und Verbindungen mit den anderen Organisationen.

Einige Tage nach meiner Ankunft traf ich auf der Straße einen Kameraden von meiner früheren Schule Janson-de-Sailly, Georges Spoliansky. Gegenüber Georges hatte ich kein gutes Gewissen. Es gibt oft Schulkinder, die von den anderen nicht in Frieden gelassen werden. Es reicht, dass sie eine Schwäche haben. Nun, Georges hatte viele Schwächen: Er war arm, schüchtern, kurzsichtig und im Sport eine Null. Er wurde also ständig verspottet. Einige Jahre später, als ich erfuhr, dass er nach Spanien gegangen war, um im Bürgerkrieg zu kämpfen, dachte ich, das sei ein schlechter Witz. Als ich ihn in Nizza mit seinem Bürstenschnitt wiedersah, war denn auch meine erste Frage gewesen, ob er wirklich in Spanien gekämpft hatte.

Ich erfuhr, dass er seit vielen Jahren militanter Kommunist war und dass er beauftragt worden war, Möglichkeiten zur Rettung der in Nizza eingekesselten Juden zu eruieren. Ich stellte ihn André vor und ich weiß, dass sie in Kontakt blieben; über mehr bin ich nicht im Bilde, weil beide streng die Regeln der klandestinen Arbeit befolgten.

So standen also eine Handvoll Mädchen und Jungen der SS von Alois Brunner gegenüber. Es ging um die Leben von fünfundzwanzigtausend Juden: Aus schierer Not hatten sie sich mit den Techniken des Kampfes vertraut gemacht. Und eben hierin lag die größte Schwierigkeit: Es ist nicht leicht, sich zu verschwören, wenn man fünfundzwanzigtausend Komplizen hat.

Schneersons Bande

Es war mit André abgesprochen, dass ich mich besonders um meine orthodoxen Juden kümmerte, die man in unserem kleinen Milieu als »Schneersons Bande« bezeichnete. Eine alte Bekannte, May Charretier, die ich in Nizza wiedertraf, bot mir an, mich zu unterstützen. Die Schneerson-Bande wohnte im Hotel. Ich ebenfalls; in Nizza schien alle Welt im Hotel zu wohnen. Jede Nacht kam die SS, um Razzien in dutzenden von Hotels durchzuführen. Bei diesen Identitätskontrollen boten unsere »biffes« keinen großen Schutz. Es gab einhundertsiebzig Hotels in Nizza.

Jeden Abend, wenn ich im Hotel de Lausanne zu Bett ging, sagte ich mir, dass ich täglich eine Chance von 1:17 hätte, in eine Razzia zu geraten. Die Drancy-Lotterie: 17:1 für einen Tag, 2:1 für zwei Tage und 8:1 für fünfzehn Tage. Es war reine Glückssache, ein nicht bei den

Behörden angemeldetes Zimmer zu finden. Das waren die Nächte von Nizza ...

Dem Rabbiner war es gelungen, das Herz des Eigentümers des Hotel Rivoli zu erweichen, der ihn vom ersten Tag an protegierte. Dieser tapfere Mann fand für uns ein kleines möbliertes Haus, eigentlich ein Liebesnest, in dem es möglich war, die ganze Gruppe ohne Polizeiformulare und Meldebescheinigungen unterzubringen. Der Rabbiner blieb mit seiner Frau und den beiden Kindern im Hotel. Der Eigentümer hatte versprochen, sie im Falle einer Razzia in seiner eigenen Wohnung zu verstecken. Salman Schneerson hingegen vertraute sich der schützenden Hand Gottes an. Einschließlich der Seminaristen saßen ungefähr dreißig Personen zusammengepfercht in der Pension Cavalier auf Sofas und Stühlen, in einer Sicherheit, die nicht einmal mehr relativ genannt werden konnte.

Kurz darauf erfuhr ich, dass der Vorsteher des Jesuitenkollegs in der Avenue Mirabeau, Pater Ledru-Maguet, ein zuverlässiger Mann war und Spezialist darin, Leute zu verstecken und in Sicherheit zu bringen. Ich ging also zu ihm und er willigte sofort ein, alle jungen Leute der Gruppe aufzunehmen. Doch ein unerwartetes Hindernis tauchte auf: Der Rabbi weigerte sich, sie auch nur für ein paar Tage einem katholischen Kloster anzuvertrauen. »Nein, nein und nochmals nein«, insistierte er. »Seit der Zeit des spanischen Großinquisitors Torquemada,* haben uns diese Klöster nur Unglück gebracht. Dem ewigen Herrn, und nicht den *galakhim* (Missionaren), dürfen wir unsere Kinder anvertrauen.« Gemeinsam mit May Char-

* Tomás de Torquemada (1420-1498) legte den Grundstein für die spanische Inquisition und verfolgte hauptsächlich Häretiker und zum Christentum konvertierte Juden.

retier versuchte ich vergeblich, ihn umzustimmen. Schließlich sagte ich ihm lautstark, dass mir seine Religion herzlich egal sei. Allein in der von allen seinen jüdischen Schützlingen verlassenen großen Hotelhalle, verharrte Salman Schneerson unbeirrt in seinem wunderlichen und widersinnigen Glauben. Ich konnte ihm lediglich die Erlaubnis abringen, dass sich die Seminaristen ihre Schläfenlocken abschneiden durften, denn ein irgendwie arisches Erscheinungsbild war das Mindeste für eine Flucht. Doch die Seminaristen glaubten mir nicht. Ich musste ihnen erst eine schriftliche Erlaubnis ihres Meisters bringen.

Dagegen gingen die Gedanken des Rabbiners in eine ganz andere Richtung. Er wollte sich jetzt mit den Deutschen in Verbindung setzen. Er bestand darauf, dass ich für ihn einen Brief an die Kommandantur verfasste! »Ich möchte nicht, dass gesagt wird, ich sei nichts als ein Jude mit einem roten Bart gewesen, der an nichts anderes als an sein Leben dachte, an nichts als an sein eigenes kümmerliches Leben. Diejenigen, die Großes vollbringen wollen, müssen große Risiken eingehen und sich in die Höhle des Löwen begeben. Ich werde meine Kinder mit mir nehmen und den Deutschen sagen: ›Seht, wir machen absolut keine Politik und beschäftigen uns mit nichts als religiösen Dingen.‹ Entweder sie verhaften mich sofort, oder ...«

Er hielt den Zeitpunkt für gekommen, den Deutschen sein berühmtes Vorhaben zu unterbreiten. Nach einer heftigen Auseinandersetzung begriff er jedoch, dass weder May Charretier noch ich nachgeben würden. Wir waren mit unseren Nerven wirklich am Ende. Ganz plötzlich verlangte er von mir, einen Brief an die jüdische Gemeinde von Genf zu verfassen, um sie um echte Zitronatzitronen für das in sechs Wochen stattfindende Sukkot-Fest zu bitten. »Schick ihn sofort ab, mein lieber Freund, es ist sehr wichtig.« Was für eine bemerkenswerte Fähigkeit der Entrückung, ja der Weltflucht!

Ein SOS an meinen Freund Bardone

Unsere ganze Schar wurde schnellstens mit gefälschten Lebensmittelkarten und Ausweisen ausgestattet. Es war zwecklos, dem Rabbi vorzuschlagen, sich zu rasieren und sein Aussehen zu verändern; ich versuchte es gar nicht erst anzusprechen.

Ich verschaffte ihm einen Ausweis auf den Namen Salomon Schneerson, Rabbiner und französischer Staatsbürger, geboren in Straßburg, geschmückt von einem erstklassigen roten Stempelsiegel von vier Buchstaben: JUDE (die Werkstatt von Maurice besaß selbst dieses Modell).

Es würde sich zeigen, was der wert wäre: In Nizza absolut nichts, doch außerhalb von Nizza würde er die französischen Polizisten zufriedenstellen. Außerhalb von Nizza… Aber wie entkommen? Wie schon erwähnt, waren an den Toren der Bahnhöfe professionelle »Physiognomisten« postiert worden.

Nichtsdestotrotz erwies sich die Evakuierung der Kinder als einfach: sie fuhren eines Morgens unter der Aufsicht von May Charretier ins »Kinderferienlager« und kehrten nach Schloss Manoir zurück. Durch diesen Erfolg ermutigt wagte es auch Monsieur Feist, der Direktor des Kinderhauses, zusammen mit drei Jugendlichen; er und der älteste Junge wurden am Bahnhof Madeleine verhaftet, die beiden anderen konnten sich retten.

Wir mussten also einen anderen Weg finden. Jeden Abend telefonierte ich von der Post aus lange mit May, die sich vorläufig auf dem Schloss eingerichtet hatte. So erfuhr ich, dass die Region Isère friedlich wirkte wie immer, obwohl sie gleichfalls von den Deutschen besetzt war. Ein merkwürdiges Gefühl, dass man hier an der Front durch einen Telefondraht mit dem ruhigen Hinterland verbunden war. Ich wollte gern ein paar Worte mit den Bardones wechseln. Vielleicht war es dämlich und melodramatisch – Ave Caesar, morituri te salutant!* –, doch wusste ich denn, wann und wie ich diese Hölle verlassen würde? Ich verlangte die 51 in La Ricamarie.

»Hallo Oswaldo!« »Hallo Robert. Was stellst du so an in Nizza?« »Ach, du weißt ja, ich habe viel Arbeit.« »Was für Arbeit?« Da hatte ich einen Geistesblitz. »Muss ich es dir aufmalen? Wäre es nichts für dich, mal einen Abstecher hierher zu machen? Du könntest mir zur Hand gehen.«

Oswaldo ist ein Mann rascher Entscheidungen. Am nächsten Tag war er in Nizza. Und noch am selben Tag trieb er für mich ein nicht angemeldetes Zimmer in der Avenue Mirabeau auf, eine Dachkammer, die ich für täglich 100 Francs von einer gewissen Madame Pignet mieten konnte. Ich konnte also – welch eine Erleichterung – das Hotel de Lausanne verlassen.

Am folgenden Tag gingen wir zur Markthalle von Nizza. Oswaldo hatte einen Plan. Er bat mich, in einem Café auf ihn zu warten. Eine halbe Stunde später kam er in Begleitung eines Fahrers in Latzhose zurück. Er stellte uns vor:

»Das da ist Robert, der klasse Kumpel von dem ich Ihnen erzählt habe. Robert, Dante Scarcelle hier fährt jede Woche nach Isère, um junges Gemüse zu suchen. Ein

* »Die Todgeweihten grüßen dich!« lautete die Begrüßungsformel römischer Gladiatoren an den Kaiser.

großer LKW, hinwärts mit leeren Kisten beladen. Landkarten, Ausweis, alles in Ordnung. Du kannst also deine Freunde unter den Kisten verstecken. Verstanden? Verabrede dich mit ihm.«

Das tat ich noch für den Abend des gleichen Tages. In der Zwischenzeit gingen wir mit André und seiner Mannschaft mittagessen. Schon bei ihrer ersten Begegnung hatte André in Oswaldo einen Spezialagenten der Elite gewittert. Abends verschwand der furiose Oswaldo schon wieder und begab sich auf eine Mission der Evakuierung und Abschirmung von N…, dem Korrespondenten der American Jewish Joint Organisation,* für den sich die Nachrichtendienste der SS ganz besonders interessierten.

Am Abend traf ich Dante wieder. Nach einigen Gläsern Wein war ein Grundstein gelegt; das Vertrauen wuchs noch mehr, als wir feststellten, dass wir beide wegen des gleichen Deliktes verhaftet worden waren, nämlich dem Handel mit gefälschten Marken. Wir fingen an, uns zu duzen, schworen uns ewige Freundschaft und tauschten unsere Hemden, um den Pakt zu besiegeln.

Zwei Tage später fuhr in der Morgendämmerung ein riesiger LKW auf den Hof der Pension Cavalier. Vier junge Burschen kamen auf leisen Sohlen die Treppe herunter. Seit zwei Wochen gingen sie zum ersten Mal auf die Straße hinaus. Dante hatte seine Sache gut gemacht. Zwischen zwei Reihen mit Kisten hatte er einen Raum angelegt, worin sich das Quartett bequem niederlassen konnte. Das Ganze war mit Geäst und einer Plane be-

* Das Joint Distribution Committee ist eine 1914 gegründete Hilfsorganisation amerikanischer Juden für Glaubensgenossen, die während der Okkupation die Not der Juden mit Spendengeldern zu lindern versuchte.

deckt. Ich drückte vier Hände, ich war fast genauso glücklich wie sie. Der LKW sprang an.

Später erfuhr ich, dass die Flüchtlinge hundert Kilometer von Grenoble entfernt abstiegen, um die Reise auf eigene Faust fortzuführen. In ihren rechten Jackentaschen hatten sie die gefälschten Papiere für die Deutschen, in ihren linken die echten Identitätsdokumente für die französische Polizei. Angesichts ihres jiddischen Akzents konnten sie den Franzosen ohnehin nichts vormachen.

Im Zug verlangten die Gendarmen ihre Papiere. Sie zeigten sie vor: »Wir sind Juden… wir verziehen uns aus Nizza…!« »Weitergehen!«

Höhen und Tiefen

Das kurzärmelige braun-weiß gestreifte Sporthemd von Dante war mein Glücksbringer geworden. Im Grunde hatte ich nicht den klassischen »Komplex« (nämlich den, sein eigenes Aussehen für so jüdisch zu halten, dass man jedem Schnüffler ausgeliefert war). Sehe ich so aus? Ich weiß nicht so recht, aber beim Tragen des Sporthemdes meines Blutsbruders fühlte ich mich unverwundbar.

Alles in allem hatten sich meine Angelegenheiten zufriedenstellend entwickelt. Die Zerstreuungsaktion befand sich auf einem guten Weg. Nur zwei Mitglieder der »Schneerson-Bande« waren bisher gefasst worden. Ich jedenfalls fühlte mich in der Dachkammer von Madame Pignet in Sicherheit. Für die Familie Schneerson vertraute mir irgendjemand die Schlüssel zu einer großen Wohnung an, deren Mieter die warme Jahreszeit im Gebirge verbrachten. Allerdings stellte er die zwingende Bedingung, dass der Hausmeister und die Nachbarn diese »Untermieter« nicht bemerken dürften. Es wurde ihnen also verboten, auszugehen und Lärm zu machen; die Familie wurde mit Hausschuhen versorgt, damit sie ja nicht auffiel. Der Umzug, der mit Hilfe einer Droschke abgewickelt wurde, fand in der Dämmerung am Vorabend von Rosch-Haschana (dem Neujahr der Juden) statt. Was für eine Katastrophe! An diesem Tag musste das Widderhorn geblasen werden, sehr laut, dreimal hintereinander. Ich versuchte mich auf Pikuach Nefesch zu berufen und argumentierte, dass es sich ja um eine Frage von Leben und Tod handele, doch der Rabbiner ignorierte meine Theologie. Ein Wunderrabbi verfügt über andere Mittel. In diesem Fall bemerkte er bei der Inspektion der Wohnung, dass die Küchenfenster auf die Bahngleise ausgerichtet waren. Ein kurzes Nachschlagen in den Fahrplänen bestätigte, dass die Durchfahrt des Schnellzuges von Marseille mit dem Aufgehen des Abendsternes zusammenfiel. Die Lokomotive würde das Horn übertönen: Wir waren gerettet.

Salman Schneerson fühlte sich bald so wohl in seinem neuen Zuhause, dass er sich in den Kopf setzte, bis zum Ende des Krieges in Nizza zu bleiben. Seine Evakuierung warf in der Tat ungewöhnlich schwere Probleme auf. Aber es gab diesbezüglich schon einen Plan, über den ich mich telefonisch mit dem Schloss von Manoir verständigt hatte.

Der September ging zu Ende. Wie sollte man die echten oder gefälschten Lebensmittelmarken der übrig gebliebenen Gruppe erneuern? Dieses Problem stellte sich allen Juden in Nizza. Maurice der Aufgeregte löste es meisterhaft. Maurice, der vor nichts zurückschreckte, trug eine große Menge an Marken zusammen und machte sich auf zum Generaldirektor für Verpflegung. »Ich habe hier die Karten einer Gemeinschaft. Wie kann ich sie umtauschen?« »Wenden Sie sich an die Abteilung für Gemeinschaften, sprechen Sie mit Monsieur Soundso und sagen Sie ihm, dass Sie von mir kommen.«

In dieser Abteilung wurde noch ein kurzes Gespräch geführt: »Ich komme vom Direktor. Würden Sie mir diese Lebensmittelkarten erneuern?« »Selbstverständlich, aber ich brauche den Namen ihrer Gemeinschaft.« »Mein Herr, schreiben Sie bitte: Gemeinschaft der versteckten Juden von Nizza!«

Das beste daran war, dass diese Abteilung von da an jeden Monat automatisch die Karten erneuerte, die Maurice ihnen brachte, allen Ernstes auf den Namen »Gemeinschaft der Heiligen Maria«.

Ich für meinen Teil fürchtete mich nicht mehr vor der Schwarzen Kolonne. Obwohl ich von morgens bis abends durch die Straßen lief, was nebenbei gesagt eine ausgezeichnete Methode ist, die Moral aufrechtzuerhalten, wurde ich kein einziges Mal angehalten. Dennoch nahmen die Risiken zu. Es war unvermeidlich, dass manche Juden zu Polizeispitzeln und Denunzianten wurden, um der Deportation zu entgehen. Ein internationales Völkchen hatte sich zusammengefunden und unterstützte die Miliz; einige Russen der Weißen Partei,* Landsmänner die ich in Paris als so verlässlich gekannt hatte, wurden zu Kopfgeldjägern. Ach, Verräter und Scheißkerle, sie würden Nizza wahrlich nicht ausgehen.

* Die »Weißen« waren eine sehr heterogene Bewegung in der russischen Gesellschaft, deren bewaffneter Arm, die »Weiße Armee«, 1918-1922 gegen die Bolschewiki kämpfte.

Brunner macht Punkte

Ich hatte mich ins »La Chope« gesetzt und wartete auf Anne-Marie, um ein Problem zu besprechen. Ganz plötzlich erschien sie, in einem fast theatralischen Auftritt. Sie war ungewöhnlich blass. »Ein Unglück ist geschehen, Monsieur Paul, ein Unglück! Jacques wurde verhaftet. So wie er gearbeitet hat, war das zu erwarten. Wie oft habe ich ihm das gesagt!«

Jacques Weintraub, Anführer der Jungen Zionisten, hatte das »Labor« gemeinsam mit dem jungen Henri Marburger (»Kolibri-Junge«) verlassen. In seiner Aktentasche befanden sich mehr als 100.000 Francs, gut hundert Essensmarken und sein Adressbuch. Sie hatten kaum ein paar Schritte gemacht, als ein Patroullienfahrzeug sie einsteigen hieß und mit ihnen zum Hotel Excelsior fuhr, wo die Kommandantur der Gestapo saß.

Wie kam es, dass keine »medizinische Untersuchung« durchgeführt wurde? Das bleibt ein Rätsel, doch Tatsache ist, dass Jacques und Henri, getrennt befragt, sich mit so viel Glück verteidigten, dass sie wieder freigelassen wurden. Auf der Straße aber bemerkte Jacques, dass er seine Aktentasche bei der Gestapo vergessen hatte... Er riskierte alles für die Sache, bat Henri, er möge auf ihn warten und lief zurück, um sie zu holen. Zweifellos war den Deutschen in der Zwischenzeit die Idee gekommen, sie zu durchsuchen. Jedenfalls wartete Henri vergeblich auf Jacques' Rückkehr.

Zwei Tage später hatte Anne-Marie weitere Informationen für uns. »Durch Zufall habe ich die Bekanntschaft eines Elektrikers gemacht, der im Hotel Excelsior für Reparaturen zuständig ist. Er arbeitet in der Eingangshalle, wo hinter Trennwänden die ersten Verhöre stattfinden. Ich fragte ihn, ob er interessante Dinge gehört habe.

Er antwortete mir, ja, gestern zum Beispiel habe man einen jungen Mann hereingeführt und er habe folgendes gehört: ›Ich kenne ihre Methoden: Schlagen Sie mich nicht, foltern Sie mich nicht, ich werde Ihnen alles sagen. Ich bin polnischer Jude und ich heiße Jacques Weintraub.‹ Welch ein Unglück! Welch ein Unglück!«, jammerte Anne-Marie. »Jetzt werden wir einer nach dem anderen erledigt!«

Hätte Jacques einfach so ausgepackt? Seine Freunde wiesen den Gedanken entrüstet zurück. Dennoch beeilten wir uns, Vorkehrungen zu treffen. Das »Labor« wurde ausgeräumt (in der Eile verschusselten wir die Stempel, darunter meinen, der auf Nimmerwiedersehen verschwand). Einige Pfadfinder wurden aus Nizza abgezogen, manche Kontakte abgebrochen.

Inzwischen war mein selbstgesetztes Ziel in unmittelbare Nähe gerückt: nämlich die Karawane des Rabbis, die im August aus Schloss Manoir gekommen war, unter geringstmöglichen Verlusten dorthin zurückzubringen. Dante Scarcelle hatte mit zwei oder drei Fahrten die Pension Cavalier geleert. Für den Rabbiner hatten wir uns einen ebenso geistreichen wie sicheren Plan ausgedacht.

Der Adjutant der Gendarmerie von Voiron, einer seiner Bewunderer, sollte ihn mit dem Taxi abholen und zum Schloss fahren… in Handschellen. Doch Schneerson zögerte, denn wie erwähnt hatte er Gefallen an seinem vom Himmel gesandten Zuhause gefunden – ganz im Gegensatz zu mir, der ich mich nach dem Desaster vom Hotel Excelsior nur danach sehnte, »Auftrag erledigt!« sagen und Nizza hinter mir lassen zu können. Auch deshalb, weil der Chef, André, mich drängte: »Das ist ein Befehl! Für einen wie Sie es sind, haben Sie viel getan.«

Schließlich beschloss ich, unverzüglich den Adjutanten von Voiron aufzusuchen. Ich verständigte mich mit

Dante, und wir legten die Abfahrt auf den 20. Oktober fest. Die letzten Tage meines Aufenthaltes waren düster. Kundschafter und Sozialarbeiterinnen wurden nach und nach verhaftet. War irgendwo eine undichte Stelle? Claude Gutman (»Griffon«) wurde quasi vor meiner Nase in der Avenue Mirabeau verhaftet, als er das Haus der Jesuiten verließ. Wie konnte die Gestapo, die schon an der Türe wartete, so gut informiert sein?

Dante Scarcelle, Madame Pignet, die Cavaliers… all meine Kontakte vertraute ich Georges Spoliansky an, bevor ich ging. Ich ahnte nicht, dass ich ihn nie wiedersehen würde. Ein letztes Mal bat ich den Rabbiner inständig, sich zu entscheiden. Ich nahm Abschied von André und seiner Mannschaft und stieg am vereinbarten Tag zu Dante auf den Lastwagen. Die Reise verlief ohne Zwischenfälle.

Bilanz der »Aktion von Nizza«:

Von den fünfundzwanzigtausend Verfemten sind zwei- oder dreitausend erwischt und deportiert worden. Die anderen konnten sich in alle Winde zerstreuen und in den ruhigeren Städten und Landstrichen untertauchen, etwa in der Gegend von Le Chambon-sur-Lignon.

Von gut hundert Pfadfindern und spontanen Helfern wurde beinah die Hälfte erwischt und deportiert. Maurice der Aufgeregte hatte es kommen sehen.

Trübe Gewässer

Als ich den Bahnhof von Grenoble verließ, stieß ich mit dem zionistischen Kader Joseph Fischer zusammen, den ich schon lange kannte und der früher Jacques Weintraubs Chef gewesen war. Er hatte Nizza kurz nach der Ankunft der Deutschen verlassen. »Kommen Sie mit mir, ich muss mit Ihnen reden«, sagte er. Wir setzten uns in ein Café. »Was denken Sie von Anne-Marie?«, fragte er mich ohne Umschweife. Ich stutzte: »Sie ist eine sehr energische Frau. Doch ich kenne sie nicht so…« »Sie arbeiten doch mit André? Also passen Sie auf. Es gibt Löcher in seinem Netz. Wir haben Gründe anzunehmen, dass Anne-Marie für die Deutschen arbeitet!«

Fischer bezahlte die Rechnung und ging, ohne mir Zeit für Nachfragen zu lassen.

Gewiss schien mir Anne-Marie keine lupenreine Idealistin zu sein. Dann wiederum sind es nicht immer die reinen Idealisten, die die beste Arbeit machen. Aber sollte man eine Opportunistin gleich für eine Agentin der Gestapo halten? Sie, die in Nizza so viele Leben in ihren Händen hielt, sie, die ganz leicht unsere ganze kleine Welt hätte ausliefern können, André allen voran!

Maurice Brener sollte in Kürze in Grenoble ankommen. Ich entschied, erstmal nichts zu unternehmen, bevor ich ihn gesehen hätte. Als ich ihn traf, kannte er das Gerücht bereits, ohne sich allerdings davon alarmieren zu lassen. »Aber worauf stützt Fischer sich denn?« »Auf einen Satz, den Griffon seinen Genossen übermitteln konnte. Wir wissen, dass er beim Verlassen des Klosters in der Avenue Mirabeau verhaftet wurde. Dort war er auf einer Besprechung mit Pater Ledru-Maguet, an der auch André und Anne-Marie teilnahmen. Aus dem Hotel Excelsior konnte Griffon eine Nachricht senden: ›Die Krankenschwester von André hat mich hierher geschickt‹.« »Und was halten Sie davon?« »Es ist höchst ärgerlich. Anne-Marie ist eine sehr gerissene Frau. Selbst wenn die Anschuldigung substanzlos ist, könnte sie aus Verzweiflung viel Schaden anrichten. Ich bin beunruhigt.« »Muss ich

André warnen?« »Tun Sie nichts. Ich habe schon jemanden hingeschickt.«

Maurice Brener war ratlos. Grund dazu gab es genug. Auf der einen Seite die Worte von Griffon, knapp, aber furchtbar genau. Dann dachte ich plötzlich an die seltsame Geschichte von dem Elektriker im Hotel Excelsior, dem sie zu so ungemein passender Zeit begegnet war. War das nicht eine ideale Erfindung, um alle folgenden Verhaftungen zu erklären, eine etwas zu platte Geschichte, gerade so wie sie Anne-Marie einfallen könnte? Auf der anderen Seite hätte sie die Improvisationen und Leichtsinnigkeiten der ersten Tage ausnutzen können, um Kundschafter, Zionisten und vor allem André selbst auf einmal schnappen zu lassen. Also?

Ein doppeltes Spiel für doppelten Profit nach der Art ambitionierter Spione? Das hieße ihr zu viel der Ehre machen. So raffiniert wirkte sie nicht. Doch im Augenblick konnte ich mich glücklicherweise nicht mit dieser lästigen Angelegenheit beschäftigen. Ich musste mich um das Problem Rabbi Schneerson kümmern. Auf dem Schloss hörte ich, dass der große Plan endgültig ins Wasser gefallen war; der Adjutant hatte den Haftbefehl, den er besorgen wollte, nicht bekommen. Der Rabbiner wiederum weigerte sich, Nizza zu verlassen. Auf einen drängenden Brief an ihn erhielt ich nur einen Zettel, der mir meinen lebenslänglichen Ausschluss aus der V.P.I. beschied.

Diese Nachricht, die ich überhaupt nicht nachvollziehen konnte, versetzte mich ausnahmsweise in Wut. Nach all der Arbeit, die ich für ihn und seine Gläubigen getan hatte! Im Übrigen änderte er bald seine Meinung und kehrte in einem getarnten LKW in das Schloss zurück….

Georges hat dichtgehalten

Nach all diesen Geschehnissen entschied ich, nach Marseille zu gehen, wo mich mein altes Versteck am Fuße der Kirche Notre Dame de la Garde und besonders gute Freunde erwarteten. Es war immer einfach, André in dieser Ecke zu finden. Meine erste Frage war, was mit Anne-Marie sei: »Die Frau ist eine Heilige! Die meisten von denen, die sie beschuldigen, benutzen weiterhin die Papiere, die sie ihnen verschafft hat. Ich erwarte sie gleich morgen: sie kommt aus Nizza, um mir zu berichten.« Ich fand Andrés Argument nicht sehr überzeugend. Doch er war so entschieden und sicher... Wir trafen uns am nächsten Tag in seinem besten Schlupfwinkel wieder, einem Antiquitätenladen. Er hatte angekündigt, mir Anweisungen zu geben: Sollte ich nach Grenoble und Lyon zurückkehren? Oder für eine Zeit bei Le Chambon untertauchen? Wir hatten uns gerade in den hinteren Bereich des Ladens gesetzt, als Anne-Marie verstört und hysterisch auf der Türschwelle erschien. »Was für eine Katastrophe! Monsieur André, ich bin verhaftet worden! Georges ist verhaftet worden! Ich bin nur durch ein Wunder entkommen!« Ihrem Wortschwall ließ sich etwa Folgendes entnehmen:

Beauftragt mit der Aufrechterhaltung des Kontakts zu Georges, hatte sie ihn am Vortag sehr besorgt vorgefunden. Sein Chef war verhaftet worden und er rechnete mit weiteren Rückschlägen. Auf dem Weg zum nächsten Treffen wurde sie festgenommen und zum Hotel Excelsior gebracht. Nach langem Warten wurde ihr Georges mit hinter dem Rücken gefesselten Händen von einem SS-Mann vorgeführt: »Georges? Ich hätte ihn nicht mehr erkannt, Herr André. Das Gesicht nur noch eine blutige Masse! An seinem kurzsichtigen Verhalten habe ich ihn erkannt, es war schrecklich, wie er auf mich zuging und mich aus der Nähe anstarrte.« »Kennen Sie diese Dame?«, wollte der SS-Mann von ihm wissen. »Nein, ich habe sie noch nie gesehen«, antwortete er.

Danach hatte man sie freigelassen! Anne-Marie brach in Tränen aus: »Ich weiß, was man von mir denkt. Nein, streitet es nicht ab, ich weiß, dass man mich verdächtigt.« André tröstete und umarmte sie. Wir begleiteten sie nachhause. »Kopf hoch, Anne-Marie!«, sagte André und küsste ihre Stirn. Erschüttert trennten wir uns.

Der Verdacht erhärtete sich. Verhaftet … Freigelassen … Georges, der Beste von uns allen, verhaftet auf dem Weg zu einem Termin mit Anne-Marie …

Am nächsten Tage fing ich Streit mit André an. Ich sagte ihm, dass sein Argument nichts wert sei und dass Anne-Marie, sollte sie wirklich ein doppeltes Spiel spielen, das Verteilen ihrer gefälschten Karten auch nicht mehr anzurechnen sei. Aber er blieb stur und versteckte sich hinter seinen berüchtigten Ausbrüchen.

Schließlich wurde beschlossen, dass ich nach Paris gehen und versuchen sollte, Georges zu finden, der im Konzentrationslager Drancy sein musste. Dank meines Schwagers Jacques Rabinowitsch glaubte ich eine Chance zu haben, dort hinzugelangen. Darüber hinaus hoffte André, dass ich mit meinen Pariser Verbindungen für ihn Kontakte zur dortigen Résistance aufbauen und vielleicht sogar Kapital beschaffen könnte.

In Paris

In Paris zog ich bei Alexandre Metzel ein, einem alten slawischen Freund der Familie, nahe der Porte de Saint-Cloud. Sein unversehrtes Haus lag direkt gegenüber einem noch rauchenden Trümmerfeld. Die Alliierten hatten am Vortag Boulogne-Billancourt* bombardiert. Ein Vorgeschmack auf das Paris des Frühjahrs 1944.

Ich machte mich auf den Weg zu meinem Schwager Jacques. Seit Monaten lebte er alleine: meine Schwester, seine »arische« Frau, und ihre gemeinsamen Kinder waren aufs Land evakuiert worden.

Als juristischer Berater der Pariser U.G.I.F. spielte auch er ein akrobatisches Doppelspiel. Er erzählte mir nur andeutungsweise von dem Militärnachrichtennetzwerk, dessen Kopf er war. (Heute weiß ich, dass einer seiner Nachrichtenstränge bis in den deutschen Generalstab ging.) Beide waren wir mit ganz anderen Problemen beschäftigt. Zuerst kam Jacques auf die Geschehnisse des Winters 1940/41 zu sprechen.

»Du warst noch hier, erinnerst du dich? SS-Leutnant Dannecker** hatte die Vertreter der jüdischen Gemeinden zu einer Zusammenkunft beordert. Er verlangte von ihnen, sich ›auf deutsche Art‹ zu organisieren, wobei er immer wieder beteuerte, dass der Führer den Juden nichts Böses wolle und nichts weiter vorhabe als eine strikte Trennung zwischen ›Ariern und Semiten‹. Das waren die Anfänge der U.G.I.F., der man heute vorwirft, eine Brutstätte der Kollaboration zu sein, die sich noch den perversesten Befehlen aus Berlin beugt. Dabei besteht unsere wirkliche Arbeit darin, nachts all das zunichte zu machen, was wir tagsüber zu tun vorgeben. Diese Taktik

* Boulogne-Billancourt grenzt an das 16. Arrondissement. Dort befanden sich die Fabriken von Renault.

** Dannecker war SS-Hauptsturmführer und einer der engsten Mitarbeiter Adolf Eichmanns. Er war verantwortlich für die Deportationen der Juden aus Frankreich und an zahlreichen Verbrechen gegen Juden in Italien, Bulgarien und Ungarn beteiligt.

kommt uns teuer zu stehen: unsere Besten, Alphonse Weill, André Bauer und Fernand Musnik sind nacheinander alle verhaftet und deportiert worden. Der Terror wütet auf allen Ebenen. Dass man mich bis jetzt nicht behelligt hat, ist ein Rätsel, das ich gar nicht erst zu lösen versuche und lieber der Vorsehung zuschreibe. Ohne natürlich ausschließen zu können,« – Jacques lächelte – »dass die Weitsicht deiner Schwester etwas damit zu tun hat, derentwegen ich ja ›Gatte einer Arierin‹ bin. Willst du wissen, wie wir leben? Ich werde dir nichts über die ersten Monate erzählen, auch nicht von den ersten Razzien, denn da warst du ja noch da. Was im Juli 1942 war, weißt du ebenfalls. Der Stern… Auf den ersten Blick mag er wie eine erniedrigende, dämliche Kränkung wirken. Er ist aber weit mehr. Man ist gezeichnet. Der Hausmeister weiß, dass man Jude ist, der Lebensmittelhändler weiß es auch, genau wie der Spitzel an der Ecke. Unmöglich entgeht man den Strafen dieses grotesken Gesetzes, das unser tägliches Dasein regiert. Man steigt in einen anderen als den letzten Waggon der Metro: Drancy. Man kauft nach fünf Uhr nachmittags eine Schachtel Streichhölzer: Drancy. Man kommt nach acht Uhr abends nachhause: Drancy. So oder so, man endet immer in Drancy, denn alle zwei oder drei Monate finden Säuberungen statt, mal nach Nationalität, mal nach Beruf, mal nach Viertel. Der Stern… weißt du, dass wir fünfzehn Francs zahlen und drei Ellen Stoff abgeben mussten, um ihn auf dem Kommissariat abholen zu dürfen? Aber ich werde dir nicht weiter die Litanei unseres Elends vorbeten. Du kennst es im Wesentlichen. Na und dann, hast du gewusst, dass diese sich für die Allerklügsten haltenden deutschen Gelehrten kürzlich entdeckt haben, dass bestimmte Juden… gar keine sind? Keine Juden sind die Karäer, die kaukasischen Juden und die Anhänger bestimmter kleiner Sekten, die ich dir nicht alle aufzählen kann. Im Moment prüft man in Berlin, ob die Sepharden aus Spanien und Afrika Juden sind. Beten wir für sie! Naja und dann, das weißt du auch, ist alles unter der direkten Fuchtel der Deutschen unendlich viel schwieriger. Für die Jungen geht es noch: Sie tarnen sich, fliehen in die südliche Zone, treten der Résistance bei, oder wir schicken sie in den Maquis. Sie haben Chancen, die Befreiung zu erleben. Die Alten sind zu bedauern. In den Augen der Nazis gibt es keine schlimmeren Vergehen als Schwäche und Unschuld; die ganze Geschichte unseres Martyriums lässt sich damit auf den Punkt bringen. Im Leben ist alles relativ, mein lieber Léon. Du weißt gar nicht, wie gut du es hast als perfekt getarnter Geheimagent. Ich bleibe wohl, komme was wolle, auf meinem Posten und tarne mich nicht. Ich meine, man muss sein Schicksal bis zum Schluss akzeptieren. Halte mich ruhig für einen Mystiker oder einen Fatalisten, ganz wie du willst.«

Die nächsten Tage bewiesen mir, das Jacques nicht im geringsten übertrieben hatte. Die Arbeit war in Paris unendlich viel schwieriger als in der Südzone. Die wenigen Netzwerke, die es gab, konnten der Organisation von André keinerlei Unterstützung bieten. Dafür konnte ich ihnen so manche Tipps für die Südzone geben, ihnen sichere Adressen in den Städten und bestimmte katholische Klöster empfehlen, oder das »protestantische Plateau«.

War Georges in Drancy gelandet? Jacques hatte keine Antwort für mich, aber er übernahm es, in seinem Namen eine Nachricht zu übermitteln: »Mein guter Georges, was denkst du von Andrés Krankenschwester?« Während ich auf die Antwort wartete, besah ich mir das besetzte Paris genauer, in dem sich so viele Dramen und geheime Leben neben so viel Verrat und Niedertracht abspielten. An Georges zu denken brach mir das Herz. Ich traf einen anderen Mitschüler vom Lycée Janson, der sich durch Zufall und dank einer arischen Mutter an die Spitze einer Erdölgesellschaft vorgearbeitet hatte und Millionen mit seinen deutschen Partnern verdiente. Er versuchte, mich zu einem prunkvollen Essen einzuladen. Heldentum und Niedertracht lagen nahe beieinander, nur der banale Akt der Taufe trennte das Hotel und das Lager von Drancy; die Schwelle zwischen Gut und Böse schien unsichtbar geworden zu sein.

Ich traf auch einige Freunde meiner Eltern wieder, die zu den alten »untarnbaren« Leuten gehörten, von denen mir Jacques erzählte hatte; zitternd in ihren Dachkammern warteten sie darauf, das gemeinsame Los der Juden zu erleiden. Die U.G.I.F. ließ ihnen eine magere Unterstützung zukommen; was hätte sie mehr tun können?

Ein, zwei Wochen verrannen und noch immer war keine Antwort aus Drancy eingetroffen. Jacques zufolge konnte das nur eines heißen: dass Georges nicht dort war. Mir blieb nichts anderes übrig, als mich auf den Rückweg zu machen. In Marseille erwartete mich eine traurige Nachricht. Georges lebte nicht mehr. Er war der Folter der SS erlegen. Seine schwache Konstitution hatte sie nicht überstanden. Doch er hatte dichtgehalten.

Die Musikantenwirtschaft

Und wieder hieß es für mich Marseille, Paris, Lyon, Nizza, Grenoble, Saint-Étienne, La Ricamarie, Le Chambon-sur-Lignon. Tourismus in den Jahren 1943-1944: überfüllte Züge, gesprengte Gleise, plötzliches Umsteigen, immense Verspätungen. Ständige Kontrollen...

Irgendwann kannten die Untergetauchten sämtliche Tipps: den Bahnhof Marseille Saint-Charles in Richtung Hotel Terminus verlassen; nicht die Nacht im Wartesaal des Bahnhofs Lyon-Perrache verbringen; in Nizza ist der Vorsteher des kleinen Bahnhofes La Madeleine ein Freund, an den man sich wenden muss, um die Kontrollen am Ausgang zu umgehen. Nach und nach verließen die Juden die unter deutscher Militärverwaltung stehenden und von Waffen strotzenden Mittelmeerstädte. André verlagerte das Zentrum seiner Aktivitäten ins Landesinnere.

Anfang des Jahres 1944 fragte er meine Freunde Bardone um Erlaubnis, sein Hauptquartier bei ihnen einzurichten. Oswaldo und Léa akzeptierten, ohne zu zögern. Das waren die glücklichen und glorreichen Tage der Musikantenwirtschaft.

Schade, dass ich nicht schreiben kann wie Balzac! Wie soll ich die Lebenskraft, die schiere Unwahrscheinlichkeit dieses kleinen Café-Restaurants in einer Tagebaustadt beschreiben, das besetzt, ja überflutet war von einer bunt zusammengewürfelten Schar, wie La Ricamarie noch nie eine erlebt hatte. Wir fühlten uns so zuhause, dass wir manchmal die grundlegendsten Vorsichtsmaßnahmen vernachlässigten. Es gab dennoch nie Scherereien. Mit Sicherheit war es gerade die Ungeheuerlichkeit der Sache, die uns deckte. Léa sagte den Nachbarn und den Gästen, dass Kriegsgefangene zu Besuch seien, Freunde von Oswaldo. Kriegsgefangene! Monsieur André und Baron Blumberg und Alex »das reine Gewissen« und der andere, Alex »der Masseur«, und dann noch Alexandre Kojève… Und die Frauen: das Kolibri-Mädchen; Hermine Orsi, Italienerin und die geborene Revolutionärin (die Frau-die-ihren-echten-Namen-vergessenhat – sie hatte ihn zu oft geändert); und die gute Rosette

Lazare. Na, ich weiß nicht ganz, was Léa von ihnen gehalten hat. Dieser ganze Haufen Leute aß und schlief in der Musikantenwirtschaft; und glauben Sie mir, man aß dort gut, man ertränkte seine Nervosität, man ging geradezu in die Breite von den vielen Würsten und Schinken, dem Ragout und dem Wein. Léa und Oswaldo waren in allen Situationen selbstsicher und tollkühn.

Außer Haus waren unsere Brieftaschen mit den gefälschten Dokumenten unser einziger Harnisch. Ein sehr dürftiger Schutz; aber kaum waren wir über die Schwelle des Bistros getreten, fühlten wir uns unverwundbar. Das ging so weit, dass André und Baron eines Sonntags begannen, mit großen Schwüngen stempelnd mitten im Speisesaal falsche Papiere zu produzieren (zugegeben, es war gerade sonst niemand dort). Die gute Léa war die Mutter des Netzwerkes geworden, sie führte die Kasse von André und wusch unsere Wäsche. Vor allem André und Baron gebärdeten sich wie zwei Fohlen auf der Weide: Wenn Aldos Saxophon erklang, umschlang Baron den beleibten André und sie tanzten einen Wiegeschritt der übelsten Sorte, worüber wir uns kranklachten. Das taten wir auch, wenn Baron mit seiner preußischen Offiziersart Hitler-Imitationen zum Besten gab, die er wirklich gut beherrschte. Das Restaurant verlor seine Gäste; eingeschüchtert und nicht so recht wissend, was sie von dem endlosen Aufmarsch von »Kriegsgefangenen« halten sollten, kehrten sie dem Lokal nach und nach den Rükken. Die Bardones, die von der Atmosphäre begeistert waren, kümmerte das nicht. Im Grunde waren Oswaldo und Léa Romantiker.

Da er nun einmal in dieser Gegend Fuß gefasst hatte, war André auf die Idee gekommen, einen jüdischen Maquis in der Haute-Loire auf die Beine zu stellen. Ich fand solch ein Unterfangen sinnlos: der Maquis stand doch allen jungen Leuten offen, die guten Willens waren – wozu also die Dinge komplizieren? So zumindest sah ich die Angelegenheit. Darüber hinaus schien mir André, der überhaupt keine militärische Ausbildung hatte, reichlich schlecht geeignet, um einen Maquis anzuführen. Ich kritisierte ihn und spöttelte. Wir gerieten aneinander; umso mehr, weil er seit der Sache mit Anne-Marie jähzornig geworden war. Folglich reduzierten sich meine Aufgaben in seiner Organisation auf beinahe nichts: ein paar Eskorten nach Le Chambon. Da es mir dort gefiel, mietete ich mir im April 1944 ein Zimmer in der Nähe, bei Mademoiselle Jonac, der Hebamme von Tence. Die Gegend zog mich auch wegen Jacob und Rachel Gordin an, die Ausbilder bei den Jüdischen Pfadfindern gewesen und von diesen auf der protestantischen Hochebene in Sicherheit gebracht worden waren. Jacob Gordin* war ein jüdi-

* Im August 1947 starb Jacob Gordin, kaum fünfzig Jahre alt, an einer unheilbaren Krankheit. In jenem Jahr hatte er auf die Lehrerlaubnis der großen jüdisch-theologischen Autorität gewartet. Vorher hatte dieser schlecht auf dieses Dasein vorbereitete Gelehrte, durch nichts als seine Lexikonartikel bekannt, sich zuerst an das Exil in Deutschland und dann an das in Frankreich gewöhnen müssen. Zuletzt verdiente er seinen Lebensunterhalt als Archivar der Alliance Israélite Universelle, während seine Frau einen Kindergarten leitete. Von 1940 an war er in einer Organisation der jüdischen Pfadfinder Lehrer und Jugendgruppenleiter von Jungen und Mädchen gewesen, die – traumatisiert von ihrer plötzlichen Segregation – begierig darauf waren, das viele Wissen aufzunehmen, mit dem er sie überschüttete. Ich für meinen Teil verdanke ihm meine Einführung in das jüdische Denken, so wie ich Alexandre Kojève meine Einweihung in die Philosophie verdanke. Man kann gerechterweise Jacob Gordin neben Emmanuel Levinas als den Hauptvertreter bei der Erneuerung der jüdischen Studien im französischen Kulturraum bezeichnen. Leider haben viele seiner Jünger in der Zeit von 1940 bis 1947 dies nicht hinreichend gewürdigt, so dass sein Werk in Vergessenheit zu geraten droht. (Léon Poliakov, 1981)

scher Denker, über den ich viel Gutes gehört hatte, sowohl von Alexandre Kojève als auch von meinem Schwager Jacques, die ihn beide sehr mochten. Wie Kojève sagte, war aus diesem philosophierenden Juden ein jüdischer Philosoph geworden. Er hatte in Sankt Petersburg, meiner Geburtsstadt, studiert und dort im Rahmen seiner Orientalistik-Studien den Talmud wiederentdeckt. So war er zum praktizierenden Juden geworden. Doch wie anders er war als der Rabbi Schneerson und seine Seminaristen! Er atmete den Geist universeller Kultur. Er war zudem ein schüchterner und leiser Mann und schlecht gerüstet für den täglichen Existenzkampf. Ich versorgte die Gordins mit Mehl und Eiern, die ich in der Gegend zu besorgen wusste; sie versorgten mich mit unendlich mehr: Begriffen davon, was das Judentum wirklich bedeutete. Jacob Gordin überraschte mich des Öfteren: Seine Lieblingslektüre – nach den Weisen des Talmud – waren Kriminalromane. Er erzählte mir von Maimonides, der für Juden wie mich den »Führer der Unschlüssigen« verfasst hatte; und er sprach über Spinoza, den ersten großen Apostaten der modernen Zeit. Im Gegensatz zu seinen Schülern, den Pfadfindern, hatte dieser Denker immer noch einige Zweifel hinsichtlich des Zionismus. Allerdings war in diesem Frühjahr 1944 noch nicht das ganze gewaltige Ausmaß der jüdischen Tragödie bekannt; die ersten Informationen über Vernichtungslager begannen gerade erst durchzusickern. Unter diesen Prämissen meinte Gordin, dass dem jüdischen Volk nach der hitlerschen Verfolgung das Recht zustünde, sich für eine gewisse Zeit – etwa fünfzig Jahre – in seinem angestammten Land zu erholen.

Ein paar Takte Musik für Léa

Kommen wir noch einmal auf die Musikantenwirtschaft zurück. »Sie sind sehr nett, eure Freunde«, sagte Léa einmal. »Sie reisen viel und geben viel aus: Aber was machen sie genau?« Meine liebe Léa, heute kann ich Ihre Neugierde befriedigen. Baron, der vornehme Baron, den Sie so schön fanden, war die Hebräische Nationalbewegung in Person. Er publizierte ein kleines geheimes Blättchen namens *Schem*, worin er seinen erstaunten Lesern verkündete, dass sie nicht Juden, sondern Hebräer seien, ein für seine militärischen Tugenden berühmtes Volk; und dass, wenn man es genau nehme, nicht die Frankreich besetzenden Deutschen, sondern die Palästina besetzenden Engländer ihre eigentlichen Todfeinde waren.

Alex, »das reine Gewissen«, stellte die Verbindungen zwischen den noch nicht untergetauchten jüdischen Gemeinden und den Produzenten falscher Papiere her. Dass sein Gewissen so absolut rein war, lag daran, dass er im Extremfall nichts zu verbergen hatte, denn er war nicht beschnitten.

Alex, »der Masseur«, den Sie nicht so sehr mochten, weil Sie ihn ungeniert fanden, der aber unter seinem ungehobelten Verhalten eine besondere Empfindsamkeit verbirgt, war auch Verbindungsagent. Er war überall in der Weltgeschichte herumgekommen und nacheinander Pionier in Palästina, Straßenbahnfahrer in Kairo, Lagerverwalter in Paris und Sportlehrer in Grenoble gewesen, und überall auch ein bisschen Journalist. Nun pendelte »der Masseur« zwischen allen halbillegalen zionistischen Gruppen der Südzone; und da Staint-Étienne oft auf seinem Weg lag, genoss er wann immer möglich die herzliche Gastfreundschaft ihrer Herberge.

Wie Sie wissen, war die kleine Kolibri die wichtigste

Assistentin von André. Alles ging durch ihre Hände, nichts geschah ohne ihr Mitwirken.

Für Hermine Orsi hegten Sie große Sympathie, und sie hat sie verdient. Ihre Rolle war, die armseligen jüdischen Kinder ausfindig zu machen, die in den Kellern der Elendsviertel von Marseille oder Lyon verkümmerten, sie auf die protestantische Hochebene zu bringen und den Bauernhöfen zuzuteilen. Hermine hat sicher einige dutzend Kinder gerettet. Rosette Lazare hatte eine sehr ähnliche Aufgabe. Sie schätzten sie für ihre menschlichen Werte und ihre Selbstlosigkeit; aber die Weigerung dieser hyperorthodoxen Jüdin, sich an Ihren Tisch zu setzen und von Ihrem Braten zu essen, war für Sie – geben Sie es ruhig zu – nicht ganz mit dem gesunden Menschenverstand zu vereinbaren.

Der andere rechte Arm von André, Anne-Marie Quilici, war nie in das Wirtshaus gekommen. André hörte nie auf, ihre Verdienste und ihre Uneigennützigkeit zu loben, aber eigentlich frage ich mich, ob er ihr nunmehr nicht selbst misstraute. Ich frage mich immer noch, welche Rolle diese Frau in Wahrheit gespielt hat. Was mich betrifft, den Sie sich immer mehr von La Ricamarie entfernen sahen, so denke ich, wussten Sie wohl das meiste von meinen Konflikten mit André. Und obwohl Sie die ersten Maschinenpistolen für den jüdischen Maquis von André transportierten, haben Sie wohl tief in Ihrem Herzen oft für mich Partei ergriffen. Das zumindest hoffe ich.

Das letzte Abenteuer von Oswaldo Bardone

André hielt zu dieser Zeit nicht mehr allzu viel davon, selbst nach Nizza zu fahren. Als er im Januar oder Februar 1944 einen zuverlässigen und fähigen Boten dorthin senden musste, bot ihm Oswaldo spontan seine Dienste an. Er erledigte seine Aufgabe glänzend und reiste natürlich unter seinem echten Namen.

Anfang Mai vertraute ihm André einen neuen, zweigeteilten Auftrag an, den Oswaldo mir nicht in allen Details erklärte; mir schien, dass es einerseits um falsche Papiere, andererseits um eine Kontaktaufnahme mit Anne-Marie ging. Einige Tage nach seiner Abfahrt erhielt Léa eine Postkarte aus Cannes, auf der stand, dass alles gut verlaufen sei. Oswaldo hoffte, noch vor der veranschlagten Zeit nachhause zu kommen. Doch am Tag seiner geplanten Rückkehr kam er nicht. Und auch am nächsten Tag nicht. In der Musikantenwirtschaft machte sich mit jedem Tag mehr Unruhe und schließlich Angst breit, bis endlich ein mit unbekanntem Namen unterzeichneter Brief aus Marseille eintraf. Ganz eindeutig war dieser Brief von Oswaldo diktiert worden. Er teilte mit, dass unser Freund im deutschen Gefängnis von Nizza inhaftiert war, »wegen des Fotoapparates«. Er fragte um Lebensmittelpakete und bat Léa, nach Nizza zu kommen, vorher aber noch »den Vater und den Onkel der Kleinen«, das hieß André und Baron, vor die Tür zu setzen. Léa brach am nächsten Tag zusammen mit Hermine auf.

Ich wiederum ließ ich mich nun fest in Tence nieder, wo ich dank der friedfertigen Stimmung und der Anwesenheit der Gordins begann, Hebräisch zu lernen und sogar die »Maximen der Väter« zu lesen, das Vorzimmer der talmudischen Weisheit. Die Wochen vergingen, die Alliierten landeten, Frankreich erhob sich… Und schließlich hörte ich eines Morgens im August eine Stimme, eine Stimme, die mir sehr vertraut war: »Wohnt hier Monsieur Robert Paul?« Ich sah aus dem Fenster.

Oswaldo? Unmöglich! Aber ja, es war tatsächlich Aldo, ein bisschen abgemagert, ein wenig blass, aber durchaus lebendig und durchaus munter. Ich stürzte die Treppe hinunter und warf mich in seine Arme. Und das ist die Geschichte von Oswaldos Abenteuer:

»Du wusstest also nicht, dass mich Frau Krinski, die ich aus Cannes evakuiert hatte, gebeten hatte, ihr einigen Kleinkram zu bringen. Ich habe also auf der Rückfahrt in Cannes halt gemacht und ihre Sachen, Wäsche und einen Fotoapparat, in meinen Koffer gepackt. Im Zug öffnete ich meinen Koffer, um mein Proviant herauszuholen. Genau in diesem Moment kam ein Deutscher vorbei, um zu kontrollieren. Er sah mich herumräumen und warf einen Blick in den halb geöffneten Koffer. Dabei sah er den Fotoapparat. Es dauerte nicht lange, bis er mir seine Maschinenpistole in die Nieren stieß und wir auf dem Weg ins Gefängnis waren. Ich verstand nicht, wie mir geschah. Ich wusste nur eins: glücklicherweise hatte ich nichts Kompromittierendes bei mir.

Am nächsten Tag verhörte man mich. ›Für wen arbeiten Sie? Für die Gaullisten, für die Juden?‹, wollten sie von mir wissen. ›Ich verstehe nicht, was sie damit meinen!‹, antwortete ich. Sie verprügelten mich ein bisschen. ›Für wen machen Sie die Fotos?‹, fragten sie jetzt.

›Ich habe keine Fotos gemacht, ich weiß noch nicht mal, wie man fotografiert, der Apparat gehört mir nicht, er gehört einer Frau aus Saint-Étienne‹, antwortete ich. ›Das ist bestimmt eine Jüdin‹, sagte der Deutsche, ein kleiner blonder, der aussah wie der Nazi-Schauspieler Harry Piel. Sie schlugen mich wieder. ›Wozu sind Sie nach Nizza gefahren?‹ ›Sie wollen es wohl wirklich wissen! Also gut, ich handle auf dem Schwarzmarkt!‹ Das hab ich ihnen weisgemacht. Den Deutschen ist der Schwarzmarkt piepegal. Also haben sie mich in Frieden gelassen. Weißt du, ich war ganz ruhig. Ich hatte mir ja nichts vorzuwerfen! (Aldo lächelte sein unnachahmliches Lächeln). Am nächsten Tag wurde ich erneut verhört, dieses Mal mit Stenograph. ›Sie wissen, dass Ihr Fall ernst ist‹, sagte Harry Piel zu mir. ›Sie bringen mich ja zum Lachen‹, habe ich ihm geantwortet. Und ich verwirrte sie mit irgendwelchen Geschichten darüber, wie man mit Rohleder und Nägeln einen Haufen Geld verdienen kann. Sie schlugen mich nicht mehr, brachten mich zurück in die Zelle und drohten, Untersuchungen in La Ricamarie anzustellen. Ich war ein bisschen in Sorge wegen des Bistros. Deswegen ließ ich Léa durch die Frau eines Mithäftlings schreiben. Seit dem Augenblick, da ich Léa in Nizza wusste, war ich glücklich wie ein König. Zumal sie mir feine kleine Versorgungspakte zukommen ließ. Die anderen in der Zelle meinten, dass ich ganz bestimmt deportiert würde, weil ich ja im Alter für den Arbeitspflichtdienst bin. Aber ich sorgte mich nicht allzu sehr. Wir diskutierten viel in der Zelle, da gab es ganz nette Typen. Zum Beispiel einen Kerl aus Kanada, der mir Englisch-Unterricht gab. Ich behielt Recht, denn am nächsten Tag ließ mich Harry Piel zu sich kommen. Und was hat er mir gesagt? ›Ich hätte Sie deportieren lassen müssen. Aber Sie sind mir persönlich sympathisch. Ich habe deshalb beschlossen, eine Ausnahme zu ihren Gunsten zu machen. Ich lasse Sie auf freien Fuß setzen.‹ Du weißt, dass sie keine Ermittlungen in La Ric' gemacht haben. Gottseidank, denn die Nachbarn… Oder?«

So ging das letzte Abenteuer von Oswaldo Bardone.

Dritter Teil

Neue Lehrzeit und Reife

Im dritten Abschnitt erfahren wir, wie der Autor nach einigen weiteren Abenteuern, davon manchen dank des wieder eingekehrten Friedens rein innerlichen, dazu kam, in den stillen Wassern der Universität vor Anker zu gehen. So stabilisierte sich sein Leben, und aus seinen Irrungen und Wirrungen wurden Recherchen und gelehrte Spekulationen. Daraus ergeben sich in seiner Erzählung – möglicherweise ärgerliche – Unterbrechungen des Geschehens. Die Leserin oder der Leser kann das Buch also weglegen – es sei denn, die mitunter unverschämten Überlegungen des Autors zur Psychoanalyse in Theorie wie Praxis, den akademischen Sitten in Frankreich, einem gewissen, fälschlich als »Rassismus« klassifizierten Phänomen und sogar dem schlechthin Guten und Bösen wären für sie oder ihn von Interesse.

Erste Schritte eines Forschers

Im September 1944 brauchte man für die Reise von Lyon nach Paris etwa fünfzehn Stunden. Aufs Neue fand ich mich auf dem Pariser Pflaster wieder; nicht nur unter einer falschen Identität, die nicht mehr vonnöten war, sondern auch ohne Unterkunft und Geld, von einem vernünftigen Beruf ganz zu schweigen. Doch all das bekümmerte mich wenig: mein stetes Glück während der Besatzung vermittelte mir das Gefühl – das leider nicht für immer andauern sollte –, was immer ich tat, unter meinem eigenen guten Stern zu stehen.

Für den Anfang löste ich das Unterkunftsproblem, indem ich mich auf wenig schamhafte Weise in die schöne Wohnung Kojèves einlud, der noch nicht aus Marseille zurückgekehrt war (später hatte ich Grund zu der Annahme, dass er daran Anstoß genommen hat, aber er hat es mir nie vorgeworfen).

Zwei oder drei Wochen darauf konnte ich wieder in meine alte Junggesellenwohnung in der Rue Fondary einziehen, die von Amts wegen versiegelt gewesen war, da Jacob Bogarsoukov seit der Befreiung im Gefängnis schmorte. Sein Verbrechen bestand darin, einige bedauernswerte russische Soldaten in deutscher Uniform (die zur Truppe des übergelaufenen Generals Wlassow gehört hatten) verpflegt oder beherbergt oder auch nur aufgemuntert zu haben. Übrigens wurde er ziemlich bald entlassen und konnte seine Schwarzmarktaktivitäten wieder aufnehmen. Ich verlor ihn dann aus den Augen, aber ich weiß, dass er seine letzten Tage in einem Heim für greise Russen verbracht hat. Ich mache mir Vorwürfe, nicht mehr Interesse für das Los dieses anständigen Mannes gezeigt zu haben. Um mein Brot zu verdienen, war es zunächst notwendig, Robert Paul zu begraben und wieder zu Léon Poliakov zu werden (ich war in der Folgezeit überrascht von der Menge der Lévys oder Kagans, die lieber Dupont oder Martin bleiben wollten, worin sie die damals um »Französisierung« bemühten Behörden bestärkten; mir selbst aber kam das nicht in den Sinn).

Da aber Léon Poliakov 1942 aus Frankreich ausgewiesen worden war, musste zunächst diese Ausweisung für nichtig erklärt werden. In meinen Unterlagen, neben der Entlassungsbescheinigung und weiterer Souvenirs aus dem Gefängnis Chave, habe ich eine Petition gefunden, die ich am 26. Juni 1945 an den Staatsanwalt von Aix richtete:

»Sehr geehrter Herr Staatsanwalt,

die Staatsbürgerschaft eines Landes bringt bekanntlich zweierlei mit sich: Rechte und Pflichten. Wie ist es da möglich, dass man über Jahre allen Pflichten nachzukommen hatte, aber keines der Rechte genossen hat? Die folgenden Zeilen möchten dies darlegen:

Als russischstämmiger (und jüdischstämmiger) Staatenloser bin ich 1939 einberufen (Paragraph 8 des Rekrutierungsgesetzes vom Februar 1928) und der Gebirgsjägertruppe zugeteilt worden. Das war die »Pflicht«. – Das »Recht« als deren Gegenpart bestand in dem Versprechen einer zügigen, kostenlosen und quasi automatischen Einbürgerung.

Unmittelbar nach meiner Ankunft beim Regiment habe ich deshalb auf dem Amtsweg einen Antrag auf Einbürgerung gestellt.

Während der Wartezeit musste ich mich allen Auflagen des französischen Militärs beugen, darunter dem Verbot, eine Ausländerin (russischstämmig, so wie ich) zu heiraten, denn dazu brauchte es eine Sondererlaubnis. Eine solche war nun äußerst schwierig zu erhalten, denn obzwar ich in der Armee ein französischer Soldat war, blieb ich im Zivilleben Ausländer. Von Oktober 1939 bis Mai 1940 habe ich diese Erlaubnis nicht erhalten können!

Im Juni 1940 geriet ich in Gefangenschaft und habe mich somit für einige Zeit nicht mehr mit dieser Frage beschäftigt... Aus dem Kriegsgefangenenlager ausgebrochen, floh ich 1941 in die ›freie Zone‹. An Einbürgerung zu denken, war für mich als Nicht-Arier von da an zwecklos. Die Zeit war zudem recht ungünstig, um in den heiligen Stand der Ehe einzutreten. Stattdessen hatte ich bald neue Sorgen. Ich arbeitete als Sekretär für die Vereinigung praktizierender Israeliten in Marseille. Und sehr bald musste ich den Verdruss erfahren, der recht eigentlich in Ihren Verantwortungsbereich fällt und worüber Sie das Gesuch in Kenntnis setzen wird, das mein Anwalt Léon Magnier Ihnen ausgehändigt hat. Zwei Wochen Gefängnis – Ausweisung – das waren Lappalien in der Zeit der Gaskammern. Aber dennoch handelt es sich ja auch um eine Frage des Prinzips.

Da ich Jude bin, bin ich nicht eingebürgert worden (alle arischen staatenlosen Kameraden meines Rekrutenjahrgangs wurden es). Da ich in der Resistance war, bin ich aus Frankreich ausgewiesen worden (die Ausweisung ist noch immer in Kraft, solange das Urteil nicht revidiert worden ist). Ich kann also weder meine Bemühungen um das Einbürgerungsverfahren wieder aufnehmen, noch mich für eine halbwegs interessante Arbeit bewerben – und auch nicht heiraten! (Diesmal, weil dazu Ausweispapiere nötig sind, die für mindestens ein Jahr gültig sind und ich nur über eine Aufenthaltserlaubnis für drei Monate verfüge.)

Sind das in der Zusammenschau nicht sehr viele Pflichten … aber äußerst wenig Rechte?

Ich meine, dass das Unwahrscheinliche dieser tragikomischen Situation mir das Recht gibt, mich auf so direkte – wenn auch wenig formelle – Weise an Sie zu wenden.

In der Hoffnung auf die Ehre einer Antwort von Ihrer Seite verbleibe ich mit dem Ausdruck meiner Hochachtung,

Léon Poliakov«

Zur Erbauung derjenigen, die sich von Zeit zu Zeit angesichts der »karteimäßigen Erfassung« aller Ausländer, ja sogar aller Franzosen sorgen, kann ich bemerken, dass es diese nicht erst seit der Ära der Computer gibt. Als ich schon längst eingebürgert war, erfuhr ich bei einigen gewöhnlichen Ausweiskontrollen, dass ich wohl lebenslänglich in der Kartei stand – oder wie es ein rechtschaffener Gendarm aus Quimper ausdrückte: »Aus unserer Sicht sind Sie aus Frankreich ausgewiesen worden, aber Sie dürfen sich frei bewegen.«

Allerdings konnte ich schon bei meinen ersten Behördengängen 1944-1945 ein glänzendes Beispiel polizeilichen Weitblicks festhalten. Bevor ich mich auf dem Polizeipräsidium vorstellte, hatte ich mich mit einem beeindruckenden Stapel Dokumente bewaffnet, darunter auch ein vom damaligen Arbeitsminister Daniel Meyer unterzeichnetes, das meine Zugehörigkeit zum Widerstand beglaubigte. Der zuständige Beamte, dem ich sympathisch war, riet mir ab, meiner Akte diese Bescheinigung beizufügen. »Die Bescheinigung ist ganz ausgezeichnet«, befand er, »aber wer weiß ... der Wind mag sich drehen.« Mit fünfzig Jahren Abstand kann ich diesem guten Mann höchstens seinen berufsbedingten Pessimismus vorwerfen.

Die Regelung meines bürokratischen Status und auch die anschließende Einbürgerung verliefen ohne weitere Probleme. Übrigens erscheint es mir jetzt bei der Erinnerung an die ersten Jahre nach dem Krieg notwendig zu erläutern, dass diese Jahre mit jenen der Besatzung eine viel stärkere Einheit bilden, als man sich das heute, am Ende des Jahrhunderts, gemeinhin vorstellt. Die Einschränkungen an Nahrungsmitteln, Kleidung und allem anderen blieben bestehen (die Rationierungen wurden erst 1948 oder 1949 beendet). Auschwitz hatte noch nicht sein symbolisches Gewicht, und Antisemitismus und Rassismus konnten noch weitgehend ungehindert zum Ausdruck kommen: Die Käufer jüdischen Eigentums schlossen sich mit Unschuldsmiene zur »Vereinigung der redlichen Erwerber« (Association d'acquéreurs de bonne foi) zusammen; der inzwischen verstorbene Philosoph Gabriel Marcel* fühlte sich bemüßigt, die Juden im *Figaro Littéraire* zu warnen, sie redeten zu laut; ein Chansonnier, dessen Name mir entfallen ist, hatte einigen Erfolg mit der Aussage, dass »die Verbrennungsöfen Brutkästen gewesen« seien. Es waren aber auch Jahre voller Hoffnung und Zuversicht für die Zukunft; die Mehrheit der jungen Intellektuellen trat der kommunistischen Partei

* Gabriel Marcel (1889-1973) war ein französischer Philosoph des christlichen Existenzialismus. In der Tradition von Sören Kierkegaard stehend, übte er auf seine Schüler, u.a. Emmanuel Levinas und Jean-Paul Sartre, großen Einfluss aus.

bei, was sie nicht daran hinderte, allesamt – oder wenigstens fast – Zionisten zu sein; und das Schicksal der Palästinenser ließ damals niemanden gleichgültig, nur dass damals, wie ich beim erneuten Lesen meiner ersten Schriften feststelle, mit diesem Begriff die Juden und nicht die Araber gemeint waren.

Eine andere Hoffnung, die sich unglücklicherweise als flüchtig erwies, war jene auf die Rückkehr der Deportierten. Es war ein bemerkenswertes Problem der kollektiven Psychologie, dass die Öffentlichkeit sich weigerte, an die Ermordung der Juden, wie sie in den Gaskammern begangen worden war, zu glauben. Ich denke, dass diese Weigerung überraschenderweise in jüdischen Kreisen heutzutage weitgehend vergessen ist und manche gegenwärtige Kontroversen ebenso erhellt wie die künstlich gestiftete Verwirrung der »revisionistischen Schule«, dieser Pseudo-Historiker, denen zufolge die Vernichtung der Juden ein bloßes Märchen ist, eine Erfindung der Zionisten …

Jedenfalls löste sich erst im April 1945 die verzweifelte Hoffnung in Luft auf, den Großteil der Deportierten wiederzusehen, als die amerikanische Armee die Massengräber von Buchenwald und Bergen-Belsen entdeckte, die ja noch nicht einmal tatsächliche Vernichtungslager wie Auschwitz gewesen waren. Auch in dieser Hinsicht schien die Nachkriegszeit noch zu einer anderen Ära zu gehören, in der es angebracht war, der »militärischen Indoktrination« nicht zu glauben, nämlich jener von 1914-18. Für mich persönlich traf das auch zu – obwohl ja gerade ich in der Position gewesen war, es besser zu wissen.

Doch ich muss noch einmal auf mein altes Problem Nummer Eins zurückkommen, die Erwerbsarbeit. Nicht, dass mich das damals über die Maßen beschäftigt hätte. Ich stand ja durch mein großes Glück in den Jahren zuvor noch immer unter dem Eindruck, gegen alle Schicksalsschläge und Probleme gefeit zu sein. Doch leider sollte dieser Zauber nicht von Dauer sein … Ich machte also die Runde bei meinen alten Kontakten. Ich zählte vor allem auf einen entfernten Cousin »meines Rabbis«, der denselben Namen trug, wenn auch in anderer Schreibweise: Isaac Schneersohn war ein Großindustrieller, dem ich während der Besatzung einige Dienste erwiesen und der bereits 1943 die Idee gehabt hatte, Dokumente über die große Verfolgung zu sammeln.

Ich weiß noch, dass er anfangs ein Büro in der Rue Bizanet in Grenoble eingerichtet hatte, wo ein halbes Dutzend Schreibkräfte damit beschäftigt waren, das täglich erscheinende staatliche Amtsblatt nach »arisierten« jüdischen Unternehmen zu durchforsten und davon eine endlose Liste anzulegen; was ich zunächst äußerst lächerlich fand, denn ich verstand nicht, dass man nun einmal irgendwo anfangen muss.

Nach der Befreiung und zurück in Paris konnte Isaac Schneersohn sich immerhin rühmen, das »Dokumentationszentrum für jüdische Zeitgeschichte« (Centre de Documentation Juive Contemporaine, CDJC) noch »im Dunkel der Besatzung« gegründet zu haben. Er gehörte zu der Sorte Menschen, denen alles gelingt, weil sie über ihre Tatkraft hinaus über ein naives Selbstvertrauen verfügen und dem Menschengeschlecht, angefangen bei sich selbst, mit Wohlwollen begegnen. Er war ein stattlicher Mann und ein furchteinflößender Verhandlungspartner: »Was für ein Sturschädel«, flüsterte mir eines Tages sein Cousin Salman ins Ohr, der gelegentlich sarkastisch wurde. Kurzum, ein Teufelskerl, ein leidenschaftlicher Jude, der sich von seiner chassidischen Dynastie die Lebensenergie bewahrt hatte, jedoch schon einen recht sorglosen Umgang mit Moses' Gesetz pflegte. Einmal überraschte ich ihn dabei, wie er am Samstag hinter dem Rücken seiner Frau eine Zigarette rauchte.

Schneersohns erster Schritt bestand darin, mich mit einigen Empfehlungsschreiben zu versehen, in denen er mich als einen lobenswerten jungen Mann beschrieb, der mehrere Sprachen beherrschte. Als sich diese Qualifikationen als ungenügend erwiesen, bot er mir einen Posten als stellvertretender Generalsekretär des Dokumentationszentrums für jüdische Zeitgeschichte an, was wohlgemerkt bedeutete, dass ich die Hauptarbeit für das Archivs würde machen müssen: den Posten des Generalsekretärs besetzte schon ein Justiziar, der umfangreiche Verbindungen in politische Kreise hatte, und ebenfalls ein Sturkopf war, oder jedenfalls etwas Ähnliches.

Allerdings zeigte sich sofort, dass ich nicht die erforderliche Qualifikation besaß. Meine himmelschreiende Unfähigkeit trat bei der Frage des Standortes zutage. Nur die Geschäftsstelle der ehemaligen Union Générale des Israélites de France (U.G.I.F.) stand zu diesem Zeitpunkt jüdischen Verbänden zur Verfügung, und diese wurde nun Raum für Raum unter denjenigen Organisationen aufgeteilt, die wieder zu funktionieren begonnen hatten.

Schneersohn hatte sich das größte Zimmer zu sichern gewusst und er hatte mich damit beauftragt, mich dort häuslich einzurichten, um unseren Besitzanspruch zu manifestieren. Ein Angehöriger des jüdischen Establishments hatte jedoch keine große Mühe, mich wieder auszuquartieren. Ich war der Situation also nicht gewachsen. Statt mich nun zu feuern, wie es ein Chef von geringerem Format getan hätte, dachte sich Schneersohn auf der Stelle einen neuen Posten für mich aus und machte mich zum Leiter der Forschungsabteilung des CDJC.

Aber um was für Forschungen sollte es sich handeln? Ich weiß nicht mehr, wie es anging, aber unser Institut bezog bald eine prachtvolle Wohnung in der Avenue Foch. An Dokumentationsmaterial gab es zu Beginn nur die absurden Listen, die noch vor Kurzem in Grenoble angefertigt worden waren. Was mir damals keine Ruhe ließ, und sicherlich nicht nur mir, das war das Geheimnis der Henker; das waren die Umstände, unter welchen die Führungsebene des Dritten Reiches beschlossen hatte, mich zu töten, ebenso wie Millionen andere menschliche Wesen, deren Besonderheit darin bestand, in dem einen Bett geboren zu sein und nicht in einem anderen.

Vielleicht bin ich ein geborener Forscher: in jedem Fall gelang mir mit meinem ersten Versuch gleich ein Meisterstück. Bewaffnet mit Empfehlungsschreiben von Justin Godart, einem ehemaligen Minister der Dritten Republik, versuchte ich mein Glück beim Innenministerium an der Place Beauveau, wo man mich von Büro zu Büro schickte, bis ich bei Kommissar Berger von der Staatspolizei endlich Erfolg hatte. Ich hatte kaum den Mund aufgemacht, um ihm mein Anliegen zu schildern, da wies er schon mit dem Finger auf eine große Holztruhe* in einer Ecke des Zimmers: »Das hier sind Archive, die wir beschlagnahmt haben, aber ich spreche kein Deutsch«, sagte er, »würden Sie mir sagen, worum es sich handelt?«

Ich werde nie verstehen, warum Kommissar Berger und sein Assistent Kommissar Pink mir auf Anhieb völliges Vertrauen entgegenbrachten, aber Tatsache ist, dass die Truhe die Registratur der Archive der SS in Frankreich –

* Poliakov beschreibt diese Recherche-Arbeit, die ihm die Dokumente in der Holztruhe ermöglichten, in seinem Essay »Sur les Traces du Crime« (Auf den Spuren des Verbrechens), der erstmals 1949 in der *Le monde juif* erschien und in dem gleichnamigen Buch »Sur les Traces du Crime«, Paris 2003, enthalten ist.

die man damals verallgemeinernd »die Gestapo« nannte – enthielt, und dass ich mich ausführlich damit befassen durfte. Mehr noch, es wurde zu meiner Aufgabe, Berger oder Pink alle Fälle von Kollaboration oder Denunziation anzuzeigen, die eine Strafverfolgung rechtfertigten! Außerdem hatte ich freie Hand, die interessantesten Dokumente mitzunehmen, um sie im CDJC auf Mikrofilm aufnehmen zu lassen.

Diese außergewöhnliche Situation, die nur in der aufgelösten Atmosphäre unmittelbar nach der Befreiung möglich war, hielt einige Wochen an. Ich kam meinen Aufgaben mit äußerster Sorgfalt nach. Beispielsweise kann ich mich noch an den Fall des Richters L. erinnern, eines elsässischen Juden und sehr bekannten Juristen (ich glaube, er war vor dem Krieg Vorsitzender der 12. Strafgerichtskammer). Ein hoher Funktionär im deutschen »Amt für Judenfragen« namens Schweblin hatte die SS darum gebeten, L. nicht zu verhaften, weil er ihn als Informanten brauche. Irgendetwas hielt mich von der Anzeige seines Falles zurück, und ich fragte Salman Schneerson um Rat. »Tun Sie es nicht«, sagte er. »Schweblin und L. sind beide Elsässer; vielleicht wollte der eine den anderen beschützen und hat dafür diesen Vorwand nur erfunden.«

Ich glaube, dass ich im Großen und Ganzen ein gemäßigter Säuberer war. Ich erinnere mich auch noch an einen Brief von Raymond Cartier – damals ein bekannter Journalist (in den 1950er Jahren sprach man sogar von »Cartierismus«) –, in dem er, ohne den Deutschen direkt seine Dienste anzubieten, unterwürfigst den Antrag stellte, eine kollaborierende Wochenzeitschrift gründen zu dürfen; der Fall erschien mir nicht schlimm genug, um eine Strafverfolgung zu rechtfertigen.

Die Truhe war geradezu bodenlos, und die Auswertung

ihres Inhalts dauerte viele Jahre. Letztlich war sie es auch, die die Veröffentlichungen von Serge Klarsfeld über die Transporte deportierter Juden und die Hinrichtungen von Geiseln ermöglicht hat. Vielleicht enthält sie sogar noch weitere Überraschungen.

Meine Tätigkeit als Leiter der Forschungsabteilung war hier jedoch nicht zu Ende. Gegen Ende des Jahres 1945 begannen die »Nürnberger Prozesse«, die die Regierungen der Vereinigten Staaten, Großbritanniens, der Sowjetunion und Frankreichs gegen zwanzig Verantwortliche des Dritten Reiches, allen voran Hermann Göring, eingeleitet hatten. Übrigens wurden die Prozesse von Beginn an in Frage gestellt, zumindest in den neutralen sowie den angelsächsischen Ländern, da die Sieger den Besiegten den Prozess machten und dabei zudem gegen die uralte Maxime des *nulla poena sine lege* handelten. Wie dem auch sei, seit vielen Monaten schon bereiteten Amerikaner, Briten und Sowjets ihre Anklageschriften vor, hauptsächlich anhand der Naziarchive, die ihnen in die Hände gefallen waren; allein der französischen Delegation, die von François de Menthon und Edgar Faure geleitet wurde, fehlte solche Munition, denn niemand hatte ihnen die Existenz »meiner Truhe« gemeldet. Ich weiß nicht mehr, auf welchem Wege Schneersohn von dieser Situation erfuhr; jedenfalls nutzte er sie mit seiner typischen Geschicklichkeit: nicht nur machte er die von mir geleistete Arbeit zu Geld, indem er es erreichte, dass die berühmte Truhe dem CDJC anvertraut wurde, sondern er ließ die französische Delegation mich als Experten aufnehmen, in der Hoffnung auf weitere Heldentaten und Funde.

Eines Tages im Winter 1946 machte ich mich also auf den Weg nach Nürnberg. Es war ein außerordentliches Privileg, an den Prozessen teilnehmen zu dürfen, nicht zuletzt aufgrund der Transportschwierigkeiten und des fehlenden Platzes in einer Stadt, die zu neunzig Prozent zerstört war. Ein einziges Hotel war von der Bombardierung verschont geblieben, das Grandhotel, und dieses musste nun sämtliche Zuschauer aus aller Welt beherbergen, von den jeweiligen Delegationen ganz zu schweigen.

Sobald ich untergebracht war, hatte ich dank der sprichwörtlichen Hilfsbereitschaft der Amerikaner, die Stadt und Prozess verwalteten, keine Mühe, in den Archiven reichlich fündig zu werden. Gleichzeitig knüpfte ich Kontakte mit den russischen Journalisten und Schriftstellern, die sich ungemein für alle westlichen Angelegenheiten interessierten; ich erinnere mich der unablässigen Fragen von Konstantin Fedin, dem ich Sartres Existenzialismus erklären musste, und ebenso des schlechten Benehmens des Dramaturgen Wsewolod Wischnewski, der, da er dem Whiskey zu sehr zugeneigt war, nach Moskau zurückbeordert wurde. Mein schwierigstes Problem bestand darin, vor Ort zu bleiben: die mit der Hotelverwaltung betrauten amerikanischen Offiziere versuchten schon in der ersten Woche, mich zur Heimfahrt bewegen. Edgar Faure verteidigte mich, weniger weil ich ein unverzichtbarer Experte war als aufgrund seiner politischen Ambitionen, Beziehungen zu den Russen aufzubauen, wofür ich ihm unersetzlich schien.

Faure verdanke ich eine bemerkenswerte Lektion in Regeltreue. Innerhalb der französischen Delegation war er mit der Anklage der »Verbrechen gegen die Menschheit« beauftragt, die er mit Hilfe des Inhalts der berühmten Truhe veranschaulichen konnte. In der Truhe fand sich aber auch ein Dokument (die Mitschrift einer Rede von Göring, glaube ich), das für die Anklage wegen »Plünderungen und Beraubungen« hätte nützlich sein können, die ein anderer Staatsanwalt, Charles Gerthofer, vertrat. Mir kam es normal vor, diesem das Dokument eigenverantwortlich zur Verfügung zu stellen. Zu meinem großen Erstaunen wies Faure mich zurecht: »Sie sind mit mir hergekommen, da sollen Sie auch nur für mich arbeiten.«

Und der Prozess? Dieses Spektakel war schon nach dem zweiten Besuch des Gerichtssaales langweilig, und ich bin mir nicht sicher, mehr als zweimal hingegangen zu sein; beziehungsweise, wie es die hervorragende Schriftstellerin Lucie Faure, die Frau von Edgar, im Hinblick auf die Angeklagten auf den Punkt brachte: »Man hält sie am Ende noch für Bekanntschaften.« Ich wollte dennoch einen direkten Kontakt zu ihnen herstellen.

Die Gelegenheit bot sich, als ein Angeklagter zweiten Ranges, der ehemalige »Führer der Auslandsdeutschen« Bohle, öffentlich sein Gewissen erleichtern wollte und mich durch einen der Ankläger bat, eine Verbindung mit einer offiziellen jüdischen Organisation herzustellen; ich sprach mit den Leuten vom jüdischen Weltkongress und von B'nai B'rith darüber, aber sie zeigten nicht das geringste Interesse an der Reue dieses Nazis. Hans Frank, der Gauleiter Polens war es, der sich gegen Ende des Prozesses zu einem bedingungs- und rückhaltlosen *mea culpa* entschloss: »Tausend Jahre werden vergehen und diese Schande wird noch nicht getilgt sein…«

Was habe ich letztlich von Nürnberg behalten? Der ergreifendste Anblick ist in meiner Erinnerung ein wenig verblasst: die dem Erdboden gleichgemachte Stadt, Ruinenfelder so weit das Auge reichte, und quer über diese Felder Pisten, die einst Straßen gewesen waren und die den Besatzern, die wir nun waren, als Spazierwege dienten. Deutschland zur Stunde Null.

Kinder, die um Zigaretten bettelten, und noch eine Begegnung: zwei junge Mädchen, die meinen Freund Joseph Billig* und mich belästigten: »Ihr seid Juden, wir sehen es an eurem Blick.«

Besser erinnere ich mich an die Eingangshalle des Grandhotels und die Gänge des Gerichtes, die zwei brummenden Bienenstöcke von Nürnberg. Im Hotelfoyer führte ich die typisch russischen endlosen Diskussionen mit meinen neuen Freunden aus Moskau, die jeden Monat das »Tauwetter« erwarteten. »Dass sie sich nur beeilen« (sie, die Mächtigen, jene *vlasti*, mit denen die Russen sich schon seit dem Joch der Mongolen nie wirklich identifizieren konnten)! Manchmal gab es Gäste auf der Durchreise. Ein Major bekundete sein Erstaunen darüber, die Besiegten besser leben zu sehen als die Sieger. Der ihn begleitende Hauptmann widersprach: »Aber wir haben ja alles, was wir brauchen.« Doch der Major insistierte: »Die Frage steht auf der Tagesordnung, und man diskutiert sie in Moskau in den höchsten Kreisen.«

Die Dokumente, die im Gericht lagen und gesichtet wurden, waren für mich das Wesentliche.

Der Dokumentenberg hörte nicht auf zu wachsen, mehrere deutsch-amerikanische Stäbe inventarisierten, fotografierten, sortierten und gruppierten zehntausende Dokumente, von denen eine große Zahl das Schicksal der Juden betraf. Auf Anhieb verblüffte mich der Unwille der Mörder, ihre Taten beim Namen zu nennen. Umschreibungen waren allgegenwärtig: Aussiedlung, Verlegung, Aktion, liquidieren, unschädlich machen, Lösung der

* Der französisch-jüdisch-russische Historiker Joseph Billig (1901-1994) nahm mit Léon Poliakov an den Nürnberger Prozessen teil und arbeitete wie dieser beim CDJC. Seine Schrift »L'Allemagne et le Genocide« (Deutschland und der Völkermord) von 1950 gehört zu den ersten wissenschaftlich-historischen Versuchen der Dokumentation der NS-Verbrechen.

Judenfrage. Hitler und Himmler befürworteten ausdrücklich sprachliche Umwege. Die Aussage eines Zeugen hallt noch immer in meinen Ohren wider: »Die Aktion von Nowogródek war das Werk eines Kommandos der SS, das die Vernichtung aus reinem Idealismus erledigte, ohne von Schnaps Gebrauch zu machen.«

Die amerikanischen Offiziere, vom General Telford Taylor, dem Patrizier aus Neuengland, bis zum Hauptmann Sadie J. Maze, dem Sohn des Rabbiners von Moskau, waren so hilfreich wie nur irgend möglich. Ich konnte meinen Freund Billig als Festangestellten des CDJC in Nürnberg registrieren und ihn in die Gruppe der offiziellen Empfänger der aufzuteilenden Dokumente aufnehmen lassen. Auf diese Weise kam neben der Französischen Division, der Polnischen Division oder der Norwegischen Division auch eine Billig-Division zustande. Mein Assistent war als Staat aufgeführt, der auf keiner Karte zu finden war.

Psychoanalyse

Im Triumph kehrte ich nach Paris zurück. Die im CDJC angesammelten Dokumente und die internationalen Beziehungen, die wir dank der Zusammenarbeit mit der französischen Delegation geknüpft hatten, gestatteten es Schneersohn, die finanziellen Zuwendungen zu verdoppeln oder verdreifachen, die er von der anderen Seite des Atlantiks erhielt. Folglich stellte das Centre weitere mittellose Intellektuelle ein, die Posten unter mir bekleideten, ja sogar meine Untergebenen waren: Ich wurde also ein kleiner Chef. Meine Bezüge erhöhten sich beträchtlich. Henry Monneray allerdings, der ein Mitarbeiter Edgar Faures war und die Verantwortung für die Veröffentlichungen der ersten zwei Dokumentensammlungen trug, was keineswegs eine erdrückende Aufgabe war, erhielt ein höheres Monatsgehalt, und das schien mir ungerecht. Meinen Klagen hielt Schneersohn entgegen, dass man einen externen Mitarbeiter besser bezahlen müsse als einen internen Mitarbeiter; anders gesagt, dass Beziehungen mehr wert seien als Arbeit. Dabei blieb es, und ich empfand eine gewisse Bitterkeit.

Mein Triumph hatte noch mehr Folgen. Aber dazu muss ich dem Leser mitteilen, dass ich mich kurz vor meiner Abreise nach Nürnberg schließlich mit der jungen Dame verlobt hatte, die in der »Musikantenwirtschaft« den Namen Rosette Lazare trägt. Sie hatte die Sache schon 1943 oder 1944 zur Sprache gebracht, und meine erste Regung hatte darin bestanden, ihr zu sagen, sie müsse sich das aus dem Kopf schlagen, da ich sie zwar gern habe, aber nicht liebe. Sie blieb jedoch hartnäckig, und in einer zweiten Regung, wobei ein gefährliches Mitleid (und vielleicht sogar noch zweifelhaftere Gefühle) eine Rolle spielten, beging ich den Fehler, mich einverstanden zu erklären. Nun gab es am CDJC seit einer Weile eine äußerst gutaussehende Schreibkraft, die meine Erfolge mir in die Arme trieben. Diese Lida war eine sehr leidenschaftliche Geliebte. Da ich mich gerade erst verlobt hatte, fand ich mich nunmehr auf banalste Weise zwischen zwei Frauen hin- und hergerissen und brachte es nicht fertig, mit einer der beiden Schluss zu machen. Derart gequält begab ich mich auf den Rat einer Dame, Madame Y, in eine Psychoanalyse bei einer ernsthaften Analytikerin, Mademoiselle X.

Madame Y brachte das Kunststück fertig, die Hingabe an das Gesetz Moses', das mit moralischen Imperativen überladen ist, mit einer Hingabe an die Psychoanalyse, für die jenes das Musterbeispiel einer Zwangsneurose darstellt, zu vereinbaren. Mademoiselle X glaubte an nichts außer Freud. Zu der Zeit war die Psychoanalyse in Frankreich über den Status einer esoterischen Doktrin kaum hinausgekommen und ihre Adepten genossen den unvergleichlichen Vorzug, die Menschheit aufteilen zu können in die, die wissen, und die zahllosen Anderen, in Auserwählte und Ausgestoßene. Auch in dieser Hinsicht schloss sich die Epoche an die Zwischenkriegszeit an, als Professor Henri Claude, der Stolz der französischen Psychiatrie, erklärt hatte, die Psychoanalyse sei höchstens für die Deutschen brauchbar. Übrigens kann man sich auch die Frage stellen, ob Freud und seine Schüler nicht an dem Ast gesägt haben, auf dem sie saßen, zumindest vom therapeutischen Standpunkt her; denn mochte früher die Aufdeckung »inzestuöser Triebe« den Effekt einer überwältigenden Offenbarung, einer Katharsis zeitigen können, konkurrieren heute die Schule und das Fernsehen mit Eifer darum, kleinen Kindern die Unschuld zu nehmen.

Mir persönlich bleibt die Analyse als eine der schwersten Belastungsproben meines Lebens in Erinnerung, und ihre negativen Auswirkungen machen sich auch dreißig Jahre später noch bemerkbar. Gleichwohl erscheinen diese Auswirkungen zyklisch, und diese existentielle Sinuskurve beeinflusst mein Urteil dergestalt, dass es ihm Endgültigkeit versagt. Dennoch möchte ich sehr deutlich sagen, dass meine Erfahrung mir starke Vorbehalte bezüglich der psychoanalytischen *Therapie* hinterlassen hat. Freuds Genie und die Qualität des intellektuellen Werkzeugs, das er geschmiedet hat, stehen außer Frage. Freud bleibt für mich der Psychologe, der das grundlegende Problem eines jeden menschlichen Wesens auf adäquate Weise zu beschreiben wusste, welches »wissenschaftlich« niemals zu fassen sein wird: das Leiden und sein undefinierbares Gegenteil, die vergegenständlichend oder moralisierend als das Gute und das Böse bekannt sind. Als Sohn seines Jahrhunderts strebte Freud ganz natürlich eine illusorische Wissenschaftlichkeit an und ging, zumindest anfänglich, sogar so weit, pseudo-mathematische Schemata oder Formeln zu entwerfen. Hier dominiert der implizite Freud, der einer nicht auf das Biologische zu reduzierenden menschlichen Psyche ihren angemessenen Platz einräumt – Aktivitäten sui generis also, die man als »spirituelle Energien« bezeichnen könnte –, bei weitem den expliziten Freud.

Was die Therapie angeht, so glaube ich, dass sie nur so viel wert ist wie der Therapeut, oder besser ausgedrückt, so viel wie die Beziehung zwischen dem Therapeuten und seinem Patienten. Und in dieser Hinsicht habe ich es sehr unglücklich getroffen. Y hatte sich im Deutschland der zwanziger Jahre analysieren lassen. In der Folge machte sie es zu ihrem Spezialgebiet, leidenden Seelen zu helfen; sie konnte ganz wunderbar zuhören, aber es kam vor, dass sie es riskierte, Ratschläge zu erteilen und zu bestimmen. Mademoiselle X hatte im zaristischen Russland Psychiatrie studiert, und auch sie hatte sich in der Weimarer Republik in die Psychoanalyse einweihen lassen. Als ich sie kennenlernte, war sie eine ältere Dame, deren einziges Interesse der Psychoanalyse galt; nach und nach stellte ich fest, dass ihre Gefühle kein anderes Objekt kannten, und schlimmer noch, dass ich ihr einziger Patient war. Am Ende kam es, wie es kommen musste: in völliger Missachtung der elementarsten Regel ihres Berufs rief sie mich an oder schrieb mir, wobei sie nicht einmal vor der Rohrpost zurückschreckte. Damit jedoch gab sie mir die Waffe zurück, derer ich mich in meiner Kindheit so virtuos zu bedienen gewusst hatte, nämlich die emotionale Erpressung.

Aber dieses Scheitern musste eintreten. Ihm voraus gingen drei oder vier Jahre voller Illusionen und einer letztlich beiderseitigen Verantwortungslosigkeit. Gleich zu Beginn hatte mir Mademoiselle X auf der Liege nahegelegt, so lange nichts zu entscheiden, wie ich die Triebfeder der obskuren Kräfte, die in meinem Unbewussten lauerten und mich beherrschten, nicht kannte – kurzum, solange ich ein »Kranker« war. Meine somit bestätigte und folglich von mir gebührend zur Schau gestellte Entscheidungsunfähigkeit hatte eine rasche Lösung des Konflikts zur Folge, den ich für so unlösbar gehalten hatte, denn zuerst Lida und dann auch Rosette gaben auf und verschwanden aus meinem Blickfeld.

Dabei hatte das Bild, das mir Mademoiselle X von der Psychoanalyse gemalt hatte – oder das, welches ich mir auf der Grundlage ihrer Worte ausgemalt hatte, was ungefähr auf das Gleiche hinausläuft – nicht mehr beinhaltet als eine rein intellektuelle Übung der Vergegenwärtigung auf der Suche nach der »Urszene« und allen möglichen Überbleibseln. Sobald diese pathogenen Erinnerungen wieder an die Oberfläche geholt wären, bräche eine Ära der Glückseligkeit an, denn ich hätte endlich mein »authentisches Ich« wiedergefunden, das die tolstoische Erziehung unterdrückt hat. Bis dahin müsse ich mich nur ganz auf sie verlassen und mich jeglicher wichtigen Entscheidung enthalten. Tatsächlich aber traf sie diese an meiner Stelle. Ich bezeugte meine Dankbarkeit, indem ich träumte; jahrelang träumte ich Nacht für Nacht intensiv, um dann der Dame davon zu erzählen. Selbstverständlich hatte ich vor der Analyse Träumen überhaupt keine Bedeutung beigemessen; seit der Analyse rächte sich mein Unbewusstes, posthum gewissermaßen, indem es alle meine Träume verschwinden ließ.

Bei Frau Y machte ich 1948 auch die Bekanntschaft von Germaine Rousso, einer großartigen Musikerin und nebenbei auch großartigen Sportlerin, die ich später heiratete. Auch sie hatte ernsthafte Probleme, denn sie hatte sich von ihrem ersten Ehemann getrennt, dem sie zwischen 1941 und 1943 drei hübsche Kinder geboren hatte; auch sie hatte sich an das Wunderrezept der Frau Y gehalten. Das Wissen, in dasselbe Geheimnis eingeweiht zu sein, brachte uns einander rasch näher. Ich fühlte mich von ihrer Schönheit und ihrer Tatkraft angezogen; sie beteuerte, ich hätte erstmals ihre weibliche Phantasie angeregt, als ich im Sprint noch einen Bus erwischte. Aber es versteht sich von selbst, dass mir Mademoiselle X 1948 sowohl die Heirat als auch die Vaterschaft untersagte, beziehungsweise sie mir mit folgender diabolischen Aussage unmöglich machte: »Selbst wenn Sie heiraten, können Sie Ihre Analyse fortsetzen.« Im Klartext bedeutete das, dass die Ehe die zukünftige Glückseligkeit vereiteln könnte.

Ich muss wohl nicht sagen, worauf meine Wahl fiel. Im Übrigen fand ich mich umso leichter damit ab, als ich zu dieser Zeit in meiner intellektuellen Entwicklung große Fortschritte machte, was wohl zu den positiven Auswirkungen der Analyse zählte. Vergleicht man sie allerdings mit den Schäden, bleibt die Bilanz in meinen Augen negativ.

Im Laufe der Zeit begann ich diese Schäden vorauszuahnen. Die wundertätige Erinnerung war noch immer nicht an die Oberfläche gedrungen, unter meiner Abhängigkeit litt ich zwar nicht, doch beunruhigte sie mich, und ich fragte mich, wie diese Geschichte wohl ausgehen würde. Den wahren Preis zahlte ich 1951 während der Ablösungsphase, und ich weiß, dass ich das noch mein Leben lang tun werde, auch wenn über die Dauer der Zeit meine Angstzustände unerklärlichen seelischen Tiefs gewichen sind. Zur selben Zeit begann auch Mademoiselle X, wohl selbst von Ängsten geplagt, mich mit ihren Nachrichten zu bombardieren. Meine Ängste konnten sich dadurch nur verschlimmern. Heute habe ich den Eindruck, dass ich damals an Wahn grenzende Zustände durchmachte, während ich mich Tag und Nacht mit analytischen Spitzfindigkeiten quälte. Schließlich rang ich mich dazu durch, von Mademoiselle X zu verlangen, dass sie mir einen anderen Analytiker nenne, der robuster wäre als sie und der mir – wenn ich damals eine Sache klar sah, dann diese – die liegende Haltung auf der Couch ersparte, die für mich Ausdruck absoluter Machtlosigkeit geworden war. Sie empfahl mir also Dr. Z, den ich schon beim Eintreten in seine Praxis davon in Kenntnis setzte, dass ich von der Liege nichts wissen wolle. Er erwiderte mir, dass ihn seine berufliche Erfahrung gelehrt habe, in dieser Frage niemals nachzugeben. Ich fügte mich auf der Stelle, denn ich war am Ende meiner Kräfte.

Diese Wiederaufnahme zwischen 1954 und 1956 erlaubte es mir zumindest, mein Urteil über die legendäre Urszene zu korrigieren, sowie mich bis ins Innerste meiner selbst von der Fruchtlosigkeit von Erpressungen zu überzeugen. Ansonsten war sie mir nicht von großem Nutzen. Am Ende kapitulierte Dr. Z (aus dem sehr viel später ein Freund wurde): »Sie bespeien mich mit den Giften, die Ihnen Mademoiselle X verabreicht hat.« Aber ich habe, wie man sieht, nicht alles wieder ausgespieen, und zwar noch lange nicht.*

* Diese Zeilen habe ich Ende der 1970er Jahre geschrieben; seitdem habe ich, gleichwohl ich an meinen Vorbehalten gegenüber der Psychoanalyse festhalte, alles »ausgespien«. Tatsächlich verschwinden meine Träume nicht mehr, und gelegentlich erzähle ich meiner Frau davon, und das beweist, dass ich weder gegenüber den Damen X und Y noch gegenüber Dr. Z einen Groll hege. Es zeigt außerdem, dass die psychischen Prozesse über Jahrzehnte hinweg sich fortsetzen, bis sie schließlich in die vollständige *Heilung* eines Achtzigjährigen münden. (Léon Poliakov, 1995)

Das Brevier des Hasses

Wie wird man ein ernstzunehmender Historiker? In meinem Fall lagen die Anfänge in der Veröffentlichung von Dokumenten in der Publikation des CDJC (dem *Bulletin du Centre de documentation juive*); anschließend verfasste ich in den Jahren 1946-1948 unter Isaac Schneersohns Ägide zwei kurze Monographien. Schneersohn legte ein extrem besitzergreifendes Verhalten an den Tag, wenn es um die Archive des CDJC ging. Das äußerte sich vor allem in seiner Weigerung, irgendetwas außerhalb der hauseigenen Editionen erscheinen zu lassen. Diese Politik schien mir absurd und vor allem weltabgewandt, denn die auf diesem Wege veröffentlichen Werke gelangten ja nur in die Hände von zwei- oder dreihundert Abonnenten, von denen fast alle engagierte Juden waren. Keine einzige Buchhandlung konnte sie verkaufen, kein Kritiker sie besprechen.

Doch durch das Nachdenken über die Thematik, in die ich mich seit dem Sammeln der Dokumente mehr und mehr vertieft hatte, reifte in mir die Idee, eine umfassende Geschichte des Genozids für die breite Öffentlichkeit zu verfassen. Ein solches Werk konnte nur mit Hilfe eines richtigen, gut gehenden Verlages angemessene Verbreitung finden. Ich wusste, dass Schneersohn sich an diesem Projekt auf gar keinen Fall beteiligen würde; also musste ich ohne sein Wissen vorgehen, und hierzu geizte auch Mademoiselle X nicht mit Ermutigungen.

Ich machte mich im Jahr 1948 an die Arbeit. Das

Schreiben dauerte drei Jahre; besonders erinnere ich mich an die Seiten, die ich in einem Häuschen in der Vallée de Chevreuse verfasste, und daran, dass ich mich in einigen Momenten wie beflügelt fühlte. Ich widmete das Buch dem Andenken meines Mentors Jacob Gordin. Es ist mir wichtig zu betonen, dass mein Empfinden für das Thema ein professionelles geworden war, so dass ich Auschwitz und die Mörder der SS ohne Emotionen abhandelte – so wie Ärzte oder Priester gefasst sein müssen angesichts von Leid und Tod.

Nun musste ich nur noch einen Verleger finden. Im Jahr 1951 galt das Thema in kommerzieller Hinsicht als unmöglich. Ich zeigte mein Manuskript Alexandre Kojève, der seine innere Struktur lobte (»Ihr Geschick besteht darin, die Henker aussagen zu lassen und nicht die Opfer«) und es wärmstens seinem Freund Raymond Aron empfahl, welcher mein Vorhaben ebenfalls guthieß. So kam es, dass ich das »Brevier des Hasses« im Verlag Calmann-Lévy veröffentlichen konnte, mit einem unvergesslichen Vorwort von François Mauriac.

Die Rezeption übertraf meine Erwartungen. Für die Akademiker hoben Raymond Aron und Jacques Maritain die Präzision und Einfachheit des Buchs als dessen größte Stärken hervor. Für ihre provençalischen Leser schrieb *La République de Toulon et du Var*, der Autor habe Deutschland mit einem Kainsmal versehen, und dieses Zeichen werde nicht mehr verblassen (was den Autor mit einigem Stolz erfüllte). Aber die Veröffentlichung zeigte mir auch die Fallstricke, die mit einem solchen schrecklichen Thema einhergehen. Maurice Garçon etwa beanstandete, während er in *Le Monde* Lobeshymnen auf das Buch sang, den Titel, »der glauben machen könnte, es handle sich um ein leidenschaftliches Werk«. Er hörte dabei wohl ein Brevier des jüdischen Hasses heraus; aber ein Jude hätte das niemals so verstanden. Ich kann mich auch noch an die Begeisterung des Royalisten Pierre Boutang erinnern, der von der »bewundernswerten Sachlichkeit und Präzision« des Juden Poliakov sprach; sie diente ihm aber vor allem dazu, gleich darauf einen umso giftigeren Pfeil in Richtung des Christen François Mauriac abzuschießen.

Es gab auch eine Reaktion, die die »revisionistische Geschichtsschreibung« vorwegnahm. *Le Nouveau Prométhée* schrieb, »das Werk scheint solide untermauert zu sein«, zog aber die genannten Zahlen in Zweifel und interpretierte die Beschreibung des Elends in den Ghettos auf höchst eigene Weise: »Sogar die Luft verkaufte man dort, woran woanders niemand gedacht hätte.« Sartres *Les Temps modernes* verwies in einer Rezension auf die Äußerungen, die damals hinter dem Rücken der Juden gemacht wurden:

»Wenn man versucht, den Antisemitismus durch Mitleid zu erweichen und man die ungeheure Zahl sechs Millionen vom Nazismus vernichteter Juden anführt, wird man mit einer trägen, wenn nicht gar spöttischen Ungläubigkeit konfrontiert: ›Tatsächlich? Dafür sind es aber noch ganz schön viele!‹ ›Das ist unmöglich, man kann nicht sechs Millionen Leichen verschwinden lassen!‹ oder aber ›Diese Zahlen wurden von Juden erfunden, sie sind falsch!‹ Das alles ließe sich in dem abscheulichen Witz zusammenfassen: ›Diese Krematorien waren doch eigentlich Brutkästen.‹«

Nur einen einzigen offenen Angriff erlebte ich; Albert Lévy wird es mir hoffentlich nicht übelnehmen, wenn ich ihn daran erinnere, dass es der seine war, der eines jüdischen Kommunisten: »Das Brevier des Hasses oder die Kunst, die Henker freizusprechen.« Aber es war sein politisches Lager, das mich später (im März 1955) mit einer ganzseitigen Lobrede in der *Unità** bedachte, um Italien und die Welt vor der Wiederbewaffnung Deutschlands zu warnen. So ließ und lässt sich das jüdische Unglück für die Verteidigung der verschiedensten Interessen ausnutzen.

Zweifellos ließen sich die diversen Ziele dieser Art besser verfolgen, wenn man sich mit allem gebührenden Respekt auf den Autor des »Brevier des Hasses« bezog. Bald hatte ich den Eindruck, von mir selbst unbemerkt in das Auge des Zyklons vorgedrungen zu sein, wo ich vor jedweder persönlichen Anfeindung in einem ansonsten überaus gefährlichen Umfeld sicher war. Diese Unantastbarkeit lässt in der Regel nicht nach.

Auf internationaler Ebene überraschte mich das Interesse, das meine Arbeit in Italien weckte, wo die Übersetzung mehr Leser fand als die Originalausgabe in Frankreich. Ich führte das auf den Nationalstolz zurück, war Italien doch in Bezug auf das den Juden zugedachte Schicksal das einzige größere Land, welches trotz seiner Unterordnung unter das Dritte Reich halbwegs ehrenhaft aus der historischen Prüfung herausgekommen war. In den Vereinigten Staaten hatte ich nur ein- oder zweitausend Leser: damals wollten die Amerikaner, ob Juden oder nicht, so wenig von diesen Dingen wissen, als wären sie gewöhnliche Deutsche gewesen. Die Reaktionen in Großbritannien waren gemäßigt. Meinen Aufzeichnungen nach gab es in Australien keine Rezensionen, dafür aber, *habent sua fata libelli*, fünf in Neuseeland, jede Stadt hatte ihre eigene.

* *Unità* (Die Einheit) war eine 1924 von Antonio Gramsci gegründete Tageszeitung, die bis 1991 das offizielle Organ der italienischen kommunistischen Partei darstellte.

Schneersohn hatte ich vor vollendete Tatsachen gestellt. Er wusste die Angelegenheit zu seinen Gunsten zu nehmen, indem er dreihundert Exemplare des »Breviers« kaufte und die Umschläge neu drucken ließ, um damit seine eigene Reihe der »Éditions du Centre« zu bereichern. Auf eine für Schneersohn typische Weise fühlte er sich moralisch dazu berechtigt, mich büßen zu lassen, weil meine Anwesenheit im CDJC unregelmäßig geworden war: Eines schönen Tages im Jahr 1952 teilte mein Gehaltszettel mir mit, dass mein Lohn um die Hälfte reduziert worden war. Dieser Schlag traf mich in den ersten Monaten meines psychoanalytischen Scheiterns. Umso weniger war ich dazu in der Lage, den Kampf gegen den Patriarchen Schneersohn aufzunehmen. Aber ich ließ mich daraufhin gar nicht mehr in den Büros des CDJC blicken. Man kann sich die Folgen denken: Ein Jahr später kündigte mir die Institution, die mir all ihren Reichtum und all ihr Prestige verdankte.

Von Tolstoi zu Dostojewski

So stand ich also ohne geregeltes Einkommen da; für meinen Lebensunterhalt hatte ich nur noch meine Urheberrechte sowie eine Expertise über das repressive System der Sowjetunion, um die mich der Autor David Rousset* kurz zuvor gebeten hatte. Die Situation war umso prekärer, als ich für Germaine zu sorgen hatte, und auch für Daniel, Aline und Arlette, die allmählich zu meinen Adoptivkindern geworden waren. Obendrein hatte man uns gerade aus unserer Wohnung im 13. Arrondissement geworfen, in die wir 1949 unberechtigterweise eingezogen waren. Was tun?

Noch unter dem Eindruck meines endgültigen Ausschlusses vom CDJC wandte ich mich Rat und Hilfe suchend an Georges Gurvitsch, der in der Zwischenzeit ein hohes Tier an der Universität geworden war, und den ich seit der Zeit bei der Agentur Metzel nicht mehr gesehen hatte. Gurvitsch, der mich verstört und mit dostojewskischer Miene antraf, rief sofort bei Fernand Braudel** an,

* David Rousset (1912-1997) war frz. Schriftsteller und politischer Aktivist. Der KZ-Überlebende schrieb das erste große Werk über das deutsche KZ-Lagersystem »L'Univers concentrationnaire« (Das Universum der KZ) und war zudem ein früher Kritiker des Gulag-System in der UDSSR.

** Fernand Braudel (1902-1985), bedeutender Historiker der französischen Annales-Schule, für welche die Idee unterschiedlicher Zeitschichten und die Fokussierung auf die Sozialgeschichte im Gegensatz zur personenfixierten Ereignisgeschichte im Zentrum stand.

dem großen Vordenker der französischen Geschichtsforschung. Zu dieser Zeit, 1948-1951, hatte ich von all den Geheimnissen der Akademie keine Ahnung und es war mir nie in den Sinn gekommen, das Rohmaterial des »Brevier des Hasses« zum Erlangen eines akademischen Titels zu nutzen. Meine Referenzen für die Sorbonne beschränkten sich also auf mein altes Juradiplom.

Aber da die École Pratique des Hautes Études gerade expandierte, hatten Braudel und seine Mitstreiter den Einfall, eine Forschungsgruppe zu jüdischer Geschichte zu gründen, und um ihr eine gewisse Strahlkraft zu verleihen, planten sie auch die Schaffung eines Lehrstuhls. Für einen solchen Lehrstuhl gab es mindestens zwei Kandidaten, die mit Diplomen, Lehrpraxis und Sinn für akademische Strategie besser qualifiziert waren als ich. Dessen ungeachtet stürzte ich mich Kopf voraus in einen mit harten Bandagen geführten Konkurrenzkampf, aus dem ich nur als großer Verlierer hervorgehen konnte.

Rückblickend ruft diese Angelegenheit bei mir nur Aufregung und Wut wach. Ich habe noch ein Abendessen bei Kojève in Erinnerung, zu dem ich mit der Bitte um seine Unterstützung gekommen war. Als er meine Verzweiflung sah, versuchte Kojève auf typisch russische Art, mich aufzurichten, indem er sich selbst herabsetzte: »Wir alle, wir sind doch nur akademische Hanswurste.«

Nach diesem Debakel behielt mich die École als bescheidene Vertretung. Im Februar 1955 (am Tag des Falls der Regierung Mendès-France*) erzählte mir Braudel von unerforschten Archiven der Chronisten des Römischen Ghettos, die er hatte durchblättern können. Er fragte, ob

* Französischer Politiker, der sich nach seiner Flucht aus der Internierung 1942 den Streitkräften Charles de Gaulles anschloss. Von 1954 bis 1955 war er Ministerpräsident Frankreichs.

das nicht vielleicht der Stoff für eine kleine Abhandlung zur Vorbereitung einer Dissertation sei. Ohne mich auch nur im Geringsten darum zu sorgen, dass ich weder Italienisch noch Latein beherrschte und auch mein Hebräisch ungenügend war, ergriff ich die Gelegenheit beim Schopf, so stark war mein Bedürfnis, für einige Wochen der psychoanalytischen Gefangenschaft zu entkommen.

In dem Gebäude der Sapienza, wo sich die Archive der mittelalterlichen Chronisten befanden, konnte ich mich ohne Probleme auf Französisch verständigen. Noch am selben Tage schloss ich mit dem stellvertretenden Direktor der Sapienza Freundschaft, dem Dottore Adriano Castelli, welcher unverzüglich den Versuch unternahm, mich zur Astrologie zu bekehren.

Die zu sichtenden Archive allerdings... Das »Küchenlatein« der Chronisten kam mir ebenso undurchdringlich vor wie die Sprache Ciceros. Zwar boten mir die mal mehr, mal weniger untätigen Hospitanten umgehend ihre Hilfe an, doch was sollte mir das angesichts zwölf enormer in-folio-Verzeichnisse nützen? Die Situation erschien ganz und gar aussichtslos. Zudem plagten mich, ob man's glaubt oder nicht, ein paar psychoanalytische Spitzfindigkeiten. Ich musste Dr. Z unbedingt etwas erzählen, und so diktierten mir drei Tage später meine Dämonen, ein Flugzeug zurück nach Orly zu nehmen. Wieder in Paris (es war der einzige solche Fall während meiner endlosen Behandlung) suchte ich Z zur gewohnten Stunde auf, wobei ich vergaß, dass er mich ja gar nicht erwartete; ich habe noch immer seinen erschrockenen Blick vor mir, jenen des ohne Maske überraschten Analytikers.

In den Jahren 1955 und 1956 nahm ich diese Pilgerfahrt nach Rom noch einige Male wieder auf und blieb dort bis zu zehn Tagen. Mit Hilfe der freundlichen Hospitanten lernte ich nach und nach, das Küchenlatein zu entziffern, das ein ganz anderes war als das Latein Ciceros. Vor allem aber änderte ich irgendwann das Ziel meines Vorhabens, und nicht nur aufgrund der linguistischen Verlegenheit, sondern auch, weil ich gerne in großem Maßstab denke: Warum sich nicht eine allgemeine Studie zum sogenannten jüdischen Wucher vornehmen? Im Laufe der Jahre beschäftigte ich mich, wenn auch unterbrochen von anderen Schreibarbeiten, mit dem Vergleich zwischen den Vorstellungen zum Wucher der Rabbiner und denen der christlichen Gelehrten. Sie konvergieren in zahlreichen Punkten, in anderen Punkten trennt sie ein Abgrund: Ich grub Texte aus, die man nur in der »wissenschaftlichen« Ausgabe meiner Dissertation findet. Im Anhang fügte ich die Übersetzung eines außergewöhnlichen jüdischen Traktats aus dem 16. Jahrhundert hinzu: »Le livre du prêteur et de l'emprunteur« (Das Buch vom Gläubiger und vom Schuldner) ist eine Posse von Pourim und gleichzeitig ein Handbuch des vollendeten Wucherers. Wer lesen kann, wird verstehen, dass es sich um ein Musterbeispiel der Selbstentfremdung handelt, um nicht zu sagen um die Selbstironie von Menschen im Exil. Aber wer liest schon eine wissenschaftliche Ausgabe, von der höchstens 150 Exemplare verkauft worden sind?

Die Verteidigung der Dissertation fand 1964 statt. Fernand Braudel bestätigte als erster, dass es eine überaus würdige Doktorarbeit geworden war. Zu dieser Zeit hatte ich meinen dostojewskischen Tunnel schon seit längerem verlassen, und der Wille zu leben tat den Rest. Ich hatte die ersten beiden Bände der »Geschichte des Antisemitismus« veröffentlicht; es folgte die Heirat mit Germaine, ein keinesfalls unerhebliches Ereignis, und unser Umzug nach L'Essonne nahe Paris. 1960 war Jean-Michaël Poliakov zu Daniel, Aline und Arlette hinzugekommen. Im

Großen und Ganzen war ich für das Trio ein guter Stiefvater und habe dabei einige wichtige Lektionen gelernt (Aline, erinnerst du dich an die Ohrfeige, die ich dir im Alter von zwölf Jahren verpasste, und wie du danach gut zwei Wochen lang nicht mit mir gesprochen hast?)

An der Universität hatte man mir den Titel des »Abteilungsleiters« verliehen, der es mir vorschrieb, einen Arbeitskittel zu tragen. Das habe ich aber nie getan. Auf die Verteidigung der Dissertation von 1964 folgte eine berufliche Enttäuschung, denn es ist Brauch, dass der frisch gekürte Doktor eine Sprosse der Karriereleiter nimmt, und Braudel hatte mir so etwas auch versprochen. Als nichts geschah, drängte ich ihn, und eines Tages 1965 erklärte er mir ganz freimütig: »Solange Sie sich mit Antisemitismus beschäftigen, werden Sie bei mir nicht vorankommen.« Aus der Art, wie es mir schließlich doch noch gelang, die Jury und die Sorbonne zufriedenzustellen, kann man Rückschlüsse auf meine Moral ziehen, denn ich zog instinktiv Stärke aus meiner Schwäche. Scheiternde Kaufleute haben auf diese Art oft doch noch Erfolg, dasselbe gilt für von der Natur benachteiligte Menschen; auf kollektiver Ebene denke man an die reformierten Kirchen in Frankreich oder die Juden auf der ganzen Welt. Ihnen allen gemeinsam ist die Marginalität; was immer auch die Besonderheit bei mir gewesen sein mag, ich beugte mich der allgemeinen Regel, indem ich mich wehrte.

Geschichte des Antisemitismus

So wie das Lesen kann auch das Schreiben zu einem Laster werden, das nicht ungestraft bleibt. Und wenn es stimmt, dass man eigentlich immer dasselbe Buch schreibt, so bin ich dafür ein Paradebeispiel.

Meine »Geschichte des Antisemitismus«,* die für mich nur die Wiederaufnahme eines Themas bedeutete, dessen erste Meilensteine im »Brevier des Hasses« liegen, spiegelte zum Zeitpunkt ihres Entwurfs die verbreitete Mentalität der assimilierten Juden meiner Generation wieder: Der Antisemitismus sei nichts als ein grandioses Missverständnis, das zu bekämpfen sei, indem man erklärt, dass seine Opfer Menschen sind wie du und ich, um die sich allerdings ein mittelalterlicher Aberglaube rankt. Ich ließ außer acht, dass man ein tausendjähriges Unwesen nicht mithilfe rationaler Argumente austreibt; ich ließ auch außer acht, dass sowohl im Jiddischen als auch im Hebräischen das Wort Antisemitismus schlicht und einfach die Bedeutung »das Böse« trägt.

Die Geschichte des Antisemitismus konzipierte ich im Sommer 1953, in den Ferien bei Oloron-Sainte-Marie, fern von meinen Pariser Qualen. Ich ging die Sache in

* Die »Geschichte des Antisemitismus« erschien auf deutsch in 8 Bänden zwischen 1977-1989, zunächst im Verlag Georg Heintz in Worms, die beiden letzten Bände erschienen im Jüdischen Verlag bei Athenäum. Aus dem Französischen von Rudolf Pfisterer. Die französische Ausgabe erschien in vier Bänden im Verlag Calmann-Lévy, Paris 1977.

naivem Wagemut an (eine Eigenschaft, gegen die einige Vorbehalte angebracht sind). Ich schlug eine Erklärung des Antisemitismus vor, die ich in der Vorrede folgendermaßen zusammenfasste: »Der Glaube an das göttlich gefügte Schicksal der Juden war für viele in ihrer Lage tatsächlich sonderbar.« Ich werde mich heute von dieser reichlich gewöhnlichen Formulierung nicht lossagen. Aber ihre Oberflächlichkeit ebenso wie die Tendenz, das Problem auf eine einzige Ursache zu verengen und die Verantwortung einseitig der Kirche oder allgemeiner der monotheistischen Umgebung der Juden anzulasten, gehen in meiner kurzen Vorrede aus der Bedeutung hervor, die ich ihren Brüdern in Indien oder China beimaß, die »weder Bäche von Tinte noch von Blut vergossen habend, glücklich und unbehelligt lebten und keine Geschichte besaßen«.

Im ersten Kapitel widmete ich diesen Menschen, deren Vergangenheit tatsächlich kaum bekannt ist, ebenso viel Aufmerksamkeit wie denjenigen, die von Moses über die Väter des Talmuds und der Kirche die Welt zu unser aller Nutzen durchdacht hatten, um dann zu schlussfolgern, dass in den Regionen, in die die Bibel nicht vorgedrungen war, Antisemitismus nicht existierte. Immerhin habe ich diese These wieder umgestoßen, ohne mir dessen bewusst zu sein, indem ich das Buch Esther zitierte:

»Es ist ein Volk, zerstreut in allen Ländern deines Königreichs, und ihr Gesetz ist anders denn aller Völker, und tun nicht nach des Königs Gesetzen (…). Gefällt es dem König, so lasse er schreiben, daß man sie umbringe« (Haman zum König Ahasveros).

Auf zehn mageren Seiten handelte ich das ganze »heidnische Altertum« ab… Der folgende Abschnitt, der sich mit dem Mittelalter befasste und bis ungefähr 1700 vorstieß, war weniger nachlässig angelegt. Glücklicherweise versuchte ich nicht, die Geschichte auf die Couch zu legen, wie es damals Mode wurde, und nutzte Freud nur maßvoll, gewissermaßen schallgedämpft. Ohne Zweifel wegen des beschriebenen Argwohns; es gibt nichts Schlechtes, das nicht auch sein Gutes hat...

Von Jahrhundert zu Jahrhundert vorgehend begriff ich alle möglichen Zusammenhänge und bildete mich in jeder Hinsicht fort. Bei den Juden Polens stieß ich auf die außergewöhnlichste Lehrfabel über die Werke, den Glauben und die Zukunft des religiösen Lebens. Für mein Empfinden ist sie ebenso prophetisch wie zynisch:

»Als sich der Meister Baal-Schem-Tov* vor eine schwierige Aufgabe gestellt sah, ging er zu einem bestimmten Ort im Wald, entzündete ein Feuer und versenkte sich ins Gebet, und was er zu vollbringen beschlossen hatte, war vollbracht. Als eine Generation später sein Nachfolger, der Maggid Dow Bär, sich vor einer ähnlichen Aufgabe fand, ging er zum selben Ort im Wald und sprach: ›Ich weiß nicht mehr, wie man das Feuer entzündet, aber ich kenne das geheime Gebet‹, und was er wünschte, war vollbracht. Noch eine Generation später fand sich Mosche Leib aus Sassow in einer vergleichbaren Lage. Auch er ging in den Wald und sprach: ›Ich kann nicht das Feuer entzünden und kenne auch nicht das geheime Gebet des Meisters, aber ich kenne den Ort, an dem meine Vorfahren beteten, dies muss genügen.‹ Und

* Israel ben Elieser (um 1700-1760), genannt Baal Schem Tov, gilt als Begründer der mystischen Strömung des osteuropäischen Chassidismus, die sich durch besonders strenge Einhaltung von Regeln auszeichnete. Neben dem Studium des Talmud und der Thora wurde auch die Versenkung in die Kabbala, eine mystische Tradition, sowohl anhand von Texten als auch anhand von Ritualen hervorgehoben. Maggid Dow Bär (1719-1772) gehört ebenso in diesen Kontext. Vgl. Gershom Scholem: Die jüdische Mystik in ihren Hauptströmungen. Sowie ders.: Zur Kabbala und ihrer Symbolik.

es genügte. Aber als eine neue Generation kam und deren Anführer, Israel aus Richine, vor der gleichen Aufgabe stand, setzte er sich auf einen goldenen Sessel in seinem Schloss und sprach: ›Ich kann nicht das Feuer entzünden, ich kenne nicht das Gebet, ich weiß nicht, wo der Ort im Wald ist, aber ich kann die Geschichte davon erzählen, wie es früher vor sich ging.‹ Und auch dies genügte.«

Am Ende des ersten Bandes finden sich zwei Anhänge mit einer wissenschaftlichen Übersicht, die der Psychophysiologie der Juden gewidmet sind. Sie kosteten mich viel Arbeit. Pssst, sagen Sie es niemandem, aber ich spreche dort vom »Anfang einer genetischen Individualisierung der Juden« und vor allem vom »Vorhandensein eines kleinen Anteils afrikanischer Vorfahren«. Ich stützte mich auf die Populationsgenetik, eine streng wissenschaftliche Disziplin und infolgedessen aus eben jenem Grund ihrer rapiden Fortschritte unsicher. Wenn ich den Anteil meines biologischen Erbes, der vom schwarzen Kontinent herrührt, nicht zwischen fünf und zehn Prozent bezifferte und die für diese Negritude verantwortlichen Gene »Kell Js/a« und das »Allel cDe« nicht benannte, so deshalb, weil diese Erkenntnisse aus den 1970er Jahren datieren. Gleiches gilt für die Entdeckung meiner rätselhaften Brüder aus Zimbabwe, der Lemba, die mir viel bessere Juden als ich zu sein scheinen.

Ich scherze nur halb. Von den drei Kolloquien und den circa fünfzig Referaten unseres Seminars »Menschen und Tiere«* (1973-1980) hat nichts unsere Historiker und Soziologen derart fasziniert wie die Vorträge dreier Her-

* Die Ergebnisse der Kolloquien 1973 zum Rassebegriff und zu den Menschengeschlechtern sind in einem Buch festgehalten worden. Vgl. Léon Poliakov: Hommes et betes. Entretiens sur le racisme. Paris 1975.

ren aus den exakten Wissenschaften (H. Atlan, A. Jacques und J. Ruffié) über die Menschengeschlechter »an sich«. Die Frage nach den Ursprüngen, jenes »woher komme ich?«, die ein wenig im Herzen eines jeden flakkert, wüsste nicht einmal die zurückhaltendsten Intellektuellen kalt zu lassen, und »die Rasse« setzt, indem sie alle Menschen mit einer Genealogie versieht, nur die erste Frage fort, die Mama und Papa betrifft. Siehe die alten Bedeutungen von »Rasse« in den Wörterbüchern.

Mein zweiter Band wurde unter gänzlich anderen Bedingungen verfasst, parallel zu der Dissertation über den jüdischen Wucher; dabei profitierte ich von der Erfahrung, die ich an der Universität erworben hatte. In der Vorrede befragte ich mich über den wahren Sinn einer Unternehmung, die dem großen Kampf für die gute Sache dienen sollte. Ich erklärte mich folgendermaßen:

»Die Geschichte des Antisemitismus zu schreiben heißt die Geschichte einer Verfolgung zu schreiben, die als Teil der abendländischen Gesellschaft mit den höchsten Werten dieser Gesellschaft verknüpft ist, denn sie wurde in deren Namen betrieben; den Verfolgern die Schuld zu geben, das Christentum zur Rechenschaft zu ziehen (um eine Formulierung von François Mauriac aufzugreifen), bedeutet, diese Gesellschaft und ihre Werte in Frage zu stellen. (Diese Frage betrifft auch die Verfolgten selbst in dem Maße, wie sie selbst Teil dieser Gesellschaft sind, ohne ihr vollständig zugehörig zu sein, denn so ist die randständige Lage der Juden beschaffen; hierher rührt ihre Fähigkeit, die Dinge zugleich sowohl von innen als auch von außen zu sehen...) Der jüdische Historiker wird also zum Denunzianten, und weder die Vorkehrungen, die er den Regeln seiner Kunst gemäß trifft, noch die Gefühlsregung, die er irgendwann dem Objekt seiner Studie gegenüber empfindet, noch die Gerechtigkeit, die er allen betroffenen Protagonisten zukommen zu lassen sich bemüht, ändern irgendetwas an dieser grundsätzlichen Haltung. Deshalb kann man sich fragen, ob eine Unternehmung, die oftmals den Charakter einer Anklagerede annimmt, nicht riskiert, indem sie den alten Prozess nochmals durchspielt, stumme Animositäten wiederzubeleben; ob nicht sogar gerade die Erinnerung an das den Juden zugefügte Unrecht dazu beiträgt, ein Klima zu unterhalten, das eines Tages, was Gott verhüte, neuerliche Bedrohungen hervorbringen könnte?«

Trommelwirbel... Das Folgende fasse ich zusammen: Ich schloss, dass meine und alle Bücher gleichen Geistes, »dieses immense Konzert«, aus der Perspektive des Historikers den Antisemitismus und das Judentum (in dieser Reihenfolge) bestärken könnten. Das ist vielleicht nur eine Binsenweisheit; immehrhin konnte ich, nachdem ich den faszinierenden Fall der spanischen Juden studiert hatte, eine Analogie zwischen dem »spanischen Zyklus« und dem »deutschen Zyklus« herstellen, trotz allem, was das Spanien der katholischen Könige vom wilhelminischen Deutschland trennt. Diese betrifft insbesondere die Zerrissenheit der säkularisierten Juden, egal ob zwangsweise oder aus freien Stücken, ob Marranen oder Neo-Marranen;* aus ihr resultierte stets, von Spinoza über Marx bis hin zu Freud, eine außergewöhnliche kulturelle Produktivität zum Vorteil der jeweiligen Nationen. Ebenso aber weckte sie territoriale (»zionistische«) Sehnsüchte nach dem Vorbild dieser Nationen, welche aber

* Für das Werk des israelischen Staatspräsidenten Jizchak Ben Zvi (1884-1963) über die verlorenen Stämme Israels verfasste Léon Poliakov einen Essay über die Marranen. Vgl. Jizchak Ben Zwi: Les tribus dispersées. Paris 1959. Zudem beschäftigte sich Poliakov intensiv mit dieser Thematik in seiner Geschichte des Antisemitismus. Band IV. »Die Marranen im Schatten der Inquisition«. Worms 1981.

nach der vorherrschenden Meinung der Kommentatoren riskieren, das Missfallen des Allerhöchsten zu erregen.

Eine weitere Lehre ließe sich aus der Anzahl der Jahrhunderte ziehen, die für die vollständige Dejudaisierung erforderlich waren, welche heute in Spanien abgeschlossen, in Portugal aber noch immer unvollendet ist. Dabei denke ich an eine sonderbare Textstelle bei Freud: »Wenn man Freud fragte – ›Worin bist du noch jüdisch, wenn du alle Gemeinsamkeiten mit deinen Glaubensgenossen aufgegeben hast?‹ –, so würde er antworten: ›In vielem, wahrscheinlich dem Wesentlichen.‹ Dieses Wesentliche aber könnte er gegenwärtig nicht in klare Worte fassen.«

Doch wer könnte das? Meiner Meinung nach stehen diese verborgenen Abgründe in Beziehung mit der Verärgerung Maurice Garçons über den Titel »Brevier des Hasses«. Man findet sie in dem (Ilja Ehrenburg zugeschriebenen) Bekenntnis wieder: »Ich werde Jude sein, solange es noch Antisemiten auf der Erde gibt.« Wie rechtfertigt man einen solchen Grundsatz? Inwiefern geht diese Frage dich, den »nicht-jüdischen Juden« (Isaac Deutscher), in einer anderen Weise an, als sie Willy Brandt oder Michel Rocard angeht (oder den schlauen Bruno Kreisky)?

Mir selbst wurden diese unerforschlichen Abgründe durch eine andere Anekdote zu einem Titel illustriert. Vor etwa zehn Jahren hatte mir mein Freund Joseph Goy vorgeschlagen, eine Textsammlung in der von ihm herausgegebenen Reihe »Science« zu veröffentlichen. Er schlug mir auch einen Titel vor, den ich sofort akzeptierte: »Die Juden und unsere Geschichte«. Mit Sicherheit wäre ich von selbst nie auf diesen Titel gekommen, schlicht deshalb, weil ich diese Geschichte nicht als die meine empfinde: »ich habe kein Recht daran«. Ich habe mich also eigenmächtig ausgeschlossen. So farblos diese Episode auch sein mag, die mir übrigens von meiner ausländischen Herkunft stark überdeterminiert scheint, sie ist doch erhellend, weil diese Einstellung, ob ich es will oder nicht, einer uralten Praxis gegenseitiger Ausschlüsse entspricht, die auch Israel auf Abstand zu den anderen Nationen gehalten hat. Im Alten Testament geht es los, aber erst mit der Geburt des Christentums beginnt das Zeitalter des großen Verdachts. Für die Christen wurden die ungläubigen Juden zu Zeugen ihres Irrtums (die Kirche konnte die Geste der Zeugenschaft nur noch umkehren); lebensgefährliche Zeugen, denn wenn Jesus nur ein einfacher Sterblicher ist, entpuppt sich die Hoffnung auf ewiges Heil als vergeblich. Daher musste der Christusmord endlos fortgesponnen werden in den Legenden von Hostienschändung und Ritualmorden – kurzum, durch die zeitlose jüdische Verschwörung.

Den Juden, die ein Leben unter Fremdherrschaft gewohnt waren, nämlich jener »aus Edom«,* ließ die Realität wenig Raum für imaginäre Verdächtigungen. An ihre gefährliche und geheime Existenz gewohnt und das neue Edom verfluchend, bildeten diese Ausgeschlossenen ihre spezifischen Eigenheiten heraus (deren Fortbestand weder von ihren Genen noch von einem »kollektiven Unbewussten« herrührt, sondern in dem »zweiten entwicklungsgeschichtlichen System, das der Vererbung übergeordnet ist«, gründet, nämlich der Tradition der Vorfahren). Eine Vorsehung, die Menschen und Dinge lenkte, bedingte zu Zeiten ausgeprägten Glaubens mildernde Umstände und privilegierte den jüdischen Paria.

* Edom bedeutet »rot« auf Hebräisch und wurde wegen der blutigen Herrschaft der Römer zum Synonym für Rom und das Christentum.

»Jude zu sein ist ein Vergehen, freilich kein durch Christen zu bestrafendes.« (»Summa angelica« von Angelus de Clavasio). In modernen Zeiten änderte sich die Natur der Unterstellungen und der Ausschluss fand eine eindeutige Rechtfertigung. Aber die Schlussfolgerungen der »Säkularisierung« wurden erst am Ende des 19. Jahrhunderts gezogen; zu dessen Beginn beschuldigte man vor allem das barbarische Gesetz Moses'. Charles Fourrier räsonnierte 1808:

»Eines Tages war der Präsident des Großen Sanhedrin* beim Erzkanzler zum Abendessen eingeladen; er beschränkte sich darauf, am Tisch Platz zu nehmen und zu trinken; er weigerte sich, auch nur von einer der Speisen zu kosten, da diese von Christen zubereitet worden waren. Die Christen mussten ungeheuer geduldig sein, um solche Unverschämtheiten zu erdulden. Diese zeugen von einem System des Argwohns und der Abneigung der jüdischen Religion gegenüber anderen Sekten. Eine Sekte nun, die ihren Hass noch am Tisch ihrer Beschützer bewahrt, verdient diese es wirklich, beschützt zu werden? Beweist diese Weigerung des Obersten der Juden, zu essen, nicht die Wirklichkeit sämtlicher Schändlichkeiten, die man ihnen zur Last legt, unter anderem des Prinzips, dass Diebstahl an einem Christen kein Diebstahl sei?«

Der Apostel des Sozialismus rechtfertigte also seinen Argwohn mit dem rituellen Selbstausschluss der Juden. Als diese jedoch an den okzidentalen Genüssen, den in-

* Der Sanhedrin war lange Zeit die oberste politische und religiöse Instanz der Juden, vor allem zur Zeit des Tempels. Napoleon Bonaparte etablierte 1808 den Sanhedrin wieder als Versammlung in Frankreich, was antisemitische Reaktionen zur Folge hatte. Vgl Léon Poliakov: Geschichte des Antisemitismus. VI. »Emanzipation und Rassenwahn«. S. 81ff.

tellektuellen wie den fleischlichen, Gefallen fanden, was nicht lange auf sich warten ließ, nahm das Misstrauen zu. In Frankreich, wo ihre zivilen und militärischen Erfolge sich seit der Julimonarchie vervielfachten, wurde vom zweiten Kaiserreich eine geheime Sperre gegen ihre Zulassung zu Auswahlverfahren eingerichtet. Unter der Dritten Republik zielten die antisemitischen Kampagnen vor allem auf die dejudaisierten oder »unbestimmbaren« Juden. Édouard Drumont verkündete, dass »ein jeder nachweislicher Jude verhältnismäßig wenig gefährlich ist, er ist bisweilen sogar schätzenswert«.

Was die Hochphase der Dreyfusaffäre betrifft, brauchen wir nur an die von Marcel Proust beschriebenen Ausschlüsse zu denken: So sprechen auf einem Salon Eingeladene reden über die Affäre, als der Herzog von Châtellerault Marc Bloch, der gerade eine Bemerkung machen wollte, ins Wort fällt: »Mein Herr, entschuldigen Sie, dass ich Dreyfus nicht mit Ihnen diskutiere, aber ich habe mir zum Prinzip gesetzt, über diese Affäre nur unter Japhetiten zu sprechen«, und Bloch errötet, »als wäre er der Sohn eines Sträflings«.

Auf dieses Debakel antwortete der dejudaisierte Jude Theodor Herzl mit dem politischen Zionismus, einem Selbstausschluss more christiano großen Stils. Damit lieferte er den ersten Stoff für die berühmten »Protokolle der Weisen von Zion« zu einer Zeit, da die führenden Köpfe des aufgeklärten Europa – Georges Clemenceau, Nietzsche, ja sogar Leo Tolstoi! – sich über die Perspektiven der großen Offensive der Semiten Gedanken machten. Der Argwohn entwickelte sich zur Besessenheit; vor allem nach 1917, als vor meinen fest verschlossenen Kinderaugen eine große Welle der Judenfeindschaft über Russland und Europa brandete. Die Engländer wiederum warfen den Juden vor, sich als Christen zu verkleiden und mittels dieser Maskerade allgemeines Misstrauen zu stiften. Mit typisch englischem Humor schrieb *The Times,* die Schotten würden sich von den Juden nur dadurch unterscheiden, dass die einen um jeden Preis Schotten sein wollten und die anderen – Engländer.

Zu dieser Zeit löste der »jüdische Bolschewismus« in allen angelsächsischen Regionen, dem Beispiel der kontinentalen Ängste folgend, ein Aufflammen des Argwohns aus. In den Vereinigten Staaten mischten sich die Senatorenkommissionen ein.

In England, wo – wiederum! – die *Times* die »Protokolle der Weisen von Zion« weltweit lancierte und sie zu einer ernstzunehmenden Schrift erklärte (am 8. Mai 1920), muteten die Beschreibungen Hilaire Bellocs* wie ein Echo derer Marcel Prousts an:

»Ein Mann und sein Freund begegnen auf der Straße einem ihnen bekannten Juden; sie tauschen mit ihm die gewöhnlichen Höflichkeitsfloskeln aus und setzen ihren Weg fort. Sobald er ihnen den Rücken gekehrt hat, kommentiert ein jeder die jüdische Natur des Mannes, den sie gerade hinter sich gelassen haben, beinah ausschließlich zu dessen Ungunsten.«

Glaubt man Belloc, dann haben wir hier einen Pluspunkt für die Juden, denn auch wenn sie sich lieber als andere doppelsinnig ausdrücken, so sprechen sie nicht über ihren Nächsten »beinah ausschließlich zu dessen Ungunsten«. Dabei legt eine große Zahl von Etymologien weit voneinander entfernter Sprachen wie Französisch

* Hilaire Belloc (1870-1953) war ein antisemitischer britischer Schriftsteller französischer Herkunft, der wahnhaft projektiv hinter dem Kapitalismus eine jüdische Verschwörung vermutete. Negativ beschriebene jüdische Figuren durchziehen sein gesamtes schriftstellerisches Werk.

und Hebräisch oder Akkadisch nahe, dass Hinter-jemandes-Rücken-Sprechen bereits Ausschließen, bereits Sich-Verschwören bedeutet.

Tatsächlich, ob es nun zu seinen Ungunsten oder in neutralem Ton geschieht, spricht man über eine dritte Person in deren Abwesenheit fast immer anders als in seiner Gegenwart, und in dieser alltäglichen Vorsicht ist im Keim eine Intrige – vielleicht sogar ein Komplott? – angelegt: In jedem Fall setzt sie diesen Dritten als Anderen. Im Falle einer kollektiven Andersartigkeit, sei sie national oder kulturell, kann eine höchst gefährliche und besondere Fixierung eintreten, die der Abgrenzung und dem Argwohn noch durch Tradition oder Ideologie geheiligte Motive beimischt – woraus die Machthaber, wer immer sie sind, ihren Vorteil ziehen. Das geht sogar noch an, solange diese Motive auf Mythologie oder Religion beruhen (auf diese Weise sichert Moses den Fortbestand des »auserwählten Volkes« oder versuchen Haman und Ahasveros eben dieses zu vernichten). Erst im 20. Jahrhundert, als sich die Ideologien auf die Wissenschaft stützen, brach die Zeit der großen Gemetzel an.

Als zu Beginn der Ära des Totalitarismus die Bevölkerungen des besetzten Europas bei Todesstrafe in Arier und Semiten unterschieden wurden, konnte sich Hitler stalinistische Prozesse sparen, da die Feinde und ihre Agenten, die Verschwörer, schon lange beim Namen genannt worden waren.

Mit der Rückkehr ruhiger Zeiten ist die Kluft kaum noch wahrnehmbar, und ihr Vorhandensein zeigt sich lediglich in jähen Eruptionen, die das Anhalten seismischer Spannungen bezeugen. Aber es versteht sich von selbst, dass die Minderheit über besondere Antennen verfügt, an denen es der Mehrheit im Allgemeinen mangelt. Seit mehreren Jahren gibt es Umfragen zu diesem

Thema, aus denen hervorzugehen scheint, dass ein Jude als ebenso französisch eingeschätzt wird wie ein Bretone oder Korse. Ist die »Kluft« also nichts als eine Erfindung von Rabbinern oder Intellektuellen? Trotzdem aber gab es in Frankreich vor 30 Jahren das »Gerücht von Orléans« – ähnliche Gerüchte gab es an vielen anderen Orten –, das Juden beschuldigte, französische Frauen mittels unterirdischer Tunnel an Bordelle in Übersee zu verkaufen. Nun waren diese Juden aber Modehändler: wen beschuldigte man also, handeltreibende Juden oder jüdische Händler?

Kommen wir noch einmal auf dieses »Wesentliche« zurück, von dem Freud in einer Anmerkung sagte, dass er es nicht in klare Worte zu fassen wüsste. In einem beiläufigen Satz fügte er hinzu, dass dieses Wesentliche »mit Sicherheit sich später einmal der wissenschaftlichen Einsicht auftun wird«. An diesem Punkt sind wir allerdings noch nicht. Ich bezweifle stark, dass wir eines Tages dort anlangen werden, wobei hier das zweite entwicklungsgeschichtliche System in Frage steht, wie Francois Jacobs* es einmal treffend formulierte. Folglich also ein wissenschaftlich noch unerforschtes System, da es sich den Werkzeugen der Lebenswissenschaften entzieht: ein System, das Literaten und Dichtern besser zugänglich ist als Historikern oder Laborpsychologen und worin die Widersprüche des menschlichen Herzens herrschen.

Abschließend noch zwei meiner Ansicht nach besonders ergreifende Illustrationen der Absonderlichkeiten eines Abgrunds, der redlichen Leuten Schwindel bereiten kann. Kürzlich machte ich in einem universitären Kollo-

* Der französische Biologe, Mediziner und Genetiker Francois Jacobs (1920-2013) wurde 1965 für seine Arbeiten mit dem Nobelpreis ausgezeichnet.

quium über Rassismus folgende Bemerkung: »Im Grunde war das zaristische Russland nicht rassistisch, da ein konvertierter Jude zum vollwertigen Untertan wurde.« Eine Viertelstunde später griff ein Kollege meine Worte auf: »Wie Poliakov gerade bemerkte, war Russland nicht rassistisch, da ein konvertierter Jude zum vollwertigen Juden wurde.« War dies ein hundertprozentiger Lapsus? Oder wie hochprozentig war der Lapsus nun genau? Man bedenke, dass die Bemerkung aus dem Munde eines vollwertigen Rassisten kein Lapsus gewesen wäre.

Auf ähnliche Weise hat das Attentat in der Rue Copernic,* das am 3. Oktober 1980 vier Passanten das Leben kostete, mehrdeutige Äußerungen auf allen Ebenen hervorgerufen. Zunächst war es der Premierminister, der sich noch am selben Abend über »dieses abscheuliche Attentat« entrüstete, »das die Synagoge besuchende Israeliten treffen wollte und unschuldige Franzosen traf, die die Straße überquerten«. Als sich herausstellte, dass sich unter den Passanten eine Touristin israelischer Nationalität befand, fasste ein Polizeiwachtmeister das Geschehen in diesen Worten zusammen: »Drei Tote, darunter zwei unschuldige Opfer«. Nach reiflicher Überlegung hielt Staatspräsident Giscard d'Estaing es offenbar für richtig, sich an die künstlerische Unschärfe zu halten: »Vier Opfer, darunter drei Passanten«. (8. Oktober) Lässt einen das ganze nicht an die mittelalterliche Definition denken, wonach ein Jude niemals unschuldig ist?

Ein letztes Indiz dieser unsterblichen und widersprüchlichen Leidenschaften ist die Unsitte, allen möglichen

* Es handelte sich um einen Bombenanschlag auf die Synagoge der liberalen Jüdischen Gemeinde in Paris am Sabbatabend, als viele Gläubige zusammenfanden. Es war der erste Anschlag auf eine jüdische Einrichtung seit dem Ende des Zweiten Weltkriegs.

berühmten Menschen eine jüdische Abstammung zuzuschreiben. Mit Ausnahme der Jungfrau Maria und der Apostel ist das ein vollkommener Irrtum. Zeitgenössische Akademiker versuchen, den Anteil jüdischen Blutes in den Adern Lenins oder Hitlers zu schätzen; andere noch gelehrtere haben Max Weber judaisiert, Theodor Mommsen oder die Brüder Mann (in Frankreich öffnet schon ein deutsch klingender Name Unterstellungen Tür und Tor). Alexander Sinowjew* und anderen glaubwürdigen Zeugen zufolge ist dergleichen in Moskau zur Manie geworden. Wenn es so weitergeht, riskiert man tatsächlich, die Universalgeschichte auf die Großtaten des auserwählten Volkes zu reduzieren.

Auf der einen Seite verkehrt sich diese Tendenz ins Gegenteil, nämlich das Verbergen: vom 16. Jahrhundert an leugnete eine stetig wachsende Anzahl von Juden ihr Judentum, sei es um des bloßen Lebens, des Erfolgs oder der sozialen Anerkennung willen. (Man denke nur an Bloch oder Proust.) Auf der anderen Seite gehen viele Irrtümer auf die Hirngespinste diverser Autoren zurück, die gar nicht einmal alle antisemitisch waren. Der unbestrittene Meister dieses Genres war Lord Beaconsfield, der, als er sich noch Benjamin Disraeli nannte, Mozart, Kant und Napoleon, die Gefolgschaft Jesu' und das Diplomatentum von St. Petersburg zur munteren Nachahmung durch kommende Generationen »judaisierte«. Aber schließen wir dieses Thema ab, denn es trägt nur unnötig dazu bei, unsere Zeitgenossen in Atem zu halten, wenn es um Juden und allgemeiner um »Rassen« geht.

* Alexander Sinowjew (1922-2006), russischer Schriftsteller, der bereits in jungen Jahren öffentlich gegen den Personenkult um Stalin eintrat, war später Professor für Philosophie und Mitglied der Akademie der Wissenschaften.

Der dritte Band meiner Geschichte beschäftigt sich mit der Periode von 1700 bis 1870. Ich begann die Arbeit daran am Vortag der Verteidigung meiner kleinen Dissertation; aus ihm wollte ich nun die große Dissertation machen, obwohl der Stoff aus akademischer Sicht hierfür weniger geeignet war als das »Brevier des Hasses« oder der Beitrag über den Wucher. Ich suchte alle in Frage kommenden Doktorväter auf und erhielt Absagen, bis der berühmteste, Raymond Aron, sich als Prüfer zur Verfügung stellte. Parallel arbeitete ich an meiner Abhandlung »Der arische Mythos«, um die mich die Universität Sussex gebeten hatte. Der Reiz dieser Parallelarbeit bestand darin, dass ich im ersten Fall untersuchen musste, was das aufgeklärte Europa über die Juden als die »Anderen« dachte, und im zweiten Fall seine Ansichten zu seiner eigenen Genealogie. In zwei Worten, das Innen und das Außen.

Dass die Rassenideologie eine Tochter der Aufklärung ist, war für die Spezialisten keine Offenbarung (wenn ich nicht irre, hat Gunnar Myrdal* um 1945 als erster diese Verbindung entdeckt). Aber trotz der unzähligen Arbeiten, die diesem Zusammenhang seither gewidmet worden waren, wusste der durchschnittliche Intellektuelle bis dahin nichts davon. Diese Angelegenheit ist ganz und gar nicht trivial, denn sie stellt unsere höchsten Werte in Frage.

Nehmen wir Voltaire, den unsterblichen Vorkämpfer der Toleranz, dem dieser Titel in allen Lehrbüchern unter allen Regimen zuerkannt wird. Wie kann es sein, dass

* Gunnar Myrdal (1898-1987) war ein schwedischer Ökonom, Sozialist und Nobelpreisträger, der sich neben einer Kritik an den ökonomischen Thesen von Karl Marx für eine aktive Bevölkerungspolitik mithilfe von Sterilisierungen einsetzte, die ideologisch teilweise im schwedischen Wohlfahrtsstaat umgesetzt wurde.

auch er ebensoviele übertriebene »rassistische« Ansichten vertrat, wobei er sich vor allem über die Barbarei der Juden und die Bestialität der Schwarzen ausließ? Von der voltaireschen Besessenheit abgesehen finden sich ähnliche Töne bei den meisten Autoren. Jeder pflegte seine ganz eigene Idiosynkrasie. Bleiben wir kurz bei Immanuel Kant. Hier die von ihm vorgeschlagene Perspektive hinsichtlich des »Fortschritts zum Besseren im Menschengeschlecht«:

»Die Betrachtung ist die folgende: entweder die Menschen lassen nicht ab, besser zu werden, oder die Menschen lassen nicht ab, besser zu handeln (durch Tat oder Unterlassung). Was die erste Betrachtung anbelangt, so darf man nicht hoffen, dass die Natur bessere Rassen zu entwickeln oder sie durch Vermischung der Rassen hervorzubringen wüsste, denn sie hat längst die Formen ausgeschöpft, die den Böden und Klimata kompatibel sind, wohingegen Bastardisierungen, beispielsweise die Rassenmischung zwischen Amerikanern und Europäern, oder zwischen jenen letzteren und den Schwarzen, der guten Rasse geschadet haben, ohne im selben Maße die schlechtere zu verbessern; aus diesem Grunde hat der Gouverneur von Mexiko gut daran getan, sich dem Befehl des spanischen Hofes zur Begünstigung von Mischehen zu widersetzen.«

Kant nämlich, dessen Autorität zur Zeit der Entwicklung der Anthropologie des 19. Jahrhunderts einiges Gewicht hatte, verspürte angesichts von Vermischungen einen mythischen Horror. Einmal ereiferte sich der Pietistensohn sogar: »Beziehungen zwischen den Spezies – und dass eine Spezies aus einer anderen hervorgegangen sei, und alle aus einer einzigen, oder dass alle aus dem fruchtbaren Schoß einer universellen Mutter herstammten – so etwas führt zu derart ungeheuerlichen Gedanken, dass die Vernunft vor ihnen zurückweicht, bebend vor Entsetzen.«

Diese Erregung war vor allem der Fülle unmöglicher Hybriden in den Beschreibungen der Philosophen und Naturalisten der Vergangenheit geschuldet. So beteuerte John Locke, mit eigenen Augen eine »aus der Vereinigung zwischen einer Katze und einer Ratte hervorgegangene Kreatur« gesehen zu haben, die »deutlich sichtbar die Züge sowohl der einen wie auch der anderen in sich vereinigte«. Réaumur glaubte, erfolgreich ein Huhn durch einen Hasen befruchtet zu haben, und Maupertuis schlug vor, in Menagerien die Anzahl »künstlicher Vereinigungen« zu vervielfältigen; Fabricus, ein Schüler von Linné, »wies nach«, dass die Schwarzen aus einer Kreuzung zwischen Menschen und Affen entstammten. Ich könnte noch etliche weitere aufzählen... In »Der arische Mythos« ließ ich auf die Aufzählung dieser Wahnbilder den zweifelsohne längsten Satz folgen, den ich je fabriziert habe:

»Diese Unbestimmtheit der Grenzen zwischen den Arten, zwischen Katze und Maus, Mensch und Affe – die sich psychoanalytisch im Lichte des mechanistischen Begehrens, die Grenze zwischen dem Beseelten und dem Unbeseelten zu tilgen, entziffern ließe (hier nun aber führt uns die wörtliche Assoziation hin zum Begriff des Animismus, der interessanterweise für eine Lebensphilosophie stand, die zugleich antik und christlich war, bevor die Anthropologen ihn dann für die Bezeichnung sogenannter primitiver Religionen verwendeten und sich diese letztere Bedeutung durchsetzte) – diese Fabel der Unbestimmtheit, wonach der Mensch Mutter Natur zugehörig ist, scheint überall vorzuherrschen, mit der einen Ausnahme (warum aber muss ich, indem ich diese Beobachtung mache, in mir eine Art von Verlegenheit oder

Schlimmeres verspüren, als sei das von mir Geschriebene giftig oder anrüchig!) – mit der einen Ausnahme, so fahre ich also fort, der Bücher Moses'.«

Man erkennt die Absicht. Diese Phantasmen scheinen allen Kulturen gleich wesentlich zu sein – in unserer sind sie erst Anfang des 19. Jahrhunderts als »unwissenschaftlich« deklariert worden; allerdings hat die hebräische Bibel sie mysteriöserweise in einer Striktheit verboten, welche die Geschichte der Sintflut widerspiegelt; denn wenn der Ewige beschlossen hatte, die gesamte lebendige Schöpfung auszulöschen, mit Ausnahme Noahs und seiner Arche, so geschah dies als Folge der großen *Überschreitung*, will sagen, nachdem »die Kinder Gottes zu den Töchtern der Menschen eingingen und sie ihnen Kinder gebaren, wurden daraus Gewaltige in der Welt und berühmte Männer.« (Genesis 6, 4). Aber dieses Geschlecht war verdammt, und Sie können suchen, soviel Sie wollen, Sie werden in der Bibel keinen einzigen unmöglichen Hybriden finden. Zwischen Gott und den Menschen, zwischen den Menschen und den Tieren, zwischen den Tieren »ein jedes seiner Art entsprechend« wurde eine Kluft geschlagen. Eine Kluft oder eine absolute Diskontinuität (gelangt man auf diesem Umwege nicht zu dem »Sinn für das Unendliche« zurück, den die Juden erfunden haben, wie Jean-Paul Sartre kurz vor seinem Tod sagte?)

Und diese mosaische Diskontinuität errichtete Schranken zwischen den Arten, die erst von Cuvier oder Geoffrey Saint-Hilaire nachvollzogen werden konnten, als die wissenschaftliche Disziplin entstand, die den Namen Taxonomie trägt! Ich konnte aus diesem Zauberkreis nicht ausbrechen. Zumal sich eine Schlussfolgerung aufdrängte, die mich irritierte: hatte nicht, was der Alte Bund verfügt hatte, der Neue Bund abzuschaffen versucht, da der Gottessohn gekommen war, die Schöpfung mit dem Schöpfer zu verbünden?

Falls meine Verlegenheit die eines Juden war, der fürchtet, sein christliches Umfeld zu schockieren, so verrät sie auch, dass ich erwartete, meine Idee intensiv diskutiert zu sehen, die tatsächlich neu war (vergeblich habe ich in den modernen Arbeiten zur Bibel nach einem Äquivalent gesucht). Sie bildete in ihrer Präzision und Schlichtheit einen Kontrast zu den weberschen und anderen von zahlreichen Assyriologen und Bibelwissenschaftlern getragenen Konzepten der »Entmythologisierung« oder der »Rationalisierung des Weltbildes« durch das hebräische Denken.

Zu dieser Zeit, also um das Jahr 1970, sprach ich von meiner »intellektuellen Bekehrung zum Judentum«. Ich glaubte, ein unwiderlegbares Argument zu ihrer Rechtfertigung gefunden zu haben. Und als mein Freund Pierre Vidal-Naquet* mir erklärte, dass auch schon Aristoteles einen unverstellten Blick auf die Gesetze der Zeugung gehabt hatte, war ich davon nicht getroffen, im Gegenteil: meine Apologie schien mir also von zumindest einem Teil ihres schwefeligen Beigeschmacks befreit.

Auf die Dauer musste ich konstatieren, dass meine Religion nur einen einzigen Bekehrten kannte: mich selbst. Heute, nachdem ich im Seminar »Menschen und Tiere« viel über die Beschränkungen und die Fallstricke der Wissenschaft gelernt und diskutiert habe, bin ich zu der Schlussfolgerung gelangt, dass es so sein muss, da die Wissenschaft strenggenommen zum Glauben nichts zu

* Pierre Vidal-Naquet (1930-2006) war ein französischer Althistoriker. Er überlebte als Jude versteckt in einem Dorf in den Cevennen die Shoa, während seine Eltern 1944 nach Auschwitz deportiert und ermordet wurden. Er setzte sich Zeit seines Lebens gegen die Holocaustleugnung ein.

sagen hat. Ich denke nach wie vor, dass ich auf eine historisch faszinierende Beobachtung gestoßen bin, aber ihr Gebrauch für die Verteidigung und die Ausleuchtung des Judentums scheint mir ebenfalls der Kategorie der unmöglichen Hybride zu entstammen, ja sogar, was das Christentum angeht, jener der dreiköpfigen Monster. Nichtsdestotrotz ist etwas bei der Idee herausgekommen, aber wie das so oft der Fall ist, etwas ganz anderes, nämlich das Seminar »Menschen und Tiere«, von dem ich ausführlicher sprechen werde.

1967 und 1968

Am Morgen des 5. Juni 1967 kam meine aufopfernde Freundin Lucette Finas, um mir zu helfen, meine große Dissertation von Syntaxfehlern und anderen unsauberen Stellen zu bereinigen (und das nicht zum ersten Mal). Am Vortag hatte *Europe N°1* unter anderen verzweifelten Aufrufen den folgenden gesendet: »Und was tut der Papst? Wird er einen zweiten Genozid mit verschränkten Armen aussitzen?« Der Aufruhr dauerte bereits drei Wochen, übertönt von den Drohungen Nassers, den Ratschlägen Charles de Gaulles, der Untätigkeit der großen Mächte – so viel Öl, das ins Feuer gegossen wurde.

Als Lucette kam, fand sie mich fassungslos vor, denn der 6-Tage-Krieg war ausgebrochen, und auch sie war sehr getroffen. Am Nachmittag erfuhren wir, wie und mit welchem Resultat die israelische Luftwaffe die Initiative ergriffen hatte, aber die Erregung hielt an. Die Juden waren beinahe einmütig der Ansicht, »etwas machen zu wollen«. Tausende von jungen Leuten, die aufbrechen wollten, um zu kämpfen, konnten vorerst nur die Reiseagenturen belagern. Als die sechs Tage vorüber waren, folgte auf den Zusammenstoß der Armeen ein langwieriges Psychodrama. Ich hatte die Idee für eine Zeitung, *Israel und der Mittlere Osten*, die wir zu dritt realisierten (Bernhard Blumenkranz, Robert Misrahi und ich); die Tatsache, dass der *Canard enchainé* die erste (und drittletzte) Ausgabe des Blattes ausgiebig zitierte, entlohnte uns für unsere Mühen.

Germaine Poliakov traf es weniger glücklich, als sie unser Organ an einen arabischen Freund weiterreichte, von dem sie geglaubt hatte, er sei Jude. Ich beging einen ganz anderen schweren Fehler – ich, der so gern wiederholte, dass Historiker keine Propheten sind! – als ich Ende Juni die letzte Seite meiner Dissertation änderte, um zu prophezeien, dass der jüdische Sieg dem Antisemitismus einen entscheidenden Schlag versetzen würde. Diese Häresie mag illustrieren, in welchem labilen Zustand sich die Urteilskraft am Anfang des Sommers 1967 befand.

Die zwei großen gegnerischen Parteien, De Gaulle und die Kommunistische Partei, verdammten die Sieger, aber die gesellschaftliche Linke und die Intellektuellen zögerten. Der Sozialist André Philip freilich prangerte schon den jüdischen Einfluss auf die Medien an, und François Mauriac zitierte einen gaullistischen Kollegen: »Das Risiko, als Antisemit zu gelten, ist laut diesem Freund heutzutage dergestalt, dass man die offensichtlichsten Wahrheiten verschweigen muss.«

Ich erinnere mich auch an eine von Gisèle Halimi moderierte Debatte, also eine auf linkem Territorium. Maxime Rodinson* entfaltete sein antizionistisches politisches Bekenntnis; ich befasste mich mit der Lage der arabischen Frau und ihrer Unterwerfung; die Argumente von Jacques Berque und Olivier Revault d'Allones weiß ich nicht mehr. In dieser warmen Pariser Nacht wurden die Diskussionen noch lange auf der Straße fortgeführt. Kurz darauf erzählte mir Alexandre Kojève bei einem gemeinsamen Mittagessen in Genf von einer neuen Ein-

* Maxime Rodinson (1915-2004) war ein französischer Linguist, Historiker und Soziologe. Als militanter Linker wandte er sich früh dem Antizionismus zu und betrieb als jüdisches Aushängeschild Propaganda für den radikalen palästinensischen Nationalismus.

stellung, vor allem in Regierungskreisen: »Wenn ihr wüsstet, was man hinter eurem Rücken über euch sagt…« Kojève lehnte die bloße Idee eines jüdischen Staates ab, und das aus einer hegelianischen Betrachtung des Jahres 1967 heraus: »Dass ein Weltvolk wie das eure jetzt nur noch danach strebt, es irgendwelchen Albanern gleichzutun…!«

Im Herbst sah man klarer. »Dieselben, die im Frühling so enthusiastisch pro-israelisch waren, wollen nun im Herbst den Juden Gefühle vorwerfen, die sie, die Nicht-Juden, empfunden haben«. (Raymond Aron) Die Intelligenzia spaltete sich; für manche Akademiker war die Kirche nicht mehr im Dorf; meine Freunde Marienstras, Rita Thalmann und einige andere gründeten den Gaston-Crémieux-Kreis, entschieden links, antizionistisch, antisynagogal und trotzdem jüdisch. Die Juden, die nicht Teil der Linken waren, waren vor allem erzürnt, als Charles de Gaulle von einem »elitären, von sich selbst überzeugten und herrischen Volk« sprach; einige schickten ihm ihre Orden zurück. Folglich mühte sich die jüdische Linke vergeblich, den Kapitalismus und die Rothschilds, jene allerexklusivsten Juden, zu verteufeln; eine gewisse Überschneidung hatte sich abgezeichnet, und das war genug, um die einen an »die doppelte Zugehörigkeit« zu erinnern und bei anderen den Wahn von der jüdischen Verschwörung wiederzubeleben. Aber ich werde mich nicht länger über den manchmal ungeliebten Geliebten verbreiten, der der Staat Israel für alle Juden geworden ist.

Dieser Staat hatte ein ganz neues Bild entstehen lassen, das des Arbeiter-Soldaten, in welchem sie sich spiegelten (und schon begann dieses Bild zu verblassen…). Noch tiefer ging aber, dass es ihnen nach dem hitlerschen Tod zur Verkörperung des eigentlichen Lebens der Juden geworden war: dass es verschwand, »nahm mir die Lebenskraft« (Aron, 4. Juni 1967). Es lag eine irrationale Eintracht in der Zwietracht, denn es versteht sich von selbst, dass die internen Streitigkeiten der Diaspora sich umso stärker fortsetzten.

Im April 1968 hatte ich Gelegenheit, die plötzliche Veränderung im dichtgedrängten Zentrum Israels aus nächster Nähe zu beobachten. Seit Jahren war die Gründergeneration besorgt über die Geringschätzung der jungen Einheimischen, der *sabras*, für ihre Vorfahren, die ängstlichen Exilanten, die sich der Legende nach wie die Schafe hatten abschlachten lassen. Die israelische Jugend schien bereit, 2000 Jahre Geschichte oder mehr und sogar Moses, zu überspringen: es hatte sich eine politische Partei gebildet, die sich auf die Kanaaniter* rückbeziehen wollte, also auf den palästinensischen Boden.

Daher rührte die Idee Ben Gurions, die Weltöffentlichkeit auf einer internationalen Konferenz zu belehren, zum einen über das Leben in den Ghettos zwischen 1939 und 1945 und zum anderen vor allem über den verzweifelten, quasi mit bloßen Fäusten geleisteten Widerstand der Juden, die entschieden hatten, aufrecht zu sterben.

Über die Konferenz selbst habe ich nicht viel zu berichten, außer dass der beste Beitrag jener von Henri Michel war, der den europäischen Widerstand mit der jeweiligen Kultur verglichen und vor allem die Bedingungen untersucht hatte, wobei er jenen der Juden für am stärksten hielt. Wenn ich mich nicht täusche, sollte ich den französischen Fall abhandeln. Aber wie immer lag

* Poliakov spielt hier auf die Cherut Partei an, die sich unter ihrem Vorsitzenden und späteren Ministerpräsidenten Menachim Begin (1913-1992) mit anderen Parteien zur Likud-Partei vereinigte und sich vor allem für die Belange der sephardischen Juden einsetzte.

für mich der Reiz dieser Konferenz vor allem hinter den und auch außerhalb der Kulissen.

Auf den ersten Blick schien die Atmosphäre triumphal. Im Speisesaal des Hotels hing von der Decke der intakte Rumpf eines syrischen Flugzeugs, dem man die Flügel gestutzt hatte. Der Sieg sollte für die Ewigkeit errungen worden sein, da sich vor allem die Ägypter als unfähige Soldaten erwiesen hatten, die barfuß geflohen waren (es wurde viel über die Haufen Schuhe gesprochen, die sie auf den Schlachtfeldern des Sinai zurückgelassen hatten). In den besetzten Gebieten leisteten die Bewohner keinen Widerstand, was es einfach machte, ihnen Rede- und Pressefreiheit zu gewähren.

Ansonsten erwartete man eine unmittelbar bevorstehende Räumung dieser Gebiete, sodass die Organisatoren der Konferenz uns drängten, nach Hebron oder Nablus zu fahren oder den noch immer am Fuße des Berges Garizim lebenden Samaritern einen Besuch abzustatten, »solange wir noch da sind«. Ein anderer Grund zur Begeisterung bestand darin, dass die Immigration aus den westlichen Ländern gerade in die Höhe geschnellt war; die amerikanischen Juden und andere investierten um die Wette und demnächst sollte eine »Konferenz der Milliardäre« in Jerusalem stattfinden.

So mitteilsam sie sonst sein mögen, so geheimnistuerisch werden die Israelis, wenn man an das Thema der sogenannten Sicherheit berührt, weshalb sie hinsichtlich der Zukunft eine überschwängliche Zuversicht zur Schau stellten (manchmal ein wenig durch Humor relativiert).

Das bedeutet nicht, dass man sehr tief hätte graben müssen, um hinter dem Triumphgebaren Enttäuschung, sogar Groll, zu entdecken. Waren sie im Mai 1967 nicht von den Großmächten im Stich gelassen worden, verraten von ihren Verbündeten? Allen voran von Frankreich? Waren sie nicht, wenn auch unbesiegbar, nun alleine auf der Welt, unterstützt nur durch die internationale Solidarität der Juden? Die *sabras* brauchten nicht mehr belehrt zu werden. Der Ausdruck vom »Juden der Nationen« war noch nicht geprägt worden, aber die Sache hing schon in der Luft. Ich erinnere mich an die Äußerung – aber war das 1968 oder 1964? – der Frau eines zionistischen Veteranen, den ich im Paris der Vorkriegszeit gekannt hatte: »In 50 Jahren ... Wer weiß, ob wir in 50 Jahren noch da sind?« Die 50 Jahre der Erholung, von denen mein Lehrer Jacob Gordin gesprochen hatte, bevor er starb...

Vor meinem Aufbruch nach Jerusalem musste ich im März noch meine Dissertation verteidigen, die ich später unter dem Titel »Von Voltaire bis Wagner« in die »Geschichte des Antisemitismus« einarbeitete. Die Verteidigung, eine der allerletzten des »ancien régime« (der Titelmodalitäten an französischen Universitäten) ging problemlos über die Bühne.

Raymond Aron versäumte es selbstredend nicht, meine abscheuliche Prophezeiung hervorzuheben. Nunmehr mit den erforderlichen Qualifikationen versehen, konnte ich dem staatlichen Zentrum für wissenschaftliche Forschung beitreten. Meine Situation normalisierte sich in extremis, und das mit beinahe 60 Jahren. Dafür habe ich Emmanuel Le Roy Ladurie und Pierre Nora* zu danken, und den »jungen Forschern«, die nach 1968 in die geheime Zusammenkunft der allerheiligsten Kommission aufge-

* Emmanuel Le Roy Ladurie (1929) und Pierre Nora (1931) sind bekannte und herausragende französische Historiker. Während Le Roy Ladurie in der Tradition der Annales-Schule sich mit Themen der Sozial-, Klima- und Mentalitätsgeschichte befasste, beschäftigte sich Pierre Nora mit der Geschichte Frankreichs im Speziellen sowie mit Gedächtnistheorien.

nommen wurden. Ich profitierte also, und nicht zu knapp, von den Ereignissen des Mai. Dennoch ist meine Erinnerung daran zumindest zwiespältig.

Seit dem Jahr 1964 in Kalifornien lehnten sich weltweit die Studenten auf, wie sie es vielleicht nicht mehr seit dem Mittelalter getan hatten, als sich jüdische Geldverleiher vorzugsweise in Städten »ohne Abiturienten« niederließen. Dostojewski mokierte sich über die Abiturienten seiner Zeit, als »von Smolensk bis Taschkent ganz Russland auf den Studenten wartete«. Während meines Jurastudiums in Paris waren die Studenten, die ich kannte, brav, sie sehnten sich nur danach, die Karriere ihrer Väter einzuschlagen, und liebäugelten mit den Camelots du Roi.*

Die Achtundsechziger wollten den Pfaden von Guevara und Mao folgen: manche trieben den Idealismus so weit, sich allesamt als »deutsche Juden« zu wähnen.** Mit zwölf Jahren Abstand räumen so manche meiner jungen Freunde ein, sie hätten damals einen gewisses Verlangen verspürt, ihre Väter zu töten. Nun erscheint es ihnen so, dass ihre Kinder darauf ebenso verzichten wie auf schulische Anstrengungen. Ich weiß nicht, was ich von der neuen Generation des Fernsehens halten soll. Ihre Eltern jedenfalls haben 1968 laut nach der Weltrevolution gerufen, der ich seit einem halben Jahrhundert ablehnend gegenüberstehe. Ich konnte nicht anders, als darauf zu beharren.

Natürlich zeigte ich meiner Frau Germaine die besetzte Sorbonne, deren Schmutz sie nur schlecht ertrug. Ich

* Eine Anfang des letzten Jahrhunderts gegründete Jugendorganisation der nationalistisch-monarchistischen Action Française.

** Bezieht sich auf die Ausweisung Cohn-Bendits aus Frankreich durch die Regierung. Dagegen protestierten die Studenten am 24. Mai 1968 mit der Parole »Wir sind alle deutsche Juden«.

nahm an den Debatten in der École teil, ich sah die Mandarine verstummen, ich bewunderte die Beherztheit Jean-Pierre Vernants,* der es ganz allein schaffte, den Systemgegnern Vernunft einzureden.

Aus sicherer Entfernung beobachtete ich die Krawalle, und auch ich ließ mich vereinnahmen von der allgemeinen Erwartung der Apokalypse, sei sie erdölbedingt oder anderweitig. Diese Ereignisse sind ausführlich in allen Farben geschildert worden. Im Städtchen Massy sah ich sie auf eine Art um sich greifen, die weniger bekannt sein dürfte.

Auch unsere kleine Welt der Intellektuellen, der Assimilierten und höheren Angestellten durchfuhr dieser Hauch des Wahnsinns. Es begann mit dem Chor, den Germaine Poliakov leitete. Mademoiselle Benchitrit protestierte gegen die Musik Bachs, die zu viel von Jesus spreche. Man gab ihr nur zur Hälfte recht. Einstimmig allerdings ging der Chor gegen Madame Martin vor, eine sehr effiziente Sekretärin, die zur Verzweiflung ihrer Chefin hinausgeworfen wurde.

An der École Nouvelle, die mein Sohn Jean-Michaël besuchte, strömten die Eltern der Schüler massenhaft zusammen, um gegen die Direktorin, Madame Rist, zu protestieren, die jedoch standhaft blieb. Der Schüler Jean-Mic, ein alterstypischer Nonkonformist, wunderte sich wiederum darüber, dass immer nur für die Studenten Spenden gesammelt wurden, niemals jedoch für die C.R.S.** Mein Freund und Nachbar von gegenüber, Dr.

* Jean-Pierre Vernant (1914-2007) lehrte als Professor für griechische Mythologie an der École Pratique des Hautes Études, war führendes Mitglied der Résistance und Mitglied der Kommunistischen Partei.

** Die Compagnies Républicaines de Sécurité sind eine kasernierte Spezialeinheit der Nationalpolizei, vergleichbar mit der Bereitschaftspolizei in Deutschland.

Alexandre Glikman, erzählte mir, dass im Allgemeinen nicht gegen Ärzte protestiert würde, mit Ausnahme der Psychoanalytiker, die gegeneinander protestierten. Währenddessen schickten reiche Familienoberhäupter ihre Frauen und Kinder nach Belgien oder in die Schweiz, vom Geld gar nicht zu reden.

Charles de Gaulle, das Benzin und die Sommerferien rückten die Dinge wieder zurecht. Auf den roten Terror folgte der weiße Terror. Im Gedächtnis behalten habe ich davon die taktische Bravour Fernand Braudels während einer Abrechnung in der École. Das Volk hielt still: nur der Ketzer Jean-Pierre Peter und sein Komplize Pierre Vidal-Naquet erhoben die Stimme.

Nichts konnte verhindern, dass aus den Helden der Barrikaden im Handumdrehen Veteranen wurden, die sich für einige Monate in dieser Illusion gefielen: siehe dazu die Zeitungen aus dieser Zeit, vor allem jene der Linken.

Menschen und Tiere

Im Großen und Ganzen war es vorbei mit der relativen Abgeschiedenheit, in der ich zwischen 1953 und 1968 gearbeitet hatte. Da ich nun vollständig promoviert war, begann ich, der niemals unterrichtet hatte, ein Seminar über den »arischen Mythos« an der École des Hautes Études en Sciences Sociales zu leiten. Ich bin mir nicht sicher, ob ich ein guter Seminarleiter war, denn es mangelte mir an Erfahrung und Autorität. Im Übrigen habe ich nie versucht, für die Arbeiten im Seminar Zeugnisse auszustellen. Selten erschienen mehr als zehn Teilnehmer, manchmal tendierte die Zahl auch gefährlich gegen Null. Ich habe dennoch meinen Nutzen aus dem Seminar gezogen (und hoffe, dass dies auch für die anderen gilt). Ich lernte, dass mündliche Kommunikation der schriftlichen überlegen ist und war überrascht zu sehen, dass ich das, was ich sagte, skeptischer begutachtete als das, was ich schrieb. Zuhören begünstigt Selbstkritik, die wie jede Kritik, ob man ihr ausgesetzt ist oder sie ausübt, anregend wirkt. Selbst die abwegigsten Beiträge, und auch die gab es im Laufe dieses kleinen Seminars, gaben zu denken. Auf die eine oder andere Weise war mir das Seminar eine wichtige Lehre.

Zur selben Zeit wurde mir noch eine weitere Lehre zuteil, die mit unseren Forschungen in Cerisy einherging. Recht spät, wie mit fast allem anderen, was ich je getan habe, hatte ich mit der Reiterei angefangen, der ich auf einem Gehöft in der Essonne nachging. Durch den Wald zu galoppieren war eine unvergleichliche Sinnesfreude, die für mich noch die Unermesslichkeit des Meeres oder das Skifahren übertrifft. Zweifelsohne trägt hierzu der Stolz bei, ein Tier zu beherrschen, ein verständiges Wesen, das seinerseits genau wahrnimmt, mit welcher Art von Mensch es gerade zu tun hat. Stürze waren nichts Außergewöhnliches – Oh Chimère, wie warst du hinterhältig! –, und im Verlaufe dieses Herumtobens musste ich oft große Kraft aufwenden. Ein ausgezeichneter Weg, um mit den eigenen Aggressionen umzugehen. Leider jedoch musste ich vor kurzem dieser letzten einfachen Leidenschaft entsagen: um bis zu einem vorgerückten Alter durchzuhalten, ohne seine alten Knochen zu sehr zu beanspruchen, muss man schon früh mit dem Erlernen dieser Kunst begonnen haben.

»Menschen und Tiere…« Am Ende unseres Kolloquiums in Cerisy war beschlossen worden, unsere Forschungen unter diesem Titel fortzusetzen. Den universitären Rahmen stellte das C.N.R.S. in Form eines »kollektiven Forschungsprojekts«. Wir verfügten über Mittel in Höhe von jährlich etwa 15.000 Francs, die beizutreiben für mich großen bürokratischen Aufwand bedeutete, denn ich verstand mich darauf ziemlich schlecht. Niemand in der akademischen Zunft hat wohl eine Vorliebe für diese administrativen Aufgaben, bei mir aber nahm die Abneigung den Grad einer Lähmung an, da sie mir wie ein Rückfall in die vorsintflutliche Ära der Agentur Metzel vorkam.

Mein Unbewusstes rebellierte also wieder einmal und flüsterte mir zu, dass ich bei jedem Vorgang aufs Neue nur Schall und Rauch produzierte. Und was noch schlimmer war, es war erhabener Schall, ideologischer Rauch! Zum Glück arbeiteten in den Büros des C.N.R.S. eine Menge Beamte bürgerlicher Gesittung, und die Entscheidungen wurden von akademischen Gremien getroffen, die Draufgängern eher skeptisch gegenüberstanden, sodass man mir im Allgemeinen Gnade widerfahren ließ.

Gegenwärtig haben sich die Dinge zum Schlimmeren gewendet: Die Verwaltung hat die Oberhand gewonnen, aber vor allem bestimmen mittlerweile Computer das System vollständig und verpflichten die »Verantwortlichen« einer jeden Abteilung, kiloweise Formulare von A bis F und von 1 bis 5 auszufüllen und sich zwischen unverständlichen Wahlmöglichkeiten zu entscheiden. Was ist, auf zwei Stellen nach dem Komma genau, »die *gewichtete* Zahl der Forscher in Ihrem Labor«? Rechnen Sie aus, füllen Sie aus, folgen Sie den Anweisungen, beachten Sie die beigefügten Hinweise... Ein Stil, wie man ihn noch nicht gesehen hat:

»A. Die schraffierten Abschnitte dürfen nicht beschriftet werden, sie werden von der Verwaltung ausgefüllt. Die anderen Bereiche bitte ausfüllen, indem einem jeden Feld entweder ein Druckbuchstabe oder eine Ziffer zugeordnet wird…«

Ich füllte also in Schönschrift aus, Blatt für Blatt und Bündel für Bündel, konzentriert die Zunge zwischen den Zähnen, wie zuletzt als Kind in Russland beim Reifentreiben. Aber wie war der Absatz DA auszufüllen?

»Absatz DA. Institutionelle Zugehörigkeit: es handelt sich hierbei um das Institut, in dem die Ausbildung stattfindet. Im Falle der Zugehörigkeit des Gebäudes zu mehreren Instituten, gilt die institutionelle Zugehörigkeit zu dem Institut, das die Infrastruktur bereitstellt. Im Falle der Nutzung verschiedener Gebäude, werden diese sowie die jeweils genutzten Flächen bitte auf einem beigefügten Blatt angezeigt…«

Wo waren wir nun eigentlich ansässig und welche Flächen nutzten wir? Ich suchte meinen Freund Joseph auf, der eine Art Genie dafür besitzt, mit Computern zu sprechen. Man bildet sich zum Historiker, aber als Informatiker wird man geboren? Jedenfalls hat ein System, dessen Daseinsgrund ich ja verstehe, wenn es darum geht, Zyklotronen zu schaffen und am Leben zu erhalten, auf die Humanwissenschaften abgefärbt, und zwar in dem Maße, dass sie nun ebenfalls »revolutionär« sein wollen und alle Tugenden der exakten Wissenschaften für erstrebenswert halten, die Märchen der Rentabilität inbegriffen.

Gerade erst hat das C.N.R.S. die Studenten des Clio (Centre Laser Infrarouge d'Orsay) mit einem »Rechenzentrum« ausgestattet. Ich glaube nicht, dass das unserer Muse zugute kommt. Wohingegen sie mir befiehlt, das C.N.R.S. wissenschaftlich zu zitieren:

»Das Auftreten *einer Gelehrsamkeit neuen Typs* ist verantwortlich für die wissenschaftliche Revolution in den Humanwissenschaften, aber auch für das Entstehen neuer Probleme in diesem Sektor. In der Folge einiger Überlegungen, die hauptsächlich in der Zwischenkriegszeit innerhalb der französischen Historikerzunft angestellt worden sind, streben die Humanwissenschaften nun in der Tat danach, innerhalb ihres Forschungsfeldes eine vollständige und doch leicht verständliche Sichtweise zu etablieren, diejenige etwa einer Geschichte, die sich von nun an als total erachtet.«

Ohne eine vollständige wissenschaftliche Rechtfertigung erhält man also keine Mittel? Mit Verlaub, hier liegt wohl, wie wir in Russland sagen, der Hund begraben. Und was den Rassismus angeht... Ebenso sinnvoll wäre es, eine vollständige Erklärung aller Kriege zu liefern oder des Sündenfalls von Kain, dem ersten Bauern, der seinen Bruder, den Hirten, tötet. Einige junge Altertumsforscher, die sich nach den Wünschen der Mäzene richten, können nur, wenn schon nicht die Bibel, so zumindest Rousseau paraphrasieren, da sie Kriege mit dem demographischen Druck der neolithischen Ära erklären. Jean-Jacques hat es aber am schönsten ausgedrückt: »Für den Philosophen haben Eisen und Korn die Menschen zivilisiert und das *Menschengeschlecht* ruiniert.«

Frank Tinland und ich erlaubten uns nur ab und zu ein paar pessimistische Weitschweifigkeiten. Er, indem er über die Spannungen und Probleme der zeitgenössischen Welt nachsann, und ich, indem ich Freuds Glauben an die fatale Vorherrschaft des Hasses gegenüber der Liebe zur Sprache brachte. Im Wesentlichen beschränkten wir uns auf die Analyse des modernen Rassismus. Tatsächlich sind sich die Anthropologen, die wir dank des klugen Ratschlags von Maurice de Gandillac* ständig konsultierten, in einer Sache einig: Was immer es auf der Welt, in Raum und Zeit, an Konflikten und Verfolgungen gegeben hat, es ist nie vorher soweit gekommen, dass eine Gruppe Menschen eine andere vollkommen diffamiert hat, i.e., deren Mitglieder abgeurteilt hat aufgrund dessen, was sie *waren* und nicht, was sie *taten*. Allein die vorgeblich wissenschaftliche Sichtweise schaffte alle Ausnahmen und Rechtfertigungen ab, etwa Wunder oder göttliche Gnade, Konversion oder Assimilation. Colette Guillaumin,** meiner Ansicht nach der klügste Kopf unserer Gruppe, brachte es auf den Punkt, als sie von dem »ideologischen Sprung, den der Rassismus im 19. Jahrhundert gemacht hat«, sprach. Dieser habe sich gewandelt »von einem Typus, in dem Gott und der freie Wille die zentralen Achsen der Vorstellung von Geschichte

* Maurice de Gandillac (1906-2006) war Philosoph, Historiker und erster Übersetzer Walter Benjamins ins Französische.

** Die Soziologin Colette Guillaumin (1934-2017), eine militante Feministin und Antirassistin, gehörte zu den Vorreiterinnen eines materialistischen Feminismus.

bilden, zu einem neuen Typus, in dem das Biologische (in seiner symbolischen Form die Rasse) und der Determinismus die Schlüsselelemente der Geschichte sind.«

Diesen katastrophalen Sprung datierte ich anders, und ich wollte sogar einen bestimmten Tag angeben: nämlich den 24. April 1684, als das *Journal des Sçavans* eine von Francois Bernier unterzeichnete »Neue Aufteilung der Erde im Hinblick auf die verschiedenen Menschenarten oder -rassen, die sie bewohnen« veröffentlichte. Bei den hier so bezeichneten Rassen handelte es sich um die Europäer, Weiße oder Bräunliche, die Afrikaner (»sie haben Haare wie ein Wasserspaniel«), die Gelben (»sie haben kleine Schweinsäuglein«) und die Lappländer (»sie sind garstige Tiere«). Derart, schon vom ersten Wurf an, *vertierte* unser Reisender die menschlichen Gruppen, die die Nachwelt für minderwertig erachten würde.

Ich habe bereits über Kant gesprochen, ebenso über Voltaire, für den die Schwarzen schlicht »Tiere« und die Juden, die ihn weit mehr interessierten, »berechnende Tiere« waren. Bedeutender noch sind die großen Naturalisten, da sie in Zukunft Gehör finden werden. In erster Linie Carl von Linné, der die Farbe der Haut zum Grundstein seiner Hierarchie machte: der weiße Mensch sei geschickt und geistreich; der rote Mensch rebellisch und jähzornig; der gelbe Mensch stolz und geizig; der schwarze Mensch faul und zur Sklaverei geboren. »Gott schuf und Linné klassifizierte«, schlussfolgerte die Epoche. Buffon*, der weniger systematisch klassifizierte,

* Buffon, eigentlich Georges-Louis Leclerc de Buffon (1707-1788), war ein französischer Naturforscher während der Epoche der bürgerlichen Aufklärung. Buffons Theorien, u.a. jene von den Affen als zurückgebliebene Menschen, wurden später als pseudo-wissenschaftliche Anleihen der Rassisten zur Begründung von Rassenmythen benutzt.

kam in unseren Augen für eine nachsichtigere Beurteilung in Frage. Wenn er sich schlimmer äußerte, wie etwa, dass die Lappländer und die Hottentotten »niederträchtig« seien und sich »im Abfall suhlen«, so schrieb er das den jeweiligen klimatischen Verhältnissen zu: in gemäßigte Zonen umgesiedelt, würden diese Dämmerwesen im Laufe von Generationen »wieder zur menschlichen Natur zurückkehren«. Eine versöhnliche Vorstellung, abgesehen davon, dass auch hier der Ton die Musik macht.

Die Angelegenheit schien geklärt: Beim Rassismus handelte es sich um ein Kind, einen verleugneten unehelichen Sohn der aufklärerischen Wissenschaft. Insofern erwies sich die Todsünde des Abendlandes als die genaue Kehrseite seiner Macht und seines höchsten Ruhms… Ich für meinen Teil insistierte aus verschiedenen Gründen auf diesem Punkt, wovon mir mein Ingrimm gegen sämtliche Formen des Determinismus, der mich auch Leo Schestow verehren lässt, der ehrlichste zu sein scheint. Ich glaube, dass die Motive meiner Freunde noch vielfältiger waren: Unduldsamkeit gegenüber Ungerechtigkeiten, Schuld oder Identifikation (deshalb wohl zählten wir unter uns mehr Frauen als Männer und einen großen Anteil Juden). Darüber hinaus war für einige wohl auch ein Gefühl der Verantwortlichkeit für das allgemeine Erbe der Aufklärung von Bedeutung. Dann gab es noch die Redebeiträge von Serge Moscovici,* die besonders wertvoll waren, da er bereitwillig in die Rolle des *Advocatus Diaboli* schlüpfte; und den untrüglichen Sinn für Moral von N.N., dem unendlich diskreten Gewissen unserer Gruppe...

* Serge Moscovici (1925-2014) gehört zu den Gründern der europäischen Sozialpsychologie. Er überlebte als junger Mann den Holocaust und Rumänien und wanderte später nach Frankreich aus.

Schlussbemerkung

Ich nähere mich nun dem Ende einer Erzählung, die zwar immer noch mein Innenleben zum Gegenstand hat, aber doch schon seit etwa fünfzig Seiten sich mehr um Ideen und Texte als um Abenteuer und Tatsachen dreht. Zum Schluss komme ich jetzt auf die Jahre zu sprechen, die ebenso der Vergangenheit wie der Zukunft angehören, denn es soll von Texten die Rede sein, die noch nicht veröffentlicht sind, und von Ideen, die noch auf auf ihre gerechte Kritik warten.

Das ist in erster Linie bei unserem Seminar der Fall. Auf das Kolloquium Cerisy II folgte 1977 ein drittes, dessen Resultate zum Zeitpunkt der Niederschrift im August 1980 noch nicht das Tageslicht erblickt haben. Thema war »Das verbotene Paar, die Dialektik der soziokulturellen Andersartigkeit und die Sexualität«. Hinter diesem Titel, der für meinen Geschmack ein wenig zu akademisch geraten ist, verbarg sich eine sehr spezielle Betrachtung der Weltgeschichte. Der erste Debattenbeitrag kam von der Anthropologin Hilda Danon, die sich mit den Regeln befasste, die in primitiven Gesellschaften gelten, in denen die Frau nicht als »Rechtssubjekt« gesehen wird, sondern als Trägerin des Lebens ihres Klans, mit der zudem Handel betrieben wird, damit ein »Gleichgewicht der Quellen des Lebens« beibehalten werde. In seinem Schlusswort knüpfte der Psychoanalytiker Jacques Hassoun eine Verbindung zwischen der uralten Herrschaft des Vaters, dem Abscheu vor dem Inzest und der Angst vor der Blutschande. Die Beiträge von Jean Bottéro, Franklin Rausky, Joseph Mélèze, Mohammed Arkoun und Bruno Roy fungierten als Kettenglieder, die es möglich machten, zu einer ungezwungenen Perspektive auf die Ursprünge und Entwicklungen der Zivilisation zu gelangen, und zwar durch das Prisma der Lage der Frauen. Ob diese Debatten aber die Resonanz erfahren werden, die sie verdienen?

Ich hatte Ende 1977 den vierten und »letzten« Band meiner »Geschichte des Antisemitismus« veröffentlicht. Unter dem Titel »Das selbstmörderische Europa« behandelte dieser Band die Jahre zwischen 1870 und 1933; ich beschrieb darin den offensichtlichen Zusammenhang zwischen dämonisierender Propaganda, wie sie Anfang des Jahrhunderts in zahlreichen Ländern, einschließlich Großbritanniens und der Vereinigten Staaten, betrieben wurde, und dem Aufstieg der Hitlerpartei. Dieser Zusammenhang zeigte, dass ein furchtbares, als spezifisch deutsch erachtetes Problem in Wahrheit ein weitverbreitetes internationales Problem ist und dass zum Beispiel auch Frankreich eine Vergangenheit hat, die nur zum Teil »überwunden« ist.

Ich hatte mich also mit der »jüdischen Weltverschwörung« zu beschäftigen, jenem tausend Jahre alten Mythos, der in seiner modernen und säkularisierten Gestalt seit dem ersten französischen Kaiserreich anzutreffen ist, jedoch erst nach 1917 allgemeine Verbreitung erlangte, nämlich als Erklärung für die russische Revolution.

Damit hatte ich ein ungemein heikles Thema zu erforschen, denn die übliche Versuchung, die Bedeutung des behandelten Gegenstandes zu überschätzen, ist in diesem Fall viel größer; der Gegenstand bietet mithin eine wahnwitzige Erklärung des menschlichen Schicksals, und der Historiker mag sich geneigt zeigen, diesen Gestus auf der Reflexionsebene zu reproduzieren, indem er solche Delirien nun seinerseits zu einem Schlüssel für das Verständnis der Weltgeschichte verklärt.

Handelt es aber bei der Erklärung kollektiver Leiden und kollektiven Unglücks durch »unheilvolle Kräfte« oder »bösartige Menschen« nicht um ein universelles Phänomen? Wurden die Jesuiten, die Freimaurer, die Aristokraten oder die Kapitalisten nicht genauso oder ähnlich wie die Juden für alle Übel der Welt verantwortlich gemacht? Nachdem ich die Arbeit an »Das selbstmörderische Europa« beendet hatte, erforschte ich diese dämonisierenden Erklärungsmuster und wählte als Titel »Teuflische Kausalität«. Dass ich von der Idee angetan war, mich nun einmal mit etwas anderem als Antisemitismus zu befassen, bedarf keines weiteren Kommentars. Als Auslöser für diese neue Unternehmung und Inspiration zum Titel war eine beiläufige Bemerkung Albert Einsteins während eines Frühstücks mit seinem Freund Harry Kessler im April 1927 gewesen, als die beiden sich über Astrologie unterhielten. »Dämonen sind überall«, bemerkte Einstein. »Es ist wahrscheinlich, dass unsere Vorstellung von Kausalität in dem Glauben an das Handeln von Dämonen wurzelt.« (Auf der Stelle wurde diese Bemerkung von Graf Kessler schriftlich festgehalten.)

Einstein hatte gerade »La Mentalité primitive« von Lucien Lévy-Bruhl gelesen. Ich stürzte mich sofort in das Werk dieses Denkers, der zu Unrecht in Verruf geraten ist, und stellte fest, dass er seine bekannte »vorlogische Mentalität« ganz liberal auch den zivilisierten Bewohnern des Abendlandes attestierte und dass sein Denken hinsichtlich der Unlogik des Betragens von Unglück oder Katastrophen Traumatisierten jenem Freuds außerordentlich nahe war. Im Hinblick auf den Begriff der Kausalität stellte ich Lévi-Strauss und Freud, Evans-Pritchard und

Lévi-Strauss, Jean Piaget und Evans-Pritchard einander gegenüber und konnte festhalten, dass jeder auf seine Weise zu dem Schluss gelangte, der Glaube an Verhexungen oder Verschwörungen determiniere in nicht zu vernachlässigendem Maße menschliches Verhalten, und in bestimmten Situationen könne das Verschwörungssyndrom überall, in allen Kulturen, um sich greifen.

In der Etymologie des Wortes »Komplott« meinte ich eine Bestätigung meiner These zu erkennen, denn dieses geht im Französischen, Englischen, Russischen, Hebräischen und in zahlreichen weiteren Sprachen auf die Idee einer sozialen Bindung oder einer »Versammlung von Personen« zurück. Jeder menschliche Zusammenschluss scheint für die menschliche Imagination folglich eine potentielle Verschwörung darzustellen... Außerdem glaubte ich, eine hervorragende Zusammenfassung meines Vorhabens bei Karl Popper gefunden zu haben, der mein Nachttischphilosoph geworden war, seit ich mit seiner wild entschlossenen Kritik der Hegelschen Dialektik, der Grundlage des »dialektischen Materialismus«, Bekanntschaft gemacht hatte. Popper, der wie Einstein die Gabe der Prägnanz besitzt, erklärte, dass die Verschwörungstheorie in der Gesellschaft weit verbreitet ist, obwohl sie selbst in den besten Fällen nicht mehr als einen Funken Wahrheit enthält. Sobald jedoch die Verschwörungstheoretiker die Macht erobern, wird sie zu einem wirklichen Erklärungsmodell, da die totalitären Herrscher ihrer Theorie entsprechend tatsächlich als Verschwörer handeln.

So, auf den Schultern der besten Geister unserer Zeit, hatte ich für meine Überzeugung so etwas wie ein Rückgrat konstruiert, das ich jetzt mit historischem Fleisch umkleiden wollte, was eine ganz andere Sache ist. Musste ich dann nicht ein umfassendes Inventar erstellen, und zwar ein Inventar der menschlichen Unglücke, der für diese vorgeschlagenen Erklärungen sowie der hieraus sich ergebenden mannigfaltigen Konsequenzen (Kriege, Revolutionen, Verfolgungen)? Bedeutete das nicht letztlich, aus einer ungewöhnlichen Perspektive heraus eine Art Weltgeschichte zu schreiben? Wie sollte man angesichts eines solchen Ozeans den Kopf über Wasser halten? Ein erster Schritt bestand darin, all diejenigen Gesellschaften aus meiner Erzählung auszuschließen, die von der Existenz des Übernatürlichen ausgehen, also annahmen, dass der Lauf der menschlichen Existenz höhergestellten Mächten unterworfen ist. Ich beschränkte mich also auf das Abendland, in dem der Glaube der Wissenschaft Platz gemacht hat und deshalb auch die theologische Vorstellung der Verschwörung nicht anders konnte, als der in gewisser Weise kriminalistischen Sichtweise das Feld zu überlassen. Nach dieser energischen Amputation blieb immer noch viel übrig, zwei oder drei Jahrhunderte abendländischer Geschichte, ein gewaltiges Meer, und ich beschloss, mich in diesem an den Riffen zu orientieren, die die Revolutionen darstellen.

Der Gegenstand blieb jedoch viel zu weit gefasst und ich befürchte, dass ich mein Hauptargument schlecht vertreten habe, demzufolge sich die totalitären Phänomene des 20. Jahrhunderts – neben anderen Faktoren – »auf das Bedürfnis nach Ersatzerklärungen für einstige primäre Ursachen« stützen konnten. Ich hatte allerdings eine weitere Vorsichtsmaßnahme getroffen, indem ich den Lesern bereits im Vorwort einen kleinen Wink gab: »Die Kenntnis der Geschichte ist nur hinsichtlich des oberflächlichen Teils dem Intellekt zugänglich, der tiefere Teil des Problems entzieht sich uns stets.« Nur andeutungsweise verwies ich auf diesen »tieferen Teil des Problems«, der in meinem Denken zwei Schichten umfasst:

einerseits die Ungewissheiten und das Unvermögen der Geschichtswissenschaft im Allgemeinen, dieser »kleinen spekulativen Wissenschaft«, die schon Descartes und Spinoza als Wissenchaft ausschließen wollten, und andererseits die besonderen Probleme jener Geschichte, zu der wir eine affektive Beziehung haben, das heißt der unsrigen, die uns als Ersatz für einen Ursprungsmythos dient, die uns rührt und fesselt.

Diese Geschichte ist ganz grundlegend »unser Verhältnis zu den Werten«, wie Max Weber es ausdrückte. Eine solche affektive Färbung ruft leicht dogmatische Widerstände hervor – versuchen Sie nur einmal, ohne für einen Witzbold oder Schlimmeres gehalten zu werden, die uns von der französischen Revolution vermachten Werte in Frage zu stellen –, genauso wie sie zu Lasten des »Wie« die Fragen nach dem »Warum« multipliziert, auf die wir keine wirkliche Antwort zu geben wissen. Kann es infolgedessen nicht sein, dass eine Geschichte des Begriffs der »Ursache«, der seine Wurzeln in dem Glauben an die Tätigkeit von Dämonen hat, wie Einstein es nahelegt, das Interesse und Nachdenken der Leser umso mehr verdient, da diese Dämonen uns coram publico noch immer in unserer Imagination heimsuchen? Nur unter der Voraussetzung allerdings, dass der Gegenstand nach den Regeln der Geschichtswissenschaft gemeistert wird.

Ich habe starke Zweifel, ob mir das gelungen ist. Ich denke jedoch auch, dass meine Erforschungen der internationalen Feindseligkeit gegenüber Jesuiten oder der französischen Ängste zwischen 1789 und 1794 der Kritik standhalten, und hinsichtlich des Antisemitismus war ich mit umfangreichem historischem Material ausgestattet. Ich fürchte jedoch, dass ich dem Gegenstand nicht gerecht geworden bin, als ich die Mutation analysierte, die der Übergang von der »theologischen« Kausalität zur

»kriminalistischen« Kausalität repräsentiert. Im Grunde habe ich mich damit begnügt, auf folgendes Problem aufmerksam zu machen: »Das schwierige Problem des augenfälligen Kontrasts zwischen einer religiösen Weltanschauung, in der den Verschwörern – Juden und anderen – eine unterordnete Rolle zufällt, und einer sogenannten wissenschaftlichen Sicht auf die Dinge, derzufolge die Verschwörer Böses tun«.

Anders gesagt: als die Geister Schritt für Schritt verschwunden sind bzw. man ihre Existenz zurückgewiesen hat, sind sie massenhaft übergegangen in die Körper bestimmter Menschen, die qua Bestimmung Unheil bringen und dazu berufen sind, Böses zu tun, vermöge eines universalen Determinismus der Naturgesetze. Diese Mutation schien mir einen fatalen Niedergang des intellektuellen Niveaus mit sich zu bringen, aber ich vermochte es nicht, die Idee angemessen zu entwickeln, dass die Entsorgung des Übernatürlichen, was die großen Weltanschauungen betrifft, vor aller Augen zu einem eklatanten Irrationalismus geführt hat. Gerade so ist es mir vielleicht gelungen, diese Idee mithilfe einiger pittoresker Beispiele zu veranschaulichen: der Royalist Léon Daudet sah die Schuld für die Überflutung von Paris im Jahr 1910 bei jüdischen Grundstücksmaklern, die spekuliert und Wälder gerodet hatten. Bei diesen handelte es sich auch gegen ihren Willen immer um Übeltäter, unabhängig davon, was sie taten, was mir als eine Albernheit anderen Kalibers erschien, als in ihnen die erklärten Feinde des Christentums oder die Agenten des Satans zu sehen, wie es in der vormaligen »theologischen« Weltsicht der Fall gewesen war. Es gab Schlimmeres. In meinem Manuskript folgte auf eine längere theoretische Diskussion eine Untersuchung der englischen und der französischen Revolutionen, und danach war ein letztes Kapitel der »Diabolektik« gewidmet (Alexander Sinowjew hatte diesen Begriff geprägt. Die hegelsche Dialektik scheint mir im Lichte der Geschichte sowie der Kritik Russels und Poppers diesen Namen zu verdienen). Eine weitere Gelegenheit zur Persiflage der hegelschen Logik, die mich bei jedem Schritt an meinen unvergesslichen Freund Kojève denken ließ.

Zum Abschluss musste ich mich noch dem Werk von Karl Marx zuwenden, von dem ich vor vierzig Jahren geglaubt hatte, ohne mir die Mühe der Lektüre seiner Schriften gemacht zu haben, dass er die Weisheit mit Löffeln gefressen habe. Nun entwickelte ich gegenüber Marx plötzlich eine Abneigung, wobei es sich wiederum um einen Glaubensakt handelte, doch nun in entgegengesetzter Richtung. Auch dieses Mal las ich Marx nicht in Gänze, sondern konzentrierte mich auf diejenigen Passagen, in denen Marx dem Menschengeschlecht zur gegebener Stunde und anstelle des Messias einen mysteriösen »Sprung in die Freiheit« versprach. Noch mehr konzentrierte ich mich auf jene Stellen, in denen der grimmige Polemiker die Bourgeoisie attackierte – »mit wilder Entschlossenheit, eine neue Phase öffentlicher Zänkereien verursachend« (Isaiah Berlin). Nicht nur wird hier der Bourgeois, um nicht zu sagen der Jude, als unbewusster Übeltäter beschrieben (wie die jüdischen Spekulanten bei Daudet!), darüber hinaus verwandeln sich unter Marxens Feder das Kapital, das Geld, die Rente oder der Mehrwert in lebendige Wesen, in blutsaugende Vampire, in unsägliche Gierschlunde, von denen, so wird es »wissenschaftlich gezeigt«, nur die kommende apokalyptische Revolution den Planeten befreien wird. Diese Dämonisierung im wissenschaftlichen Gewand war die effektivste, die man sich zu dieser Zeit denken konnte. Die Wissenschaftlichkeit der marxistischen Prophezeiungen schien gerade dadurch erwiesen, dass ihr Autor die Kapitalisten keines kriminellen Vorhabens bezichtigte, sondern sie als blinde Macht darstellte, die lediglich nach »historischen Gesetzen« handelt.

Die von Marx vorgenommene Periodisierung funktionierte dabei ganz anders als bei Hegel (»auf die Füße gestellt«). Ich bin allerdings nicht besonders von den fraglichen Seiten meines Buches überzeugt, sie sind wahrscheinlich zu heftig und vor allem zu einseitig geraten, offen scheint meine Antipathie für den allwissenden Philosophen und antisemitischen Juden durch. Zufällig fiel mir die antimarxistische Kritik von Leszek Kolakowski in die Hände. Der aus der Kälte kommende Philosoph, den ich vor einem Vierteljahrhundert in Cerisy gesehen habe, verleiht seinen aufkeimenden Zweifeln hinsichtlich des dialektischen Materialismus Ausdruck. Hier sein Fazit aus dem Jahr 1980:

»*L'Express*: (...) Kann der Marxismus noch etwas zum zeitgenössischen Denken beitragen? Oder ist er mittlerweile unbrauchbar?

Leszek Kolakowski: Falls sich die Frage auf die Bedeutung des Marxismus als Weltdeutung bezieht, so fällt meine Antwort eindeutig aus: quer durch die verschiedenen Auslegungen, die ihm entsprungen sind und die sich wechselseitig ausschließen, hat der Marxismus als kohärentes System oder als System, das eine kohärente Deutung anstrebt, nichts beizutragen. Die Gültigkeit dieses Systems in seiner Gänze beruht auf dem messianischen Glauben an die totale Befreiung des Menschen und der finalen Lösung der sozialen und menschlichen Probleme. Die Deutung der Vergangenheit ist abhängig von dieser apokalyptischen Vision des Endes der Geschichte, das Marx lieber den Anfang der Geschichte nannte. Vom intellektuellen Standpunkt aus ist dieses System tot. Es kann uns nichts lehren. All die interessanten, stimulierenden Aspekte des Marxismus sind von den Humanwissenschaften absorbiert worden und ihre Bande zu diesem spezifischen System universellen Anspruchs haben sich gelöst. Der historische Materialismus hat wichtige Anstöße gegeben: er hat unsere Vorstellung von der Geschichte verändert, er hat uns daran gewöhnt, die Geschichte der Kulturen in Verbindung mit Konflikten, denen materielle Interessen zugrunde liegen, zu denken. Ohne seinen messianischen Anspruch ist es jedoch nicht mehr der Marxismus.«

Das Wesentliche findet sich hier ausgedrückt in fünfzehn Zeilen: das von den großen Geistern unseres Jahrhunderts, etwa Einstein oder Popper, hinterlassene Mal. Was meine Schrift betrifft, so habe ich ein paar Befürchtungen: die Absicht war interessant und versprach einiges, die Ausführung jedoch ... *kichka tonka* (der Darm ist zu schmächtig), wie wir in Russland sagen.

Im Frühling 1979 – kurz zuvor war ich »zur Geltendmachung meiner Rentenansprüche zugelassen« worden –, habe ich zusammen mit meinen Freunden Colette Guillaumin und Albert Jacquard ein kleines Magazin auf den Weg gebracht, für das Albert den Titel *Sciences et tensions sociales* vorschlug und Colette ein Vorwort verfasste.

»Wir sehen uns«, schrieb Colette, »mit der Entwicklung eines bedenklichen Phänomens konfrontiert: die steigende Bedeutung, die die ›Wissenschaft‹ für soziopolitische Praktiken hat, welche sich auf sie berufen und aus ihr Rechtfertigungen ziehen zu können vermeinen. An sich ist dieses Phänomen nichts Neues. (...) Unbestreitbar hat die Entwicklung der Naturwissenschaften und dann auch der Humanwissenschaften im 18. Jahrhundert eine Form angenommen, die ein solches Risiko bereits implizierte. Die Fetischisierung der ›Wissenschaft‹, die in den Stand einer die Metaphysik verdrängenden oder ihren Platz einnehmenden Garantie befördert wurde, ist in den Denksystemen zu dem geworden, was die Wissenschaftler eigentlich abschaffen wollten. Der wissenschaftliche Dogmatismus hat die Nachfolge des theologischen Dogmatismus angetreten. Dergestalt enthielt auch der kritische und experimentelle Geist bereits virtuell die doktrinäre Starrheit einer letztgültigen Wahrheit...«

Man sieht, welches Übel wir zu dritt niederschlagen wollten. Die erste versuchsweise Ausgabe von *Sciences et tensions sociales*, von der dank dem Entgegenkommen der Maison des Sciences de l'Homme fünfhundert Exemplare gedruckt wurden, hatte nur zwölf Seiten. Die Nr. 1, unter denselben Umständen produziert, hatte vierzig Seiten und enthielt Artikel von Laurent Bensaid, Charles Frankel, François Jacob, Emmanuel Le Roy Ladurie und Pascal Ory. Wir zogen anschließend drei dynamische Angehörige der Generation nach 1945 hinzu: die Psychologin Nadine Fresco, den Archäologen Alain Schnapp und den Hellenisten Maurice Olender, der sich unentbehrlich machte, um die Zeitschrift zu realisieren. Es ist vor allem ihm, der zum Chefredakteur gewählt wurde, zu verdanken, dass wir dem Versuchsstadium entwuchsen und uns unter der partnerschaftlichen Schirmherrschaft der Maison des Sciences de l'Homme zu einer vierteljährlich erscheinenden Revue, die durchaus originell ist, gemausert haben. Die neuen Ökonomen, die neue Rechte, die alte Garde Pawlows und Skinners, die Soziobiologen und andere neue Reduktionisten müssen sich auf einiges gefasst machen.

Den Holocaust persönlich nehmen...

Nachwort

Alexander Carstiuc

Léon Poliakov gehörte zu jener ersten Generation von Holocaustforschern, die in alter jüdischer Tradition dem Vergessen entgegenarbeiteten und als »Churben-Historiker«[1] schon mit der Dokumentation der Verbrechen begannen, als die Vernichtung noch im Gange war. Lange bevor Termini wie »Holocaust« oder »Shoah« für die systematische Judenvernichtung verwendet wurden, begannen überall in Europa Verfolgte, die oftmals auch dem aktiven Widerstand angehörten (wie Léon Poliakov beispielhaft belegt), sich der Dokumentation und Analyse der gegen sie verübten Verbrechen anzunehmen.

Der Grundsatz »Zahor! Erinnere Dich« ist ein wesentlicher Bestandteil der jüdischen Kultur. Zurückverfolgen lässt sich dieser Auftrag des Erinnerns bis zu den Verbrechen und Kriegen gegen die Juden in der Antike, beginnend mit der Zerstörung des Ersten Tempels 587 v. u. Z. sowie der nachfolgenden babylonischen Gefangenschaft.

[1] Der Begriff »Churben« bzw. »Churban« steht im Hebräischen für die Zerstörung des Tempels. Verbreitung gefunden hat der Begriff durch den galizisch-französischen Schriftsteller Manès Sperber (1905-1984). Vgl. ders.: Churban oder die unfassbare Gewissheit. Essays. Wien 1979.

Die griechischen Pogrome gegen die Juden in Alexandria 38 v. u. Z., der Jüdische Krieg 66-73 n. u. Z., Pogrome während des Ersten Kreuzzuges 1096 sowie die Angriffe und Massaker an Juden im zaristischen Russland und im russischen Bürgerkrieg, vor allem in der Ukraine in den 1920er Jahren[2], wurden akribisch für die Nachwelt aufgezeichnet. Bereits 1942/43 vergrub Emanuel Ringelblum[3] mit seiner Gruppe *Oneg Schabbat* (dt.: Freunde des Schabbats) Blechkisten und Milchkannen mit Papieren und Fotos, um die deutschen Verbrechen gegen die Juden im Warschauer Ghetto zu dokumentieren. Bekannt ist auch der Ausspruch des großen jüdischen Historikers Simon Dubnow, der bei seiner Deportation aus dem Ghetto von Riga 1942 den Umstehenden zurief: »Juden! Ihr müsst alles aufschreiben! Ihr müsst alles dokumentieren«.

Léon Poliakov begann noch während des Krieges, anfänglich durch einen Zufallsfund, mit der Dokumentation der Verbrechen der Nazis – vor allem, jedoch nicht ausschließlich jener, die an den Juden begangen wurden. Wertvolle Dokumente und Erfahrungen konnte er als Mitarbeiter der französischen Delegation bei den Nürnberger Prozessen sammeln, bei denen der Massenmord an den Juden nur eine untergeordnete Rolle spielte.[4]

[2] Vor allem die Verbrechen der nationalistischen Regierung Petljura wurden dokumentiert. Vgl. Michael Brenner: Kleine jüdische Geschichte. München 2012, S. 260.

[3] Der jüdische Historiker wurde im März 1944 erschossen. Poliakov setzte sich in Frankreich für die Veröffentlichung des Ringelblum-Archivs ein. Vgl. Laura Jockusch: Collect and Record! Jewish Holocaust Dokumentation in Early Postwar Europe. New York 2012.

[4] 90% der Akten, die seiner Schrift »Bréviaire de la Haine« zugrunde liegen, hatte er im Rahmen seiner Mitarbeit in Nürnberg erhalten. Poliakovs Werk über die Nürnberger Prozesse »Le Procès de Nuremberg« von 1971 ist bislang nicht ins Deutsche übersetzt worden.

Poliakov, der wie viele andere aus einer säkularen jüdischen Familie stammt und als solcher erst von den Antisemiten und den Nürnberger Gesetzen »zum Juden gemacht« wurde, verteidigte sich als Jude, weil er herausfinden wollte, *»warum man mich umbringen wollte, mich und Millionen andere unschuldige Menschen«*.

Schon 1951 veröffentliche er seine – in viele Sprachen, jedoch bezeichnenderweise nie ins Deutsche, übersetzte – Studie »Bréviaire de la Haine« (dt.: »Brevier des Hasses«), die erste analytische Arbeit über den Holocaust überhaupt. Wie Raul Hilberg festhält, war Poliakov damit der Pionier, der die »wissenschaftliche Disziplin begründete, die wir heute als ›Holocaustforschung‹ bezeichnen.«[5] Hannah Arendt rezensierte das Werk sehr positiv im *Commentary Magazine*[6], und auch für andere spätere Shoah-Forscher wie Gerald Reitlinger[7], Raul Hilberg[8] und Saul Friedländer[9] hatte das Werk eine enorme Bedeutung.

Poliakov arbeitete darin das Wesen der Shoah heraus wie lange Zeit kein anderer Historiker nach ihm. Er analysierte den Vernichtungswillen gegenüber den Juden als das zentrale Ideologiemoment der Nationalsozialisten. Hass auf die Juden charakterisierte er als die wesentliche Motivation. Poliakov betrachtete dabei (ähnlich wie

[5] Raul Hilberg: Anatomie des Holocaust. Essays und Erinnerungen. Frankfurt/M. 2016, S. 309.

[6] Vgl. Hannah Arendt: »Bréviaire de la Haine«, in: *Commentary Magazine*, März 1952.

[7] Vgl. Gerald Reitlinger: Die Endlösung. Hitlers Versuch der Ausrottung der Juden Europas 1939-1945. Berlin 1965.

[8] Vgl. Raul Hilberg: Unerbetene Erinnerung. Der Weg eines Holocaustforschers. Frankfurt/M. 2008, S. 61f.

[9] Vgl. Saul Friedländer: Wohin die Erinnerung führt. Mein Leben. München 2016, S. 121ff

Franz Neumann[10]) das Dritte Reich als Polykratie und nicht als jenen streng hierarchisch aufgebauten Staat mit Hitler als zentralem Führer, den viele deutsche Historiker darin zu sehen glaubten.[11] Auch wies er bereits auf die Bedeutung der »Aktion Reinhardt« hin, d.h. die systematische Ermordung von 2,1 Millionen Juden und 50.000 Roma in den Vernichtungslagern Belzec, Sobibór und Treblinka von Oktober 1941 bis November 1943. Lange bevor Stephan Lehnstaedt dies als den »Kern des Holocaust«[12] entdeckte, hatte Poliakov auf diese frühe Phase des Vernichtungsprozesses im »Generalgouvernement« hingewiesen, ohne dabei die Massenerschießungen der Einsatzgruppen mit etwa einer Million Ermordeten, die vielen beteiligten Täter sowie die große Zahl der Zeugen auszublenden.[13]

Léon Poliakov arbeitete schon in diesem frühen Werk, das gerade einmal sechs Jahre nach Kriegsende erschien, die personellen und organisatorischen Verbindungen zwischen der »Euthanasieaktion« T4, d.h. der systematischen Ermordung von psychisch kranken und behinderten Menschen, und der planmäßigen Ermordung von

[10] Franz Neumann: Behemoth. Struktur und Praxis des Nationalsozialismus 1933-1944. Frankfurt/M. 2008.

[11] Vgl. etwa Eberhard Jäckel: Hitlers Weltanschauung. Tübingen 1969.

[12] Stephan Lehnstaedt: Der Kern des Holocaust. Belzec, Sobibór, Treblinka und die Aktion Reinhardt. München 2017.

[13] Im Französischen gibt es die Bezeichnung »la shoa par balle« (dt.: die Shoah durch Erschießen). In Deutschland wurde darüber eine breite öffentliche Debatte erst in den 90er Jahren geführt, vor allem nach der Veröffentlichung von Christopher Brownings Studie »Ganz normale Männer. Das Reserve-Polizeibatallion 101 und die ›Endlösung‹ in Polen« (Reinbek 1993) sowie im Kontext der »Goldhagen-Debatte« (Vgl. Daniel J. Goldhagen: Hitlers willige Vollstrecker. Ganz gewöhnliche Deutsche und der Holocaust. Berlin 1996).

Juden und Roma heraus.[14] Ein Zusammenhang, der erst 1995 von Henry Friedlander genauer untersucht wurde.[15] Auch den Entscheidungsweg zur Vernichtung der Juden zeichnete er bereits sehr präzise nach – dieser Prozess wurde 1998 von Christopher Browning detailliert beschrieben.[16]

Bemerkenswert ist zudem, dass Poliakov aufgrund seines intensiven Quellenstudiums bereits 1951 zu dem Ergebnis kam, dass die Verfolgung von Sinti und Roma als Versuch der vollständigen Vernichtung zu betrachten und damit als Genozid einzustufen ist.[17] Deutsche Historiker stritten indessen jahrzehntelang den genozidalen Charakter des »Porajmos«[18] ab. Erst 1980 erkannte die deutsche Bundesregierung diesen Genozid als solchen an.

Auch kommt in »Bréviaire de la Haine« der vielfältige jüdische Widerstand zur Sprache, der lange Zeit kaum zur Kenntnis genommen wurde.

Über ein Jahrzehnt vor dem deutschen Dramatiker Rolf Hochhuth[19] thematisierte er die Haltung der katholischen

[14] So waren Schlüsselfiguren des Genozids an den Juden und Sinti und Roma weitgehend identisch mit denen, die zuvor die »Euthanasie«-Morde an Behinderten und psychisch Kranken maßgeblich organisiert und umgesetzt hatten. Vgl. Léon Poliakov: Bréviaire de la Haine. Le IIIe Reich et les Juifs. Paris 1951, S. 275-334.

[15] Henry Friedlander: The Origins of Nazi Genocide: From Euthanasia to the Final Solution. Chapel Hill/London 1995.

[16] Christopher R. Browning: Der Weg zur »Endlösung«. Entscheidungen und Täter. Bonn 1998.

[17] Léon Poliakov: Bréviaire de la Haine. Le IIIe Reich et les Juifs. Paris 1951, S. 393-395.

[18] Der Begriff Porajmos stammt aus dem Romanes und bedeutet auf Deutsch »Verschlingen«. Zum Porajmos vgl.: Romani Rose (Hg.): Den Rauch hatten wir täglich vor Augen. Der nationalsozialistische Völkermord an den Sinti und Roma. Heidelberg 1999.

[19] Rolf Hochuth hatte 1961 das Theaterstück »Der Stellvertreter« über die Rolle des Papstes im Holocaust geschrieben. Anfangs von Verlagen abgelehnt, wurde es unter Protesten 1963 in Berlin uraufgeführt.

Kirche und das Schweigen von Papst Pius XII zur Vernichtung der Juden. Poliakov bezifferte die Opferzahlen auf über sechs Millionen, eine Zahl, die ihm das Institut für Zeitgeschichte in München (IfZ) neun Jahre nach der Veröffentlichung nicht bestätigen wollte.[20]

Léon Poliakov hatte bereits Anfang der fünfziger Jahre Kontakt zum Institut für Zeitgeschichte in München, er rezensierte Gerald Reitlingers Buch »Endlösung« und unterstützte das IfZ mit Dokumenten aus seinem reichhaltigen Bestand. Einer Bitte um Übersetzung und Veröffentlichung von »Bréviaire de la Haine« oder eines seiner anderen bis dahin veröffentlichten Werke kam das IfZ jedoch nicht nach, obwohl die Einschätzung erstaunlich positiv war.[21]

Bei Poliakovs erstem auf Deutsch publizierten Buch handelte es sich schließlich um eine kommentierte Quellensammlung, die er zusammen mit dem polnischen Auschwitz-Überlebenden, Widerstandskämpfer und Schriftsteller Joseph Wulf (1912-1974) herausgab.

Poliakov und Wulf hatten sich in Paris, dem damaligen Zentrum der (oftmals jiddisch sprechenden und schrei-

[20] Vgl. den Schriftverkehr von Léon Poliakov mit dem damaligen Leiter des Instituts für Zeitgeschichte in München Helmut Krausnick vom 29.6. bzw. 7.7.1960. Das ehemalige NSDAP-Mitglied Krausnick (Beitritt 1932) beruft sich darin auf die Personalknappheit im Institut und die nicht erfolgte Zusammenarbeit mit dem statistischen Bundesamt. Archiv IfZ, Aktenzeichen ID 103-71-173 und ID 103-71-173.

[21] »Das erste Buch des Herrn Poliakov ›Bréviere (sic!) de la Haine‹, das ein Ergebnis langjähriger Arbeiten am Pariser ›Centre de Documentation Juive Contemporaine‹ war, war eine ausgezeichnete Arbeit und stellte einen sehr bedeutsamen Beitrag zur wissenschaftlichen Erforschung der nationalsozialistischen Ausrottungspolitik dar. Das Buch ist trotz seiner knappen Form wissenschaftlich über Reitlingers ›Endlösung‹ zu stellen«. Brief von Dr. P. Kluke (IfZ München) an Ministerialdirektor Prof. Dr. Hübinger im Bundesministerium des Innern vom 8.1.1958. Archiv IfZ, Aktenzeichen ID 103-71-201.

benden) Churben-Historiker kennengelernt. Beide hatten 1947 an der ersten internationalen Konferenz zur Dokumentation des Massenmordes teilgenommen. Obgleich Joseph Wulf in der für ein französischsprachiges Publikum konzipierten Autobiographie Poliakovs nicht genannt wird, war die Zusammenarbeit für beide entscheidend.

Wulf und Poliakov hatten die gemeinsame Intention, im Land der Henker und in der Sprache der Täter über den Holocaust aufzuklären. Aus didaktischen Gründen entschieden sie sich für eine Quellensammlung, um möglichst neutral die Taten sprechen zu lassen, da sie davon ausgingen, dass die Zeit, in der die Opfer reden könnten, noch nicht gekommen sei. Damit brachen sie ein Tabu in der jungen Bundesrepublik, deren politische und intellektuelle Klasse sich zwar vage zur Verantwortung für den Genozid an den Juden bekannte, es jedoch tunlichst vermied, die Täter beim Namen zu nennen, Verantwortlichkeiten und Taten kundzutun, geschweige denn die Mörder zur Rechenschaft zu ziehen.

Poliakovs großes Archiv an NS-Dokumenten stellte die Basis seiner Zusammenarbeit mit Wulf dar, aus der in kurzem Abstand drei Werke hervorgingen: »Das Dritte Reich und die Juden« (1955), »Das Dritte Reich und seine Diener« (1956) und »Das Dritte Reich und seine Denker« (1959), die im sozialdemokratischen Arani-Verlag in West-Berlin veröffentlicht wurden.[22]

Poliakov und Wulf rückten den Massenmord an den Juden dabei ins Zentrum der Analyse – bzw. die Doku-

[22] Weitere Publikationen zu den Kirchen, zur Wirtschaft und zum Widerstand gegen den NS waren, wie aus einem Brief Poliakovs ans IfZ hervorgeht, in Planung, wurden aber nicht mehr umgesetzt (undatierter Brief von Léon Poliakov an das IfZ. Archiv IfZ, Aktenzeichen ID 103-71213)

mente selbst, in denen die Täter ihre Gedanken offenbarten, zwangen ihnen diesen Fokus auf: »Wie in unseren beiden ersten Büchern, wird auch in diesem Kapitel ›Denker im Nationalsozialismus‹ viel von der Judenfrage die Rede sein, wenn dies auch keineswegs von uns beabsichtigt ist, sondern sich vielmehr zwangsläufig aus dem von uns behandeltem Problem ergab. Die nationalsozialistischen Gedankengänge selbst führen dazu.«[23]

Im auf Restauration setzenden »Wirtschaftswunder-Land«, dessen Historiker und Intellektuelle in Wagnerscher Diktion wahlweise von der »Deutschen Tragödie« oder einer »hereingebrochenen Katastrophe« schwadronierten, analysierten die beiden Überlebenden erstmals auf Deutsch die Essenz der von so vielen willig umgesetzten NS-Ideologie:

»Das Ausschlaggebende ist vielmehr die absolute Sinnlosigkeit des Amokläufers. Ausrotten... Ausrotten...! Und damit wären wir beim Wesentlichen angelangt. In der Trunkenheit des Sieges gab es auch in früheren Zeiten schon Massenmorde. Frauen und Kinder wurden auf Schwerter gespießt. In unseren Tagen erlebten wir Dresden und Hiroshima, eine dem ewigen Zauberlehrling dienstbar gemachte grausame Folgeerscheinung der Technologie. Noch nie aber wurde der Massenmord zum primären Zweck, zu einem stur verfolgten Selbstzweck, erhoben. Die Technik in den Dienst methodischer Verneinung des Lebens zu stellen, blieb allein dem Dritten Reich vorbehalten. Kapital und Energie wurden investiert – bedeutende Kapitalien und ungeheure Energien – von denen die Dokumentensammlung einen Begriff geben will, dienten dem Tode, nicht dem Leben. Massenmord

[23] Léon Poliakov/Joseph Wulf: Das Dritte Reich und seine Denker. Berlin 1959, S. 433.

als Selbstzweck! Was das bedeutet, muss man nicht nur einen Augenblick überlegen. Tausende von kriegsverwendungsfähigen Männern wurden nicht etwa an den deutschen Fronten, sondern zum Massenmord an Frauen und Kindern eingesetzt; endlose Geleitzüge transportierten die Opfer statt die Kampfgruppen; begabte Architekten, tüchtige Chemiker erhielten den Auftrag, Grundrisse für Riesenkrematorien zu entwerfen oder ihr Talent mörderischer Technik zu widmen. Als letzten Tribut an die menschliche Lebensbejahung verschleierte man diese ganze vielseitige Aktivität als ›geheime Staatsaufträge‹ und trachtete danach, den Schleier ebenso undurchsichtig zu gestalten wie jenen, der Hitlers Geheimwaffen umgab. Während die Geheimwaffen versagten, war den ›geheimen Staatsaufträgen‹ ein wahrhaft vollständiger Erfolg vergönnt. Mit allem drum und dran entstand eine vollkommen neue Industrie – Hauptzentren Auschwitz, Treblinka und Sobibor – und hier funktionierte das komplizierte Räderwerk mit einer Präzision, wie man sie von der deutschen Organisationsfähigkeit nicht anders erwarten konnte.«[24]

Beide passten nicht in das Milieu der deutschen Tätergesellschaft, ebenso nicht ins Bild des vermeintlich unabhängigen Historikers, der *sine ira et studio* »neutrale Geschichtswissenschaft« betreibt. Doch die deutsche Geschichtswissenschaft versuchte nicht einmal, analytisch und kühl herauszufinden, was geschehen war, sondern wehrte die Erkenntnis über das Verbrechen und mit ihr das Anliegen der jüdischen Überlebenden gänzlich ab.

Gerade die offene Thematisierung der umfassenden Beteiligung der Wehrmacht am Vernichtungskrieg durch

[24] Léon Poliakov/Joseph Wulf: Das Dritte Reich und die Juden. 2. durchgesehene Auflage, Berlin 1983, S. 3f.

Poliakov und Wulf rief Proteste und Abwehr hervor. Über 13 Millionen Deutsche hatte in der Wehrmacht gedient, fast alle Offiziere und viele Unteroffiziere stammten beim Aufbau der Bundeswehr 1955 aus ihren Reihen und überall im Land organisierten sich Soldaten- und Veteranen-Vereine.[25]

Viele in den 1950er Jahren tonangebende deutsche Journalisten, Schriftsteller und Historiker hatten in der Wehrmacht oder Waffen-SS gedient, so etwa fast die gesamte Avantgarde der in der »Gruppe 47« versammelten Literaten. Noch immer teilte die Mehrheit der deutschen Bevölkerung wesentliche Ideologiemomente der NS-Weltanschauung oder hielt den Nationalsozialismus für eine gute – wenngleich vielleicht schlecht umgesetzte – Idee.[26] Selbst die vermeintlich als »wenig bis unbelas-

[25] Vgl. dazu: Wolfram Wette: Die Wehrmacht. Feindbilder, Vernichtungskrieg, Legenden. Frankfurt/M. 2005, S. 245-271.

[26] Umfragen zum Prozess gegen Ernst Remer und zum Vorgehen von Fritz Bauer belegen dies (insbesondere beim Auschwitzprozess): Beim Prozess gegen den SS-Generalmajor und Chef der »Leibstandarte Adolf Hitler« Otto Ernst Remer 1952 befürworteten nur 38% der Deutschen die Taten der deutschen Widerstandskämpfer. Vgl. Ronen Steinke: Fritz Bauer oder Auschwitz vor Gericht. München 2014. S. 137ff. In einer demoskopischen Umfrage von 1950 gingen 53% der Deutschen davon aus, dass den »Eigenheiten der jüdischen Volksgruppe (wie Profitgier, Verschlagenheit, Schmuddeligkeit, fremdartiges Wesen, betrügerische Geschäfte)« die Schuld am Antisemitismus zukomme. 12% führten den Antisemitismus auf die jüdische Religion zurück und griffen hierbei auf ähnliches Vokabular zurück («weil sie die Christen nur als Werkzeug betrachten«). Und selbst die 30%, die antisemitische Propaganda hierfür verantwortlich machten, griffen implizit auf ein ähnliches Erklärungsmuster zurück, ebenso wie die 8%, die als »sonstige Gründe« auf »kaufmännische Tüchtigkeit« oder den »unproduktiven Geist der Juden« hinwiesen. Siehe: Wolfgang Benz: Nachkriegsgesellschaft und Nationalsozialismus. Erinnerung, Amnesie, Abwehr. In: Wolfgang Benz & Barbara Distel (Hrsg.): Erinnern oder Verweigern – das schwierige Thema Nationalsozialismus (Dachauer Hefte 6). Dachau 1990, S. 17ff.

tet« geltende Generation der bei Kriegsende 18-22 Jährigen, von denen einige auch führende Historiker des Instituts für Zeitgeschichte in München werden sollten, stellte sich im Rückblick als belastet heraus. Belastet einerseits durch ihre jugendliche NS-Sozialisation und ihre Teilnahme als Soldaten am Vernichtungskrieg, andererseits durch die darin wohl maßgeblich begründete antisemitische Grundhaltung – ihres »Antisemitismus wegen Auschwitz«[27]. Zum Ausdruck kam dabei das Fehlen von jeglicher Empathie für die Opfer. Beispielhaft lässt sich dies an der Gruppe 47 gut belegen, deren Vertreter spätestens im Alter wieder zu ihren »Wurzeln«, d.h. den Ansichten der 40er Jahre zurückkehrten, sich selbst als Opfer stilisierten und die Juden, jetzt verkörpert im Staat Israel, als die eigentlichen Täter brandmarkten. Zu nennen sind hier stellvertretend für viele die Schriftsteller Martin Walser, Günter Grass und Dieter Wellershof sowie der Philosoph und Historiker Ernst Nolte.

Poliakov und Wulf kommentierten ihre sorgsam und durchdacht ausgewählten Quellen und Dokumente kurz und prägnant und teilweise ironisch, weswegen sie, die ehemalig Verfolgten, von der deutschen (Mit-)Tätergeneration der »unsachgemäßen und unangebrachten« Herangehensweise an das Thema Massenmord bezichtigt wurden.[28] Armin Mohler, ein ehemaliger SS-Mann und Apologet der Konservativen Revolution, ehemaliger Sekretär Ernst Jüngers und zukünftiger Redenschreiber

[27] Zvi Rix brachte diesen Umstand mit den Worten auf den Punkt »Auschwitz werden uns die Deutschen niemals vergeben«. Zitiert nach: Gunnar Heinsohn: Was ist Antisemitismus? Frankfurt/M. 1988, S. 115.

[28] Ein Vorwurf, mit welchem auch Hannah Arendt und später andere wortgewandte und dezidierte Kritiker des Antisemitismus wie Eike Geisel, Wolfgang Pohrt oder Henryk M. Broder belegt wurden.

Franz Josef Strauß', veranschaulicht diese Haltung gegenüber Wulf und Poliakov prototypisch in einer Rezension von »Das dritte Reich und die Juden«: »Die Biographie der Herausgeber ist uns nicht bekannt, aber man kann sich schwer vorstellen, dass sie einen totalitären Staat aus eigener Erfahrung kennen.«[29]

Große Furcht herrschte vor allem vor der unkontrollierbaren Wirkung der Veröffentlichung von Namen und Karrieren der Täter, die von deutschen Historikern durch rücksichtsvolle Nichtnennung geschützt wurden. So kam Martin Broszat, das angehende Historikertalent und der spätere Leiter des IfZ, in seiner symptomatischen Kritik an »Das Dritte Reich und seine Diener« zu dem Ergebnis:

»Ein ›gez. X.‹ unter einem Schriftstück aus dem Bereich der Judenverfolgung beweist noch nichts und besagt möglicherweise sehr wenig über die Verantwortlichkeit dieses Herrn X«.[30]

Die Veröffentlichung der Quellensammlungen hatte indessen unmittelbare Wirkung auf die bundesrepublikanische Gesellschaft, und die Bücher von Wulf und Poliakov verkauften sich gut. Vielen Angehörigen der kritischeren jüngeren Generation wurde durch sie erst das nötige Quellenmaterial an die Hand gegeben, um weitere Studien und Analysen in Angriff zu nehmen.

So arbeitete der junge Historiker Uwe Dietrich Adam für seine Schrift »Judenpolitik im Dritten Reich« mit den Dokumenten und für den Publizisten und Filmemacher Gerhard Schoenberner (»Der gelbe Stern. Die Judenverfolgung in Europa 1933-45«) sowie den Filmemacher

[29] Armin Mohler zit. n. Nicolas Berg: Der Holocaust und die westdeutschen Historiker. Erforschung und Erinnerung. Göttingen 2003, S. 338.

[30] Martin Broszat zit. n. Gerd Kühling: Erinnerung an nationalsozialistische Verbrechen in Berlin. Berlin 2016, S. 373.

Erwin Leiser (»Mein Kampf«) und andere stellten sie die wissenschaftliche Grundlage ihrer Arbeiten dar.[31] Auch die SWF-Redakteurin Margherita von Brentano nutzte die Quellensammlung ausgiebig für eine erste Radiosendung über die Vernichtung der Juden.[32]

Wulf und Poliakov nahmen hierbei – ähnlich wie zuvor Poliakov in »Bréviaire de la Haine« – viele Erkenntnisse vorweg, die erst Jahre später von Historikern in Deutschland wiederentdeckt werden sollten. Hier ist etwa an das Aufsehen zu denken, das die 2010 veröffentlichte Studie über die NS-Vergangenheit des Auswärtigen Amtes auslöste.[33] Bereits zur Veröffentlichung von »Das Dritte Reich und seine Diener« 1956 kommentierte der Tagesspiegel, dass das Werk »ein erschütterndes Licht auf die Geisteshaltung der leitenden Persönlichkeiten des Auswärtigen Amtes«[34] werfe. Bezeichnenderweise werden Poliakov und Wulf in der 2010 veröffentlichten ausgedehnten Studie nur zweimal kurz erwähnt.[35]

Schon bei der Publikation von »Das Dritte Reich und die Juden« geriet der politische Berater Konrad Adenauers und Ministerialdirigent im Außenministerium Otto Bräutigam aufgrund von kompromittierenden Dokumen-

[31] Für den in der DDR isolierten jüdischen Historiker Helmut Eschwege war gerade der Austausch mit Joseph Wulf enorm bedeutend. Vgl. Helmut Eschwege: Fremd unter meinesgleichen. Erinnerungen eines Dresdner Juden. Berlin 1991, S. 202.

[32] Vgl. Klaus Kempter, Joseph Wulf. Ein Historikerschicksal in Deutschland. Göttingen 2014, S. 158.

[33] Eckart Conze/Norbert Frei/Peter Hayes/Moshe Zimmermann: Das Amt und die Vergangenheit. Deutsche Diplomaten im Dritten Reich und in der Bundesrepublik. München 2010.

[34] Zit. n. Gerd Kühling: Erinnerung an nationalsozialistische Verbrechen in Berlin. Berlin 2016, S. 373.

[35] Vgl. Eckart Conze/Norbert Frei/Pater Hayes/Moshe Zimmermann: Das Amt und die Vergangenheit. Deutsche Diplomaten im Dritten Reich und in der Bundesrepublik. München 2010, S. 587-589.

ten, die ihn in unmittelbaren Zusammenhang mit der Vernichtung von Juden in Ghettos brachten, in Bedrängnis.[36] Der überzeugte Antifaschist, Regisseur und Aktivist Thomas Harlan, Sohn des Nazi-Filmemachers Veit Harlan, benutzte die von Poliakov und Wulf publizierten Dokumente 1960 im aufsehenerregenden Prozess gegen Ernst Achenbach, den früheren mit der Deportation der Juden Frankreichs befassten Botschaftssekretär und späteren FDP-Politiker.[37]

Das IfZ, welches die Deutungshoheit für die jüngere deutsche Geschichte beanspruchte, dabei jedoch massiv finanziell vom Freistaat Bayern abhängig war, versuchte schrittweise ein wissenschaftliches Monopol bei der Untersuchung der Zeit zwischen 1933 und 1945 zu erlangen. Diese Tendenzen sind bis heute sichtbar, wenngleich sich das IfZ heute um eine Aufarbeitung dieser Tatsache bemüht.

Noch in den achtziger Jahren versuchte der damalige Leiter des IfZ Martin Broszat, dessen NSDAP-Mitgliedschaft 2003 von Nicolas Berg offengelegt wurde, den Holocaust zu »historisieren«, indem er das Pathos der Nüchternheit zur Grundlage seiner Arbeit erhob. Den Schoah-Überlebenden und Historiker Saul Friedländer griff er dabei vehement an und sprach ihm die Fähigkeit zur wissenschaftlichen Arbeit ab.[38]

[36] Vgl. ebenda S. 159.
[37] Vgl. Bernhard Brunner: Der Frankreich-Komplex. Die nationalsozialistischen Verbrechen in Frankreich und die Justiz der Bundesrepublik. Frankfurt/M. 2007, S. 203. Vgl. ebenso Anne Klein (Hg.): Der Lischka-Prozess. Eine jüdisch-französisch-deutsche Erinnerungsgeschichte. Berlin 2013.
[38] Vgl. Nicolas Berg: Der Holocaust und die westdeutschen Historiker. Erforschung und Erinnerung. Göttingen 2003, S. 568-615.

Lange verzichteten die Münchner Historiker auf die Herausgabe eines eigenen Werkes über die Vernichtung der Juden. Vielmehr war man mit dem deutschen Widerstand, ja gar der nachträglichen Konstruktion einer breiten, in der deutschen Bevölkerung verankerten Widerstandsbewegung beschäftigt, für die der zweifelhafte Hans Rothfels der Leumund sein sollte.[39] Ein schwieriges Unterfangen, wie man sich vorstellen kann.

Der spätere Versuch des IfZ, sich des Holocausts anzunehmen, erwies sich in vielerlei Hinsicht als wissenschaftlich völlig unzureichend. So blieb die 1967 veröffentlichte Schrift »Anatomie des SS-Staates« weit unter dem analytischen Niveau der Werke Poliakovs, Reitlingers oder Hilbergs.[40] Dabei verhinderte das IfZ aktiv die Übersetzung zentraler Werke jüdischer Historiker, allen voran Raul Hilbergs Monumentalwerk über die Vernichtung der europäischen Juden[41], das erst 1982, also mehr als 20 Jahre nach der englischen Erstveröffentlichung, auf Deutsch erscheinen sollte. Gleichwohl wurde für den »internen Gebrauch« vom IfZ eine Übersetzung angefertigt.[42] Der Verdacht, dass mit Léon Poliakovs

[39] Professor Hans Rothfels war ein Historiker aus Königsberg, der vor 1933 Sympathien für extrem rechte Kreise hatte und später zugab, 1932 Hitler gewählt zu haben. Er verlor seinen Posten 1934 aufgrund seiner jüdischen Herkunft und musste emigrieren. Er publizierte 1949 sein Buch »Die deutsche Opposition gegen Hitler«.

[40] Der Holocaust wurde auf nur 132 Seiten behandelt, die Verfolgung und Ermordung von Sinti und Roma taucht nur in vier nicht näher erläuterten Fußnoten auf. Der Mord an den Menschen mit Behinderung kommt nur in Fußnoten vor. Vgl. Hans Buchheim/Martin Broszat/Hans Adolf Jacobson/Helmut Krausnick: Anatomie des SS-Staates, Band 1 und Band 2. München 1967.

[41] Raul Hilberg: Die Vernichtung der europäischen Juden: Die Gesamtgeschichte des Holocaust. Berlin 1982.

[42] Vgl. Götz Aly, »Angst vor der Wahrheit«, in *Süddeutsche Zeitung* vom 17.10.2017.

»Bréviaire de la Haine« ähnlich verfahren wurde, ist nicht ganz abwegig.

Tatsächlich wurde vor allem Joseph Wulf von Vertretern des IfZ als »unwissenschaftlich« disqualifiziert und in der Öffentlichkeit bloßgestellt.[43] Poliakov, den französischen Doktor mit Verbindungen und reichlich Quellenmaterial, wollte man zwar nicht finanziell fördern oder gar übersetzen, jedoch musste man die Wirkung der Bücher anerkennen.[44]

Wulf indessen blieb Zeit seines Lebens das Feindbild und der Gegenpol zu den Münchner Historikern. Obwohl er achtzehn Bücher zum Nationalsozialismus und zur Judenvernichtung geschrieben hatte, blieben ihm akademische Weihen oder Anerkennung versagt; in seinem illustren Kreis von Gesprächspartnern und Unterstützern fand sich kein deutscher Historiker.

Das nach 1967 wieder offen zu Tage tretende antisemitische Potenzial, vor allem bei den Studenten und in der politischen Linken, setzten Wulf, der so große Hoffnungen in sie gesetzt hatte, psychisch extrem zu. Auch fiel es ihm zusehends schwer, Verlage und Abnehmer für seine Werke zu finden, sodass das letzte von Joseph Wulf ver-

[43] Vgl. Klaus Kempter: Joseph Wulf. Ein Historikerschicksal in Deutschland. Göttingen 2014. S. 259-267.

[44] »Andererseits ist nicht zu leugnen, dass Erscheinungen wie die Bücher Poliakovs in der Öffentlichkeit beträchtliches Aufsehen erregen und dass sie als Maßstab für publizistische Arbeit und Wirksamkeit des Instituts herangezogen werden können. Es sollte daher der Versuch gemacht werden, mit Herrn Poliakov zusammenzuarbeiten und ihn auf diese Weise behutsam wieder an den wissenschaftlichen Arbeitsstil heranzuführen, der das Niveau seiner ersten Bücher kennzeichnet. Eine so geartete Zusammenarbeit mit einem bekannt gewordenen Publizisten könnte sich auch für die Arbeit des Instituts nützlich und fruchtbringend auswirken.« Brief von Professor Hübinger (BMI) an das IfZ vom 18.2.1958 IfZ Archiv, Aktenzeichen ID 103-71-200

öffentlichte Buch über die SS in Frankreich erschien.[45] Das Scheitern seines Projektes eines internationalen Dokumentations- und Forschungszentrums in der Villa am Wannsee, in der am 20.1.1942 die »Endlösung« geplant worden war,[46] stürzte ihn in eine tiefe Krise. In einem Brief an seinen Sohn schreibt er kurz vor seinem Tod: »Ich habe hier 18 Bücher über das Dritte Reich veröffentlicht und all das hatte keine Wirkung. Du kannst Dich bei den Deutschen tot dokumentieren, es kann in Bonn die demokratischste Regierung sein – und die Massenmörder gehen frei herum, haben ihr Häuschen und züchten Blumen«.[47] Ein Jahr nach dem Tod seiner Frau stand er buchstäblich vor dem Nichts und stürzte sich am 10.10.1974 aus dem Fenster seiner Wohnung. Henryk M. Broder war der erste, der mittels eines Dokumentarfilmes für den WDR Wulfs Lebenswerk würdigte.[48]

Trotz mancher Rivalitäten waren Poliakov und Wulf zeitlebens befreundet und unterstützten sich gegenseitig so gut es ging, ein reger humorvoller Briefverkehr legt davon Zeugnis ab.

Im Gegensatz zu Wulf hatte Poliakov in Frankreich Erfolg, er war wissenschaftlich anerkannt, konnte von seiner Arbeit leben und einzelne Werke werden bis zum heutigen Tag in Frankreich immer wieder von Verlagen

[45] Joseph Wulf: L'industrie de l'horreur. Paris 1970.

[46] 1952-1988 befand sich in der Villa, in der die »Wannsee-Konferenz« stattgefunden hatte, ein Schullandheim des Bezirks Neukölln. Erst 1992 erfolgte die offizielle Eröffnung einer Gedenk- und Bildungsstätte. Das »Haus der Wannsee-Konferenz« beherbergt Ausstellungen, Bildungsangebote und eine nach Joseph Wulf benannte Bibliothek.

[47] Wulfs Brief an seinen Sohn David zit. n. Klaus Kempter: Joseph Wulf. Ein Historikerschicksal in Deutschland. Göttingen 2014, S. 384.

[48] Henryk M. Broder und Frans van der Meulen: Joseph Wulf. Ein Schriftsteller in Deutschland. WDR 1977-81.

neu aufgelegt und gelten weiterhin als Standardwerke, so etwa seine mehrbändige »Geschichte des Antisemitismus«, der Essay-Band »Sur les Traces du Crime« (dt.: Auf den Spuren des Verbrechens) und nicht zuletzt »Bréviaire de la Haine«, das erst 2017 anlässlich des zwanzigsten Todestages von Léon Poliakov neu aufgelegt wurde.

Poliakov wandte sich Ende der 1950er-Jahre, nach der intensiven Beschäftigung mit Besatzung, Kollaboration und Shoah der Spurensuche im Sinne einer »Archäologie des Antisemitismus« zu, bei der er der Maxime der *longue durée* der Annales-Historikerschule[49] folgte und mit einer Analyse der Judenfeindschaft in der heidnischen Antike begann.[50] Dazu hatte bereits der französische Historiker Jules Isaac[51] geforscht. Poliakov übernahm seine These, wonach die Judenfeindschaft nicht erst mit der Auseinandersetzung zwischen Juden und Christen begonnen hatte (freilich hatte sie sich mit der von den Christen erhobenen Anklage des Gottesmordes enorm verschärft), sondern bereits in der heidnischen Antike, vor allem der hellenisierten und römischen Welt eine bedeutende Rolle gespielt hat.[52]

Neben den Verfolgungen der Juden im Mittelalter, besonders durch die spanische Inquisition, beschäftigte er sich mit der Epoche der bürgerlichen Aufklärung. Für diese Zeit analysiert er die Möglichkeiten und eröffneten

[49] Vgl. hierzu Fußnoten auf S. 208 und S. 239 im vorliegenden Band.

[50] Poliakovs »Geschichte des Antisemitismus« wurde 1977-88 in Deutschland in dem kleinen christlichen Verlag Georg Heintz veröffentlicht.

[51] Vgl. Jules Isaac: Genèse de l'antisémitisme (Die Entstehung des Antisemitismus). Paris 1956.

[52] Eine Hypothese, die 1997 von Peter Schäfer weitere Unterstützung erfahren sollte, vgl. Peter Schäfer: Judeophobia. Attitudes towards the Jews in the Ancient World. Cambridge 1997.

Chancen sowie die Verbesserung der gesellschaftlichen Bedingungen, die die Emanzipation der Juden mit sich brachte und zeichnet das letztendliche Scheitern durch die Verschärfung von Rassismus und Antisemitismus nach. Konkret macht er dies am sich durchsetzenden Konzept der »unveränderbaren Menschenrassen« fest, das für ihn ein Resultat der Säkularisierung und der (Pseudo-)Verwissenschaftlichung darstellt, eines Prozesses, dem er später auch sein Werk »Der arische Mythos« widmete.[53]

Poliakov folgt, obwohl er Max Horkheimer und Theodor W. Adorno in seinen Werken nie erwähnt und eine große Abneigung gegen den Begriff Dialektik hegt, deren in der »Dialektik der Aufklärung« dargelegten Gedanken. Die idiosynkratische Ablehnung des Begriffs der Dialektik mag auch Folge seiner Skepsis gegenüber der neuen französischen Linken und deren durch den »Jargon der Dialektik« kaschierten reaktionären Tendenzen gewesen sein. Eine Idiosynkrasie, die sowohl Poliakov als auch Jean Améry – dieser ebenfalls ein Holocaust-Überlebender – hellsichtig den antisemitischen Charakter des linken Antizionismus erkennen ließ, wenngleich beide sich an den – im besten Sinne dialektischen und eben nicht jargonhaften – Werken der Kritischen Theorie und Marx' (bei Jean Améry v.a. Adornos) zu Unrecht abarbeiten.[54]

So durchzieht Poliakovs Werk selbst jene dialektische Bewegung des »schwankenden Schreitens«, die – auch hier der jüdischen Tradition verpflichtet und Améry sehr

[53] Vgl. Léon Poliakov: Der Arische Mythos. Zu den Quellen von Rassismus und Nationalismus. Hamburg 1993.
[54] Vgl. Jean Améry: »Jargon der Dialektik«, in: Werke. Band 6. Aufsätze zur Philosophie (hrsg. von Gerhard Scheit). Stuttgart 2004.

ähnlich – vor einem Widerspruch zu eigenen Gedanken nicht zurückschreckt.[55]

Für das 19. Jahrhundert konstatiert er das weitgehende Scheitern der Emanzipationsbemühungen, die Radikalisierung des Antisemitismus und den Aufstieg des ohne die Judenfeindschaft nicht denkbaren völkischen Nationalismus in Deutschland.

Die Schlüsseldokumente des Antisemitismus sind für ihn die »Protokolle der Weisen von Zion« mit ihrer wahnhaften Idee einer allumfassenden, hinter Demokratie, Sozialismus und Kapitalismus stehenden jüdischen Weltverschwörung. Die Judenfeindschaft ist gemäß seiner Monumentalstudie untrennbar mit der Geschichte des Abendlandes verbunden.

In seinen Arbeiten kommt Poliakov dabei immer wieder auf den linken Antisemitismus zu sprechen, den er vehement kritisiert, ohne in platte antikommunistische Ressentiments zu verfallen. Bereits die Frühsozialisten hätten die Judenfeindschaft verinnerlicht, insbesondere Pierre Joseph Proudhon, der – wie dabei deutlich wird – alle Merkmale eines klassischen Faschisten verkörpert: Antisemitismus, Rassismus, Antiurbanismus, Misogynie sowie eine Unterscheidung zwischen guter, produktiver und schlechter, »raffender« Arbeit.[56]

Auch in anderen Werken schildert Poliakov das bedrohliche Ausmaß des linken Antisemitismus, zumal

[55] Bezeichnenderweise ist dieser freimütige Selbstwiderspruch in den hier vorliegenden Memoiren besonders ausgeprägt in seinen Betrachtungen zu Marx und der Dialektik. Auch hierin zeigen sich erstaunliche Ähnlichkeiten zu Jean Améry, der gerade in seiner Kritik an der Dialektik selbst dialektisch und im Sinne des von ihm kritisierten Adornos vorgeht, vgl. hierzu das Nachwort von Gerhard Scheit in: Améry, Werke. Band 6.

[56] Vgl. Léon Poliakov: Geschichte des Antisemitismus, Band 6. Worms 1987, S.176-183.

unter Stalin. So sei die Deportation von Juden nach den großen antisemitischen Schauprozessen 1952 nur durch den Tod Stalins verhindert worden, was jedoch einem virulenten Antisemitismus, der vor allem als Antizionismus in der Sowjetunion fortlebte, keinen Abbruch tat.[57] Poliakov benutzte in der Darstellung dieser transformierten Formen der Judenfeindschaft zwar den Terminus Totalitarismus zur Beschreibung des Nationalsozialismus wie auch des Stalinismus und verfasste hierzu auch eine eigene Arbeit.[58] Er widersprach jedoch vehement der Gleichsetzung von Nationalsozialismus und Stalinismus in der Diktion vieler revisionistischer westdeutscher Historiker, allen voran Ernst Noltes.[59]

Auch bei der Analyse der Judenverfolgung im Islam hatte Poliakov eine Vorreiterrolle inne. So beschrieb er in seiner »Geschichte des Antisemitismus« bereits 1961 die schwierige Situation der Juden unter islamischer Herrschaft, vor allem im maurischen Spanien, wobei er – entgegen der Implikation des Titelzusatzes der deutschen Ausgabe »Band III. Religiöse und soziale Toleranz unter dem Islam«, der in der französischen Originalausgabe schlichtweg nicht vorkommt, nicht zu jener Idealisierung dieses Zeitalters neigt, die heute virulent ist.

Poliakov schildert die bereits im Koran zu findenden judenfeindlichen Passagen, analysiert Diskriminierungen, Verfolgungen und Massengewalt gegenüber Juden unter islamischer Herrschaft.

[57] Vgl. Léon Poliakov: Vom Antizionismus zum Antisemitismus. Freiburg 1992, S. 62-95.

[58] Vgl. Léon Poliakov/Jean-Pierre Gabestan: Les Totalitarismes du XXe siècle. Un phénomène historique dépassé? Paris1987.

[59] Vgl. Léon Poliakov: L'Envers du Destin. Entretiens avec Georges Elia Sarfati. Paris 1989, S. 195-204.

Lediglich im Kontrast zum christlichen Europa der Kreuzzüge, der Ritualmordlegenden sowie der zehntausende Tote fordernden und für lange Zeit das Ende des Judentums in Mitteleuropa besiegelnden Pestpogrome 1348-50 konstatiert er für das muslimische Spanien eine relative »Toleranz«.[60] Bereits in »Bréviaire de la Haine«, d.h. 1951, erwähnt er den am Holocaust beteiligten Großmufti von Jerusalem, Amin Al Husseini, jenen Spiritus Rector des palästinensischen Nationalismus, der einem größeren deutschsprachigen Publikum erst seit der Veröffentlichung von Matthias Küntzels Schrift »Djihad und Judenhass« 2002 bekannt sein dürfte.[61] Und in seiner Schrift »Vom Antizionismus zum Antisemitismus« legte er 1969 dar:

»Der Koran verlangt, dass die ›Heiden‹ über die Klinge springen müssen, während die Völker der ›Heiligen Schrift‹, die Juden und Christen, verschont werden sollen. Sie werden als ›Schützlinge‹ (dhimmi) toleriert und sind den wahren Gläubigen tributpflichtig, außerdem müssen sie ihre Unterwerfung und Minderwertigkeit auf mannigfache Weise beweisen. Vereinfacht ausgedrückt, verfuhren die Moslems mit den Christen und Juden so wie die Christen mit den Juden: Sie erniedrigten sie ohne Unterlass und massakrierten sie nach Gelegenheit. Der einzige wirkliche Unterschied bestand darin, dass die Juden, die in den Ländern des Islam weniger zahlreich

[60] Vgl. Léon Poliakov: Bréviaire de la Haine. Le IIIe Reich et les Juifs. Paris 1951 S. 380f.

[61] Matthias Küntzel hat 2002 seine breit rezipierte Studie »Djihad und Judenhass. Über den neuen antijüdischen Krieg« im Ça-ira-Verlag veröffentlicht. 2006 erschien von Klaus-Michael Mallmann und Marin Cüpers das vor allem auf deutschen Dokumenten beruhende Werk »Halbmond und Hakenkreuz. Das Dritte Reich, die Araber und Palästina.«

waren als die unterworfenen Christen, nicht das grausame Privileg hatten, die einzigen Sündenböcke zu sein. Dennoch widerfuhr es ihnen im Laufe der Jahrhunderte immer wieder, dass sie wie im Marokko des 12. oder in Persien des 16. Jahrhunderts, allesamt massakriert oder zwangskonvertiert wurden. Sie mussten den gelben Stern tragen, ihr ›kleines Rädchen‹, das eine Erfindung der Moslems war. Daher setzten sie in der Neuzeit alles daran, sich unter den Schutz der westlichen Handlungsbevollmächtigten zu stellen, um vom System der Kapitulationsverträge zu profitieren, das sie der moslemischen Rechtsprechung entzog. Viele Faktoren, vor allem wirtschaftliche, spielten dabei eine Rolle (...) Entscheidend jedoch ist, dass das arabische ›jahoudi‹ seit undenklichen Zeiten den gleichen abwertenden Klang besitzt wie in Europa »youtre« oder »Jid«. Erst viel später versteckt sich diese Infamie hinter dem Begriff ›Zionist‹«.[62]

Im letzten Band zur Geschichte des Antisemitismus, von 1945-1993, einem Sammelband, der von Poliakov 1994 herausgegeben und bezeichnenderweise nicht auf Deutsch veröffentlicht wurde, ist ein eigenes großes Kapitel dem arabisch-islamischen Antisemitismus gewidmet. Poliakov und die Autorinnen Lucienne Saada und Rivka Yadlin legen dort die Wurzeln der islamischen Judenfeindschaft dar und weisen nach, dass es sich keineswegs lediglich um eine Reaktion auf den Kolonialismus oder den so genannten »Nahostkonflikt« handelt.[63]

[62] Léon Poliakov: Vom Antizionismus zum Antisemitismus. Freiburg 1992, S. 94f. Zu einem ähnlichen Ergebnis kommt Georges Bensoussan in seiner Studie »Les Juifs du monde arabe. La question interdite« (Paris 2017).

[63] Léon Poliakov: Histoire de l'Antisémitisme 1945-1993. Paris 1994, S. 335-383.

Wie die Lebensläufe und frühen Werke Poliakovs und Wulfs exemplarisch offenlegen, gab es entgegen dem Mythos, die Aufarbeitung des NS habe erst durch die Studentenrevolte 1968 und die nachfolgende Liberalisierung der Gesellschaft begonnen, bereits Anfang der 1950er Jahre Versuche der Thematisierung und Erforschung der Shoah. Obgleich aus dem Kreis der ehemaligen »Achtundsechziger« – und da vor allem von Götz Aly – später wichtige Impulse zur Holocaustforschung kamen, so herrschte doch in der unmittelbaren Bewegung eine vollkommen verzerrte, projektive Analyse des Nationalsozialismus vor. Die Vernichtungsintention gegenüber Juden und Roma wurde als Ausbeutung bis zum Tode rationalisiert, der nationalsozialistische Vernichtungskrieg als deutscher Imperialismus verharmlost, die zentrale Rolle des Antisemitismus für die NS-Ideologie ignoriert.[64]

Die junge Generation teilte oftmals die gleichen Feindbilder und dieselben blinden Flecken wie ihre Väter und Mütter: Juden – hier im Staat Israel personifiziert – und Amerikaner wurden als »imperialistische Mörder« dämonisiert, vom Mord an Sinti und Roma war sowieso nie die Rede.

Léon Poliakov verarbeitete bereits 1969 in seiner Schrift »Vom Antizionismus zum Antisemitismus« die Etablierung des im Gewande des Antizionismus sich äußernden Antisemitismus.[65]

Nicht zuletzt durch diese Einsicht in die Transformation der alten Judenfeindschaft ins neue Gewand des Anti-

[64] Vgl. Götz Ali: Unser Kampf. 1968 – ein irritierter Blick zurück. Frankfurt/M. 2008, S.159-169.

[65] »De l'antisionisme à l'antisémitisme« wurde erst 1992 vom Ça-ira-Verlag in Freiburg ins Deutsche übersetzt.

zionismus blieb er den 1968er-Protesten gegenüber kritisch und verwies auf den Klassen, Generationen und politische Lager versöhnenden Aspekt der antisemitischen Ideologie: »1968 umfasste die antizionistische Allianz in Frankreich die Regierung, die Kommunistische Partei, einen Großteil der Linken, studentische Aktivisten sowie die letzten Nostalgiker der weißen und arischen Rasse.«[66] Mit dem antiamerikanischen, antizionistischen und »antiimperialistischen« Turn der 1968er-Bewegung schloss sich für ein bleiernes Jahrzehnt das Zeitfenster, in dem eine offene Auseinandersetzung und Analyse der Shoah möglich war.[67] Ein geschärftes öffentliches Bewusstsein für die Shoah sollte erst Ende der 1970er, Anfang der 1980er entstehen, nicht zuletzt als Ergebnis der NBC-Miniserie »Holocaust« und als Folge des Wandels der öffentlichen Stimmung in den Vereinigten Staaten. So wurde der Zweite Weltkrieg nach dem Vietnamkrieg verstärkt als »letzter guter Krieg«, bei dem man vereint für eine gerechte Sache gekämpft hatte, ins Zentrum der Aufmerksamkeit gerückt, was dazu führte, dass auch die Erforschung des Holocaust in den USA vermehrt gefördert wurde.[68] Auch in dieser Phase gilt jedoch, was sich bereits in den ersten Nachkriegsjahren zeigte: Nicht die Protestbewegung, das Feuilleton oder die Geschichtswis-

[66] Léon Poliakov: Vom Antizionismus zum Antisemitismus. Freiburg 1992, S. 103.

[67] Zum Antisemitismus in der Linken und radikalen Linken siehe: Henryk M. Broder: Der ewige Antisemit. Über Sinn und Funktion eines beständigen Gefühls. Berlin 2005. Speziell zum linken und linksradikalen Antisemitismus siehe: Initiative Sozialistisches Forum: Furchtbare Antisemiten, ehrbare Antizionisten. Über Israel und die linksdeutsche Ideologie. Freiburg 2002, sowie Michael Landmann: Das Israelpseudos der Pseudolinken. Freiburg 2013.

[68] Saul Friedländer: Wohin die Erinnerung führt. Mein Leben. München 2016.

senschaft trieben die Aufarbeitung des Geschehenen voran, sondern Überlebende und engagierte Einzelpersonen, die für Gewerkschaften, Rundfunk oder Bildungseinrichtungen arbeiteten, sowie einzelne Staatsanwälte und Richter. Die Bilanz der juristischen Aufarbeitung der nationalsozialistischen Verbrechen – vor allem durch die Ludwigsburger Zentralstelle zur Verfolgung der NS-Verbrechen – kann dagegen als katastrophal bezeichnet werden.[69]

Poliakovs Memoiren entstanden in ihrer fertigen Form in der Epoche der neuerlichen Sensibilisierung für die Shoah. Der mittlere, die Zeit der Verfolgung und der Shoah beschreibende Teil wurde schon 1946 unter dem unmittelbaren Eindruck der Ereignisse und mit der Motivation der Zeugenschaft verfasst und später um die Beschreibung der Kindheit und Jugend sowie der Lebensphase des intellektuellen Wirkens erweitert. Seine Memoiren stehen somit beispielhaft für das »Zeitalter der Zeugenschaft«.[70]

Poliakovs Autobiographie ist ein Dokument der Résistance, die einzige deutschsprachig vorliegende Beschreibung der erfolgreichen Rettungsaktionen in Le Chambon-sur-Lignon, bei der tausende Juden auf dem protestantischen Hochplateau am Rande der Cevennen überlebten. Die großflächige und (gemessen an anderen Städten) sehr erfolgreiche Rettung von Juden aus Nizza

[69] Vgl. hierzu Lutz Niethammer, Die Mitläuferfabrik. Die Entnazifizierung am Beispiel Bayerns. Berlin 1982, sowie Marc von Miquel, Wir müssen mit den Mördern zusammenleben! NS-Prozesse und politische Öffentlichkeit in den sechziger Jahren. In: Fritz Bauer Institut (Hrsg.): Gerichtstag halten über uns selbst... Geschichte und Wirkung des ersten Frankfurter Auschwitz-Prozesses. Frankfurt a.M. 2001, S. 97-116.

[70] Vgl. Annette Wieviorka: L'Ère du témoin. Paris 2002.

ist in der deutschen Historiographie ebenfalls nur selten beschrieben worden. Vielleicht rührt dieses Schweigen daher, dass diese beiden Orte den Unterschied zwischen der deutschen und der französischen Bevölkerung sowohl in städtischen als auch in ländlichen Regionen am eindringlichsten verdeutlichen. Einen derart aktiven Massenwiderstand gegen den Holocaust fand man hierzulande nie – weder in Städten noch in Dörfern.[71]

Gerade in Zeiten, in denen der Antisemitismus besorgniserregend zunimmt, in denen er immer unverhohlener, nicht nur von rechts sondern auch von links und vor allem in seiner islamischen Variante zum Vorschein kommt, die von vielen »Antisemitismusexperten« geleugnet, bagatellisiert oder rationalisiert wird, verschafft die Lektüre des ideologiekritischen Werks des Autodidakten Léon Poliakov einen immensen Erkenntnisgewinn und schärft die Waffen der Kritik.

[71] Jacques Semelin kommt in seiner Arbeit zu dem Ergebnis, dass der breite Widerstand und die Hilfsbereitschaft vieler Franzosen hunderttausenden Juden das Leben retteten. Vgl. ders. Das Überleben von Juden in Frankreich 1940-44. Göttingen 2018.

Aus der Reihe Critica Diabolis

21. *Hannah Arendt,* Nach Auschwitz, 13,- Euro
45. *Bittermann (Hg.),* Serbien muss sterbien, 14.- Euro
65. *Guy Debord,* Gesellschaft des Spektakels, 20.- Euro
68. *Wolfgang Pohrt,* Brothers in Crime, 16.- Euro
129. *Robert Kurz,* Das Weltkapital, 18.- Euro
171. *Harry Rowohlt, Ralf Sotscheck,* In Schlucken-zwei-Spechte, 15.- Euro
210. *Berthold Seliger,* Das Geschäft mit der Musik, 18.- Euro
216. *Ingo Müller,* Furchtbare Juristen, 22.- Euro
223. *Mark Fisher,* Gespenster meines Lebens, 20.- Euro
225. *Eike Geisel,* Die Wiedergutwerdung der Deutschen, 24.- Euro
231. *Funny van Dannen,* An der Grenze zur Realität, 16.- Euro
235. *Wiglaf Droste & Nikolaus Heidelbach,* Nomade im Speck, 18.- Euro
236. *Nick Srnicek & Alex Williams,* Die Zukunft erfinden, 24.- Euro
239. *Fritz Eckenga,* Draußen rauchen ist Mord ..., 14.- Euro
242. *Heiko Werning,* Vom Wedding verweht, Menschliches... 14.- Euro
245. *Ralf Höller,* Das Wintermärchen. Münchner Räterepublik, 20.- Euro
246. *Mark Fisher,* Das Seltsame und das Gespenstische, 18.- Euro
247. *Klaus Bittermann,* Der kleine Fup, 14.- Euro
248. *Wiglaf Droste,* Kalte Duschen, warmer Regen. Neue Glossen, 16.- Euro
249. *Walther Rode,* Deutschland ist Caliban, Pamphlet gegen Hitler, 16.- Euro
251. *Georg Seeßlen,* Is This the End? Pop-Kritik 16.- Euro
251. *Robert Desnos,* Die Freiheit oder die Liebe, Roman, 18.- Euro
253. *Wolfgang Pohrt,* Werke Bd. 10, Kapitalismus Forever & Texte, 22.- Euro
254. *Wolfgang Pohrt,* Werke Bd. 3, Honoré de Balzac, 18.- Euro
256. *Jan-Christoph Hauschild,* Das Phantom, B. Traven, 24.- Euro
257. *Joe Bauer,* Im Staub von Stuttgart, Ein Spaziergänger erzählt, 16.- Euro
258. *Simon Bowowiak,* Frau Rettich, die Czerni und ich, 16.- Euro
259. *Funny van Dannen,* Die weitreichenden Folgen des Fleischkonsums, 16.-
260. *Wolfgang Pohrt,* Werke Bd. 5.1, Zeitgeist & Texte 85-86, ca. 26.- Euro
261. *Wolfgang Pohrt,* Werke Bd. 5.2, Hauch von Nerz & Texte 87-89, 26.-
262. *Wolfgang Pohrt,* Werke Bd. 4, Kreisverkehr & Texte 82-84, 30.- Euro
263. *Carl Cederström,* Die Phantasie vom Glück, 18.- Euro
264. *Claudius Seidl,* Die Kunst und das Nichts, Feuilleton, 18.- Euro
265. *Berthold Seliger,* Vom Imperiengeschäft, Musikindustrie, 20.- Euro
266. *Léon Poliakov,* St. Petersburg – Berlin – Paris, Memoiren, 24.- Euro
267. *Wolfgang Pohrt,* Werke Bd. 2, Ausverkauf & Endstation u.a. Texte, 30.-
268. *Wolfgang Pohrt,* Werke Bd. 1, Theorie des Gebrauchswerts u.a., 32.- Euro
269. *Klaus Bittermann,* Einige meiner besten Freunde & Feinde, 20.- Euro
270. *Martha Gellhorn,* Der Blick von unten, Reportagen Bd. 1, 28.- Euro
271. *Eike Geisel,* Die Gleichschaltung der Erinnerung, Essays, 26.- Euro
272. *Mark Fisher,* k-punk, Nachgelassene Schriften (2004-2016), ca. 30.- Euro
273. *Fritz Eckenga,* Das Ende der Ahnenstange. Erschöpfungsgeschichten, 14.-
274. *Wiglaf Droste,* Die schweren Jahre ab dreiunddreißig, 18.- Euro
275. *Martha Gellhorn,* Der Blick von unten, Reportagen Bd. 2, ca. 32.- Euro
276. *Wolfgang Pohrt,* Werke Bd. 7, Das Jahr danach & Texte, ca. 30.- Euro
278. *Iris Dankemeyer,* Die Erotik des Ohrs. Emanzipation nach Adorno, 30.-

http://www.edition-tiamat.de